ALTE ABENTEUERLICHE REISEBERICHTE

John Lloyd Stephens

John Lloyd Stephens

DIE ENTDECKUNG DER ALTEN MAYASTÄTTEN

Ein Urwald gibt seine Geheimnisse preis

Neu bearbeitet von Ernst Bartsch

MIT 28 ABBILDUNGEN
UND 2 KARTEN

EDITION ERDMANN

Stephens, John L.:
Die Entdeckung der alten Mayastätten: ein Urwald gibt seine
Geheimnisse preis / John Lloyd Stephens. Neubearb. von Ernst
Bartsch. – Stuttgart ; Wien ; Bern : Ed. Erdmann in
K. Thienemanns Verl., 1993
Einheitssacht.: Incidents of Travel in Central America, Chiapas
and Yucatan [dt.]
ISBN 3-522-61550-6
NE.: Bartsch, Ernst [Bearb.]

Titel der Originalausgabe:
Incidents of Travel in Central America, Chiapas and Yucatán,
New York, 1841
Übersetzt von Eduard Hoepfner, Leipzig 1854
Überarbeitet und gekürzt von Ernst Bartsch

© 1993 by Edition Erdmann in
K. Thienemanns Verlag Stuttgart – Wien – Bern
Alle Rechte vorbehalten
Die Umschlaggestaltung besorgten
Hilda und Manfred Salemke, Karlsruhe
Gesetzt in der Aldus 11 Punkt
von KCS GmbH, Hamburg/Buchholz
Druck und Bindung: Friedrich Pustet, Regensburg
Printed in Germany
5 4 3

INHALT

ERSTES KAPITEL

Von New York nach Belize 11

Abfahrt — Ankunft in Belize — Oberst M'Donald — Belizes Ursprung — Ehrenbezeigungen — Abreise von Belize

ZWEITES KAPITEL

Durch den Urwald und über das Micogebirge 16

Jeder sorgt für sich selbst — Punta Gorda — Ein Besuch bei den karibischen Indianern — Eine Taufe — Der Río Dulce — Izabal — Gefährliche Bergpassage

DRITTES KAPITEL

Im Kanu über den reißenden Motagua 27

Wie man ein Huhn brät — Schusterei aus dem Stegreif — Der Fluß Motagua — Überquerung des Flusses — Der Luxus des Wassers — Urzuständliche Sitten — Gualán — Zacapa

VIERTES KAPITEL

Gefangennahme 38

Eine Schule und ihre Reglements — Chiquimula — Ein Veteran des französischen Kaiserreiches — Ein Gebirgsland — Eine verödete Stadt — Ein roher Angriff — Verhaftung — Einsperrung — Freilassung

FÜNFTES KAPITEL

Die Hacienda des Don Gregorio 50

Ein indianisches Leichenbegängnis — Der Fluß Copán — Die Hacienda San Antonio — Das Dorf Copán — Ein ungnädiger Wirt —

Erster Anblick der Ruinen — Suchen nach einer Wohnstätte — Eine unbehagliche Situation — Ein Gewitter — Gedanken an einen Ankauf Copáns

SECHSTES KAPITEL

Was kostet eine Ruinenstadt? 70

Wo beginnen? — Beginn der Nachforschungen — Ein ärgerlicher Verdacht — Brief von General Cascara — Kauf einer Stadt

SIEBTES KAPITEL

Seltsame vom Urwald überwucherte Skulpturen 79

Messung der Ruinen — Ihre Lage und ihre Ausdehnung — Pyramidenförmige Bauten — Ein merkwürdiges Porträt — »Götzen« und »Altäre« — Eine vergrabene Statue

ACHTES KAPITEL

In diplomatischer Mission 88

Trennung — Ankunft in Guatemala-Stadt — Ausflug nach Mixco — Jagd nach einer Regierung — San José — San Salvador — Anmarsch von Carreras Truppen — General Morazán — Kriegsspuren in Guatemala

NEUNTES KAPITEL

Aufbruch nach Palenque 105

Vorbereitungen zur Reise nach Palenque — Letzte Zusammenkunft mit Carrera — Abreise aus Guatemala-Stadt — Ein Don Quichote — Eine Mühle

ZEHNTES KAPITEL

Tecpán Guatemala, eine Indianerstadt 111

Fortsetzung der Reise — Barrancos — Tecpán Guatemala — Eine prachtvolle Kirche — Ein geheiligter Stein — Die alte Stadt — Ein Erdbeben — Prachtvolle Landschaft — Der See Atitlán

ELFTES KAPITEL

Ein von Vulkanen umgebener See 121

*Der See Atitlán — Fahrt auf dem See — Eine gefährliche Lage — Eine
hohe Gebirgskette — Weite Aussicht — Sololá — Santo Tomás — Die
Ruinen von Quiché und deren Geschichte — Ein lustiger Pfarrer*

ZWÖLFTES KAPITEL

Der Padre berichtet über unbekannte Indianer 146

*Das Innere eines Klosters — Der Königsvogel von Quiché — Indiani-
scher Aberglaube — Tierra de Guerra — Eine mysteriöse Stadt —
Abreise — San Pedro — Wirksamkeit eines Passes — Totonicapán —
Ein prächtiges Diner — Der Blutfluß*

DREIZEHNTES KAPITEL

Ostern in Quezaltenango 157

*Quezaltenango — Das Äußere der Stadt — Die Kirche — Karfreitag
— Große Prozession — Die warmen Quellen von Almolonga*

VIERZEHNTES KAPITEL

Über die Sierra Madre 168

*Eine Hochebene — Verlorene Führer — Aguas Calientes — Eine
prachtvolle Aussicht — Huehuetenango — Ersteigung der Sierra
Madre — Buena Vista — Todos Santos — San Martín — Ein Waldbrand — Die Leiden der Maultiere unter Fliegenschwärmen — San
Antonio de Huista*

FÜNFZEHNTES KAPITEL

In Mexiko 185

*Behagliche Wohnung — Eine Hängebrücke — Der Fluß Lagertero —
Abgekühlter Enthusiasmus — Eintritt in Mexiko — Ein Bad — Comitán — Wieder ein Landsmann — Weitere Verlegenheiten — Schmuggel*

SECHZEHNTES KAPITEL

An den Ufern des Río Grande 195

*Abreise — Ocosingo — Beginn der Regenzeit — Eine Führerin —
Ankunft bei den Ruinen — Eine merkwürdige Höhle — Der Río
Grande — Eine Reihe von Ortschaften — Indianische Träger — San
Pedro*

SIEBZEHNTES KAPITEL

Über hohe Berge, durch tiefe Schluchten 207

*Aufstieg ins Gebirge — Reise in einer Silla — Eine kitzlige Situation —
Der Abstieg — Der Rancho Nopa — Angriffe von Moskitos — Ein mürrischer Beamter — Mangel an Lebensmitteln — Die Ruinen von Palenque*

ACHTZEHNTES KAPITEL

Quartier im Urwald 220

*Vorbereitungen zum Besuch der Ruinen — Unser Abmarsch —
Ankunft bei den Ruinen — Der Palast — Unsere Quartiere im Palast
— Erstes Mittagsmahl in den Ruinen — Kolossale Feuerfliegen —
Unsere Schlafgemächer — Hindernisse bei der Erforschung der Ruinen
— Leiden durch Moskitos*

NEUNZEHNTES KAPITEL

Gefährliche Insekten 229

*Vorkehrungen gegen die Angriffe der Moskitos — Schilderung des Pala-
stes — Pfeiler — Hieroglyphen — Eingänge — Figuren — Korridore —
Wirkung der Insektenstiche — Rückkehr zu der Stadt Palenque*

ZWANZIGSTES KAPITEL

In fröhlicher Gesellschaft 237

*Ankunft der Padres — Der Pfarrer von Palenque — Kartenspiel —
Eine Tischgesellschaft — Rückkehr zu den Ruinen — Auffallende Veränderungen hier*

EINUNDZWANZIGSTES KAPITEL

Rätselhafte Urwaldruinen 243

*Ein Gebäude — Stuckornamente — Menschliche Figuren — Tafeln —
Merkwürdige Hieroglyphen — Eine Steinstatue — Das Oratorio —
Noch andere pyramidenförmige Bauten und Gebäude — Diese Ruinen
sind die Überbleibsel eines zivilisierten und ureigenen Volkes — Palenques Alter*

ZWEIUNDZWANZIGSTES KAPITEL

Heirat mit einer »Tochter des Landes«? 252

*Abschied von den Ruinen — Ein Unfall — Ankunft in der Stadt —
Unterhandlungen wegen Palenques Ankauf — Abreise von Palenque
— Las Playas — Ein Kaufmännlein — Alligatoren*

DREIUNDZWANZIGSTES KAPITEL

Eine stürmische Flußfahrt 258

*Einschiffung — Eine überschwemmte Ebene — Der Río Chico — Der
Usumacinta — Der Río Palizada — Yucatán — Einschiffung nach La
Laguna — Schießen auf Alligatoren — Furchtbares Unwetter — Der
See Términos — Ankunft in La Laguna*

VIERUNDZWANZIGSTES KAPITEL

In Yucatán 265

*La Laguna — Reise nach Mérida — Sisal — Der Ort Hunucmá —
Ankunft in Mérida — Reise nach Uxmal — Eine sonderbare Kutsche
— Besuch der Ruinen — Herrn Catherwoods Krankheit*

FÜNFUNDZWANZIGSTES KAPITEL

Fast wie die Ruinen von Theben 272

*Die Ruinen von Uxmal — Das Haus der Zwerge — Das Haus der Non-
nen — Das Haus der Schildkröten — Das Haus der Tauben — Mangel
an Wasser — Das Haus des Gouverneurs — Türeingänge und Korridore*

SECHSUNDZWANZIGSTES KAPITEL

Heimfahrt mit Hindernissen 277

Reise nach Mérida — Einschiffung nach Havanna — Erlebnisse auf der Überfahrt — Ein Haifischmahl — Wir wissen weder aus noch ein — Die Brigg Helena Maria unsere Erlöserin — Fahrt nach New York

Nachwort 283

ANHANG

Begriffserklärungen 299

Maße und Gewichte 300

Bildnachweis 301

ERSTES KAPITEL

Von New York nach Belize

Abfahrt — Ankunft in Belize — Oberst M'Donald — Belizes Ursprung — Ehrenbezeigungen — Abreise von Belize

Vom Präsidenten mit einer besonderen, vertraulichen Sendung nach Zentralamerika betraut, schiffte ich mich am Mittwoch, dem 3. Oktober 1839, an Bord der britischen Brigg *Mary Ann,* Kapitän Hampton, von New York nach der Hondurasbai ein. Um 7 Uhr morgens waren die Straßen und Werften noch still. Die Stadt kam mir in diesem Augenblick, als ich für eine Reise von ungewisser Dauer von ihr Abschied nahm, schöner vor, als ich sie je zuvor gesehen.

Als die Dämmerung niedersank, waren die dunklen Umrisse des Hochlands von Neversink nur noch schwach sichtbar, und am nächsten Morgen befanden wir uns auf offener See. Mein einziger Reisegefährte war Herr Catherwood, ein erfahrener Reisender und ein Freund von mir, der mehr als zehn Jahre seines Lebens beim Studium der Denkmäler der alten Welt verbracht hatte.

Am 9. Oktober kamen wir in die Region der Passatwinde, und am 11. Oktober segelten wir mit einer leichten Brise zwischen Kuba und Santo Domingo hin-

11

durch. Was den Rest der Reise betrifft, so hatten wir achtzehn Tage stürmisches Wetter mit tropischen Regenfällen. Am 29. Oktober erreichten wir um Mitternacht die St. Georgsbai, die etwa zwanzig Meilen von Belize entfernt ist. Hier lag eine große, mit Mahagoni befrachtete Brigg vor Anker und hatte einen Lotsen an Bord, der auf günstiges Wetter wartete, um in See zu stechen. Der Lotse hatte seinen Sohn bei sich, einen Burschen von ungefähr sechzehn Jahren, den Kapitän Hampton kannte und an Bord zu nehmen beschloß.

Es war heller Vollmondschein, als der Junge aufs Deck stieg und uns den Lotsengruß zurief. Am nächsten Morgen um 7 Uhr erblickten wir Belize, das wie Venedig und Alexandria aus dem Wasser aufzusteigen schien. Im Hafen lagen drei Briggs, verschiedene Schoner, Bongos, Kanus und ein Dampfboot vor Anker. Neben ihnen lagen Mahagoniflöße; auch die Regierungsbarke, die zu uns herüberkam, war aus dem Stamm eines Mahagonibaums gemacht.

Die schweren Regenfälle, unter denen wir auf See so viel gelitten hatten, hatten auch Belize erreicht. In den Straßen strömte das Wasser, und hier und da standen große Tümpel, die man nur mit Mühe überschreiten konnte. Auf dem Marktplatz, auf den Straßen und in den Magazinen wimmelte es von Negern. Es waren lauter gutaussehende, schlanke, gutgewachsene und athletische Menschen, mit schwarzer, glatter, samtartig glänzender Haut und wohlgekleidet. Die Männer trugen weiße, baumwollene Hemden, weite Beinkleider und Strohhüte, die Frauen weiße lange Überröcke mit kurzen Ärmeln und breiten roten Besätzen, dazu große rote Ohrringe und Halsketten.

Das uns angebotene Haus lag auf der anderen Seite

des Flusses, und der Weg, der zu ihm führte, war von Schlamm bedeckt, so daß man bis zum Knöchel einsank. Vor der Tür stand eine große Pfütze, über die wir mit einem Satz sprangen. Das Haus ruhte auf Pfosten von etwa zwei Fuß Höhe, unter ihnen stand das Wasser fast einen Fuß tief. Über eine Bohle gelangten wir zur Türschwelle und betraten einen großen Raum, der das ganze untere Stockwerk einnahm und völlig leer war. Der obere Stock wurde von einer Negerfamilie bewohnt. Im Hof stand ein Haus, das gedrängt voll war, und überall, im Hof wie vor dem Haus, zeigten sich malerische Gruppen von Negerkindern beiderlei Geschlechts und nackt wie sie aus dem Mutterleib gekommen.

Während wir uns nach der Bequemlichkeit eines guten Hotels sehnten, empfingen wir eine Einladung von seiten des Gouverneurs Oberst M'Donald in das Regierungsgebäude. Da dies das erste Amt war, das ich je von der Regierung erhalten hatte, und ich nicht gewiß war, ob ich jemals ein anderes bekommen würde, beschloß ich, es aufs allerbeste zu nützen, und nahm die Einladung an.

Am nächsten Tag hatten wir uns mit den Vorbereitungen zu unserer Reise ins Innere zu beschäftigen und fanden auch noch nebenbei Gelegenheit, ein wenig von Belize zu sehen, das gegenwärtig eine Bevölkerung von 6000 Seelen zählt. Der Hondurasalmanach, der sich als Chronist dieser Niederlassung ausgibt, umhüllt ihre frühe Geschichte mit einem romantischen Schimmer, indem er ihren Ursprung einem schottischen Seeräuber, namens Wallace, zuschreibt. Die Fama von den Reichtümern der Neuen Welt und die Rückkehr der mit den Schätzen Mexikos und Perus beladenen spanischen Galeonen lockte ganze Horden von Abenteurern

— um sie mit keinem härteren Namen zu bezeichnen — von England und Frankreich an Amerikas Küste. Unter ihnen war Wallace einer der Kühnsten, der hinter den Sandbänken und Riffen, die den Hafen von Belize schützen, Zuflucht und Sicherheit fand. Der Ort, wo er seine Blockhütten und seine Schanze baute, wird noch heute gezeigt. Verstärkt durch ein enges Bündnis mit den Indianern der Mosquitoküste und durch zahlreiche britische Abenteurer, die an der Küste von Honduras landeten, um Mahagoni zu fällen, forderte er die Spanier trotzig heraus.

Im Hafen lag ein Dampfboot, das nach Izabal, dem Hafen von Guatemala, bestimmt war. Ich sprach deshalb bei dem Agenten Señor Comyano vor, der mir sagte, daß es am nächsten Tag abfahren sollte.

Um rechtzeitig an Bord des Schiffes sein zu können, hatte Oberst M'Donald das Mittagessen um zwei Uhr befohlen und mit uns eine kleine Gesellschaft eingeladen. Oberst M'Donald ist ein Soldat aus dem »zwanzigjährigen Krieg«, der Bruder von Sir John M'Donald, dem Generaladjutanten Englands, und Vetter vom Marschall Macdonald von Frankreich. Mit 18 Jahren zog er als Fähnrich in Spanien ein, mit jener Armee von zehntausend Mann, von denen in weniger als sechs Monaten nur noch viertausend übrig waren. Bei Waterloo kommandierte er ein Regiment und empfing auf dem Schlachtfeld vom König von England den militärischen Bath-Orden, vom Kaiser von Rußland den St. Annen-Orden. Bei seinen reichen Erinnerungen war seine Unterhaltung so gut, als lese man ein Stück Geschichte. Er gehörte einer Generation an, die schnell dahinschwindet und auf die ein Amerikaner selten trifft.

Ich öffnete das zum Hafen gelegene Fenster. Das

Dampfboot lag vor dem Regierungsgebäude, und die aus seiner Esse aufsteigenden schwarzen Rauchsäulen mahnten uns, daß es zum Einschiffen Zeit war.

Mit den wärmsten Gefühlen der Dankbarkeit nahm ich Abschied und stieg in die Barke. In diesem Augenblick wurde die Flagge auf dem Regierungsflaggenstock aufgezogen und vom Fort eine Kanone abgefeuert. Bei der Vorüberfahrt am Fort präsentierten die Soldaten das Gewehr.

Der Leser wird vielleicht fragen, wie ich mich bei allen diesen Ehrenbezeigungen fühlte. Um es offen zu sagen, es klopfte mir das Herz dabei, und ich fühlte mich von Stolz gehoben, denn diese Ehren galten ja nicht mir, sondern meinem Vaterland.

Um dem Glanze der Abschiedsszene die Krone aufzusetzen, hatte mein guter Freund, der Kapitän Hampton, seine zwei Vierpfünder geladen, und als wir vorbeifuhren, feuerte er den einen ab, während der andere versagte. Der Kapitän unseres Dampfbootes hatte zwar ein Kanönchen an Bord, mit dem er alle diese Höflichkeiten gern erwidert hätte, aber zu seinem großen Leidwesen hatte er, wie er mir sagte, kein Pulver bei sich. Er war ein kleiner, befahrener, vertrockneter Alt-Spanier, höflich wie ein Don aus guter alter Zeit. Der Ingenieur war ein Engländer, und die Mannschaft bestand aus Spaniern, Mestizen und Mulatten, die in der Handhabung eines Dampfbootes nicht besonders zu Hause waren.

Unser einziger Reisegefährte war ein römisch-katholischer Priester, ein junger Ire, der acht Monate in Belize gewesen war und jetzt nach Guatemala wollte infolge einer Einladung des dortigen Bistumsverwesers. Der Abend war so mild, daß wir unseren Tee auf dem Deck einnahmen.

ZWEITES KAPITEL

Durch den Urwald und über das Mico-gebirge

Jeder sorgt für sich selbst — Punta Gorda — Ein Besuch bei den karibischen Indianern — Eine Taufe — Der Río Dulce — Izabal — Gefährliche Bergpassage

Wir hatten einen Diener gemietet, einen jungen französischen Spanier, in Santo Domingo geboren und in Omoa erzogen, mit Namen Augustin. Früh am Morgen fragte er uns, was wir zum Frühstück wünschten. Wir gaben ihm unsere Weisungen und setzten uns, als aufgetragen war, zum Frühstück nieder. Während des Essens erfuhren wir rein zufällig, daß alles, was auf dem Tisch stand, mit Ausnahme des Tees und Kaffees, dem Padre gehörte. Ohne uns danach erkundigt zu haben, hatten wir angenommen, daß das Dampfboot für die nötige Verpflegung Sorge tragen würde, erfuhren aber jetzt zu unserem Erstaunen, daß das Boot sich nicht darum kümmere und die Passagiere für sich selbst sorgen müßten. Der Padre hatte ebensowenig davon gewußt; aber einige gute katholische Freunde, die er getraut oder deren Kinder er getauft hatte, hatten Vorräte verschiedener Art zusammengepackt und an Bord gesandt, unter anderem, ein seltsames Gepäck für einen Reisenden, einen ganzen Korb voll Hühner.

Es war ein schöner Tag. Unser Kurs ging fast geradewegs nach Süden, immer an der Küste von Honduras entlang. Kolumbus entdeckte diesen Teil des amerikanischen Kontinents auf seiner letzten Reise, aber seine smaragdenen Reize vermochten ihn nicht zu gewinnen, den Fuß ans Ufer zu setzen. Ohne zu landen, fuhr er nach dem Isthmus von Darien weiter, um jene Durchfahrt nach Indien zu finden, die das Ziel all seiner Hoffnungen war, die er aber niemals erblicken sollte.

Wir setzten uns unter ein leinenes Schirmdach, wo wir Schutz vor der glühend heißen Sonne fanden. Die Küste nahm jetzt den Charakter des Großartigen an und machte meine Vorstellungen von tropischen Gegenden zur Wahrheit. Dichter Wald trat bis ans Ufer heran. Dahinter erhoben sich hohe Berge, bis zu ihren Scheiteln mit ewigem Grün bekleidet. Höher und höher türmten sich die Berge, bis sie sich endlich in den Wolken verloren.

Um 11 Uhr kam Punta Gorda, eine Ansiedlung karibischer Indianer, in Sicht. Als wir näher kamen, sahen wir eine Lichtung hart am Ufer mit einer Reihe niedriger Häuser. Es war nur ein Flecklein auf der großen Küstenlinie, und zu beiden Seiten stand der Urwald. Dahinter ragte ein höchst merkwürdiger Berg empor, der wie entzweigebrochen aussah, gleich dem Rücken eines doppelhöckrigen Kamels. Als unser Dampfboot zum Dörfchen einbog, wo nie zuvor ein Dampfboot erschienen war, geriet alles hier in Bewegung. Frauen und Kinder kamen ans Ufer gelaufen, und vier Männer eilten zum Wasser hinab und fuhren uns in einem Kanu entgegen. Der Padre fragte uns, ob wir etwas einzuwenden hätten, wenn er die Gelegenheit zu Taufen und Trauungen benutzte, und da wir nichts dagegen hatten, erschien er im Augenblick der Landung auf

17

dem Deck mit einem großen Waschbecken in der einen Hand und in der anderen mit einem vollgepfropften Tuch, das seine priesterliche Kleidung enthielt.

In geringer Entfernung vom Strand warfen wir Anker und ruderten mit dem kleinen Boot ans Ufer. Sofort sahen wir uns unter einer brennenden Sonne mitten in den ganzen Reichtum einer tropischen Vegetation versetzt. Baumwolle, Reis, Cahoon, Kakao, Ananas, Orangen, Limonen, Pisangs und viele andere Früchte, die wir nicht einmal dem Namen nach kannten, alles wuchs hier in solcher Fülle und Üppigkeit, daß im ersten Augenblick ihr bloßer Duft uns berauschte. Die meisten Einwohner saßen im Schatten der Bäume beisammen, und der Padre verkündete ihnen, daß er gekommen sei, um sie zu trauen und zu taufen. Nach einer kurzen Besprechung wurde ein Haus zur Vollziehung der Zeremonien bestimmt, während Herr Catherwood und ich, von einem Kariben geführt, der in Belize einige Brocken Englisch aufgeschnappt hatte, die Ansiedlung durchwanderten.

Die Häuser waren aus etwa zolldicken Pfählen erbaut, die aufrecht im Boden steckten, mit Baumrinde zusammengebunden und mit Blättern überdeckt. In jedem Haus befand sich eine Hängematte aus Gras.

Als wir zurückkehrten, fanden wir unseren Freund, den Padre, in den Inhalt seines Tuches gekleidet, worin er sich ganz respektabel ausnahm. Neben ihm stand unser Waschbecken vom Dampfboot, mit heiligem Wasser gefüllt. In seiner Hand hielt er ein Gebetbuch. Augustin stand dabei und hielt den Stummel eines Talglichts.

Die Kariben haben wie die meisten Indianer Zentralamerikas die Lehren des Christentums so empfangen, wie sie ihnen von den spanischen Priestern und Mönchen dargereicht wurden, und sie halten sich streng an die vorgeschriebenen Formen. Der Besuch eines Padre war in dieser Niederlassung ein seltenes, aber willkommenes Ereignis. Anfangs schienen sie Verdacht zu hegen, daß unser Freund kein Rechtgläubiger sei, weil er nicht spanisch sprach. Als sie ihn aber in seinem Priesterrock und der Stola und mit dem brennenden Weihrauch sahen, war alles Mißtrauen verschwunden.

Es gab nur wenig Trauungen, da die meisten Männer zum Fischfang und bei der Feldarbeit waren. Dagegen erschien ein langer Zug von Frauen, jede mit einem Kind auf dem Arm, zum Taufen.

Der Padre verstand nur wenig Spanisch. Sein Buch war lateinisch geschrieben, und da er nicht imstande war, es so rasch zu übersetzen, hatte er die Zeit unserer Abwesenheit dazu verwendet, den formellen Teil des Taufdienstes aus einem spanischen protestantischen Gebetbuch auf einen Streifen Papier abzuschreiben. In der Verwirrung war dieses Papierchen verlorengegangen, und der Padre war nun wieder auf sein Latein angewiesen, um es, sooft es nötig war, ins Spanische zu übertragen. Nachdem er sich eine Weile mühselig damit fortgeholfen hatte, wandte er sich an Augustin und sagte ihm die den Frauen vorzulegenden Fragen auf englisch vor. Augustin war ein guter Katholik und lieh ihm sein Ohr mit derselben Ehrerbietung, als ob er der Papst selbst gewesen wäre, verstand aber von allem, was er sagte, nicht ein Wort. Ich erklärte Augustin alles auf französisch, dieser erklärte es einem der Männer auf spanisch, und dieser verdolmetschte es nun wieder den Frauen. Natürlich entstand daraus ein wahrer Wirrwarr. Trotzdem aber waren alle so andächtig und ehrerbietig, daß das Feierliche der Handlung nicht darunter litt.

Wir kehrten zu unserem Dampfboot zurück und waren wenige Minuten später wieder unterwegs. Nach einigen Meilen tat sich eine schmale Öffnung in einem Gebirgswall vor uns auf, und nach wenigen Augenblicken fuhren wir in den Río Dulce ein. Auf beiden Seiten umschloß uns eine Mauer von lebendigem Grün. Zu beiden Seiten fielen von den Wipfeln der höchsten Bäume lange Ranken ins Wasser herab, als wollten sie trinken und den Stämmen, die sie trugen, Leben zuführen. Nach wenigen Minuten hatten wir nach einer Flußkrümmung das Meer aus dem Gesicht verloren und sahen uns von allen Seiten von einer Waldesmauer eingeschlossen. War es möglich, daß dies das Tor zu einem Land der Vulkane und Erdbeben, zu einem vom Bürgerkrieg zerrissenen Land war?

Manchmal schien es uns, als müsse das Boot mitten unter die Bäume hineinfahren. Gelegentlich ging die grüne Mauer auseinander, und die Sonne schoß ihre versengenden Strahlen hernieder, aber schon im nächsten Augenblick waren wir wieder im tiefsten Schatten. Nach den phantastischen Erzählungen, die wir gehört hatten, erwarteten wir, Affen in den Bäumen ihre lustigen Sprünge machen, Papageien über unseren Köpfen hinfliegen zu sehen; aber es herrschte eine Lautlosigkeit, als wäre nie zuvor ein lebendes Wesen hierher gekommen. Das einzige aus dem Reich des Lebendigen, was wir sahen, war der Pelikan, der stillste unter den Vögeln, und der einzige Ton, den wir hörten, war das unaufhörliche Brausen und Lärmen unserer Dampfmaschine.

Neun Meilen weit währte dieses einzigartige Naturgemälde, als plötzlich der schmale Fluß sich zu einem großen See ausweitete, von Gebirgen eingerahmt und mit zahlreichen Inseln. Wir weilten bis zur späten Stunde auf dem Verdeck und erwachten am nächsten Morgen im Hafen von Izabal. Es war 7 Uhr früh und schon heiß.

Die Ankunft des Padre rief eine gewaltige Bewegung im Städtchen hervor und wurde durch ein freudiges Läuten der Glocken verkündet. Eine Stunde danach erschien er schon in der Stola und las die Messe. Die Kirche war ebenso wie die Häuser aus Pfählen erbaut und mit Blättern überdeckt. Den Fußboden bildete die bloße Erde, aber er war rein gefegt und mit Fichtennadeln überstreut. Die Wände waren mit Blumengirlanden und Zweigen geputzt und der Altar mit Bildern der Jungfrau und der Heiligen und mit Blumenkränzen geschmückt. Da es eine lange Zeit her war, seit die Leute Gelegenheit hatten, die Messe zu hören, war die ganze Bevölkerung dem unerwarteten, aber willkommenen Ruf der Morgenglocke gefolgt. Der Boden war mit knienden Frauen bedeckt, die weiße über den Kopf geworfene Schals trugen, während hinter ihnen die Männer sich an die Pfeiler lehnten. Der Ernst und die fromme Demut, der bloße Erdboden und das Blätterdach, sie erzeugten tiefere Rührung als der gottesdienstliche Pomp in den reichen Kathedralen Europas oder im St. Petersdom.

Ich begab mich nun zunächst mit meinem Paß zum Kommandanten. Sein Haus lag auf der entgegengesetzten Seite des Platzes. Ein Soldat von etwa vierzehn Jahren, mit einem Strohhut, der ihm ins Gesicht fiel, stand an der Tür Wache. Die Truppe, die aus etwa dreißig Männern und Knaben bestand, war vor dem Hause aufgestellt und wurde von einem Sergeanten mit einer dampfenden Zigarre im Mund eingewiesen. Die Uniform sollte aus einem Strohhut, weiten baumwollenen Hosen und einem Hemd darüber sowie einer Machete und einer Patronentasche bestehen. Aber die Uniformität wurde nur in einem einzigen Punkt streng eingehalten, nämlich in der Barfüßigkeit.

Der Kommandant dieser hoffnungsvollen Truppe war Don Juan Piñol, der erst seit zwanzig Tagen im Amt war. Er vermittelte uns ein trauriges Bild vom Zustand des Landes. Drei große Parteien zerfleischten Zentralamerika: die Partei Morazáns, des früheren Präsidenten der Republik, in San Salvador, die Partei Ferreras in Honduras und die Partei Carreras in Guatemala. Ferrera war Mulatte und Carrera Indianer, die, obwohl nicht für ein gemeinsames Ziel kämpfend, doch in ihrem Widerstand gegen Morazán übereinstimmten. Zu unserem großen Bedauern veranlaßte die Kunde über die gefährliche politische Lage unseren Freund, den Padre, seine Absicht, nach Guatemala zu gehen, aufzugeben.

Bei Tagesanbruch begannen die Maultiertreiber aufzuladen, und um 7 Uhr war die ganze Karawane, aus beinahe hundert Maultieren und zwanzig bis dreißig Treibern bestehend, schon auf dem Marsch. Was uns anbelangt, so hatten wir fünf Maultiere, zwei für Herrn Catherwood und mich, eins für Augustin und zwei für das Gepäck. Außerdem begleiteten uns noch vier indianische Träger. Die Indianer waren nackt, mit Ausnahme eines kleinen Baumwollstreifens um die Lenden. Die Lasten waren so gepackt, daß sie auf der einen Seite eine glatte Fläche hatten. Die Indianer setzten sich auf den Erdboden mit dem Rücken gegen die fla-

22

che Seite, legten über die Stirn einen Riemen, der die Last trug, rückten sie auf ihren Schultern zurecht und standen mit Hilfe eines Stockes oder der Hand eines Dabeistehenden auf. Es nahm sich grausam aus; allein ehe wir noch unsere Teilnahme auf sie richten konnten, hatten wir sie bereits aus den Augen verloren.

Um 8 Uhr saßen Herr Catherwood und ich auf, jeder mit einem Paar Pistolen und einem großen Jagdmesser bewaffnet, die wir in einem Gürtel stecken hatten. Außerdem trug ich noch ein Barometer um die Schulter geschlungen. Augustin hatte außer Pistolen noch ein Schwert. Unser Hauptmaultiertreiber, der beritten war, trug eine Machete und ein Paar mörderische Sporen mit zwei Zoll langen Rädchen an seinen nackten Fersen. Zwei weitere Maultiertreiber begleiteten uns zu Fuß, jeder mit einer Flinte bewaffnet.

Nachdem wir an zerstreut stehenden Häusern, die die Vorstadt bildeten, vorübergekommen waren, betraten wir eine morastige Ebene, die hier und da mit Sträuchern und kleinen Bäumen bewachsen war, und befanden uns nach wenigen Minuten in einem dichten Wald. Bei jedem Schritt versanken die Maultiere bis zu den Fesseln im Schlamm. Ich gab das Barometer dem Maultiertreiber, da ich zu tun hatte, mich im Sattel zu halten.

Die Karawane, die vor uns aufgebrochen war, war nur eine kurze Strecke voraus, und nach einer Weile hörten wir das laute, lustige Geschrei der Maultiertreiber und den scharfen Knall der Peitsche durch den Wald schallen. Wir holten sie am Ufer eines Gewässers ein, das über ein steiniges Bett hinwegschoß. Die ganze Karawane bewegte sich im Bett dieses Flusses stromaufwärts, dessen Wasser durch den Schatten der Bäume schwarz gefärbt war. Das Flußbett war derart zerrissen und steinig, daß die Tiere ständig strauchelten und fielen. Am Fuße des Berges begann der Weg steil anzusteigen. Die enge Bergstromschlucht war teils von den Maultieren ausgetreten, teils vom Wildwasser so tief ausgewaschen, daß die Wände höher als unsere Köpfe waren, und dabei so eng, daß wir sie nur notdürftig passieren konnten. Mann hinter Mann zog die Karawane durch diesen schlammigen Hohlweg. Es war das Ende der Regenzeit. Die schweren Regengüsse, unter denen wir auf See gelitten hatten, hatten den Berg überschwemmt und nahezu unpassierbar gemacht. Während der letzten paar Tage ging kein Regen hernieder, aber kaum hatten wir uns dazu Glück gewünscht, als der Wald sich verdunkelte und der Regen in Strömen niedergoß.

So schleppten wir uns fünf lange Stunden mühselig durch Schlammlöcher hindurch, quetschten uns zwischen Schluchtwänden hindurch, rannten gegen Bäume oder stolperten über Wurzeln. Jeder Schritt verlangte sorgfältige Prüfung und große körperliche Anstrengung. Einige Maultiere stürzten. Was unsere unmittelbare Reisegesellschaft betraf, so stürzte mein Maultier zuerst. Als ich merkte, daß ihm mit dem Zügel nicht zu helfen war, hob ich mich mit einer Anstrengung, die jeden Nerv straffte, von seinem Rücken empor, wodurch ich mich von den Wurzeln und Bäumen, aber freilich nicht vom Schlamm freimachte. Herr Catherwood wurde mit solcher Gewalt abgeworfen, daß mich ein Schaudern ergriff.

Um 1 Uhr erreichten wir zu unserer unaussprechlichen Freude den Scheitel des Berges. Wir stiegen ab und würden gern einen Imbiß eingenommen haben, wenn wir Wasser zum Trinken gehabt hätten. So aber traten wir nach einer kurzen Rast den Weitermarsch an. Der Abstieg war so schlimm wie der Aufstieg. Es hatte den Anschein, als wären die Maultiertreiber begierig auszumachen, in wie kurzer Zeit sie den Berg hinabkollern könnten. Einmal, in einem der schlammigsten Hohlwege, wurden wir durch den Sturz eines Maultieres vor uns und das Andrängen aller hinter uns kommenden Tiere vollständig eingeschlossen, bis wir an dem ersten passenden Platz anhielten und die Karawane vorüberließen. Ich beobachtete eine Stunde lang die Bewegungen des vor mir gehenden Maultieres. Manchmal setzte es einen seiner Vorderfüße auf eine Wurzel oder einen Stein und prüfte ihn so, wie es ein Mensch tun würde.

Bald erreichten wir ein schönes Tafelland, wo sich ein großer Trupp Maultiertreiber, die nach Izabal wollten, für die Nacht gelagert hatten. Indigoballen, die ihre Ladung bildeten, waren gleich einer Mauer übereinander aufgeschichtet. Ihre Maultiere grasten ruhig neben ihnen, und Feuer brannten zum Kochen ihrer Mahlzeit. Es war uns eine große Freude, wieder einmal in offenem Land zu sein und den Berg mit seinem dichten Wald, von der Sonne beleuchtet, großartig und düster hinter uns zu sehen.

Als wir von diesem Tafelland uns weiter bergab bewegten, betraten wir eine dichtbewaldete Ebene und erreichten nach wenigen Minuten einen Hain von wilden Palmen. Aus ihrem hohen schlanken Stamm wuchsen Zweige von zwanzig bis dreißig Fuß Länge heraus und bogen sich, ungeheuren Federn gleichend, anmutig niederwärts. Während wir unter ihnen hinritten, herrschte eine feierliche Stille und eine Verlassenheit, die an die Säulen eines ägyptischen Tempels erinnerte.

Bei Einbruch der Dämmerung erreichten wir den Rancho Mico. Er bestand aus einem kleinen Haus, von Pfählen erbaut und mit Lehm beworfen. Nahe dabei und durch einen mit Zweigen überdachten Schuppen mit ihm verbunden, lag ein größeres Haus, das für Reisende bestimmt war. Als wir jedoch unsere Kleidung wechseln wollten, vermochten wir unsere Leute nicht aufzufinden und mußten uns, so wie wir waren, niederlegen. Mit dem befriedigenden Gedanken, daß wir »den Berg« passiert hatten, verfielen wir jedoch bald in Schlaf.

DRITTES KAPITEL

Im Kanu über den reißenden Motagua

Wie man ein Huhn brät — Schusterei aus dem Stegreif — Der Fluß Motagua — Überquerung des Flusses — Der Luxus des Wassers — Urzuständliche Sitten — Gualán — Zacapa

Noch vor Tagesanbruch war ich draußen. Zwanzig bis dreißig Maultiertreiber schliefen auf dem Erdboden, jeder auf dem Rücken, seine schwarze Chamarra um sich geschlungen, die Kopf und Füße bedeckte. Als der Tag anbrach, erhoben sie sich.

Noch immer ließ sich keiner von unseren eigenen Leuten sehen. Um 8 Uhr erschienen zwei Männer, die in einem Rancho in der Nähe geschlafen hatten, während die anderen mit dem Gepäck weitergezogen waren. Wir waren außerordentlich ärgerlich darüber, ertrugen aber das Unbehagliche unserer schlammsteifen Kleider so gut es gehen mochte und brachen auf.

Unser Weg führte über ein gebirgiges, aber im wesentlichen waldfreies Land, und ungefähr nach zwei Stunden erreichten wir eine Anzahl von Ranchos, El Pozo genannt. Hier, gleich zu Beginn unserer Reise, begegneten wir einer Knappheit an Lebensmitteln, die größer war, als sie uns je zuvor in irgendeinem bewohnten Land vorgekommen war. Die Leute leben hier ausschließlich von Tortillas, das sind dünne Kuchen aus

27

zermahlenem Mais, die auf einer irdenen Pfanne gebacken werden, und Frijoles, den schwarzen Bohnen. Augustin kaufte einige Kilo dieser schwarzen Bohnen, aber sie bedurften eines mehrstündigen Einweichens, ehe sie gegessen werden konnten. Es gelang ihm schließlich, ein Huhn zu kaufen, das er an einen Stock steckte und über einem Feuer dämpfte und das in Verbindung mit Tortillas ein bescheidenes Mahl abgab.

In dem Augenblick, als wir aufbrechen wollten, sagte uns unser Begleiter, er könnte nicht eher mit uns fort, als bis er sich ein Paar Schuhe gemacht habe. So sahen wir uns denn genötigt zu warten; jedoch dauerte die Sache nicht lange. Auf einer ungegerbten Kuhhaut stehend zeichnete er mit einem Stück Kohle den Umfang seiner Füße, schnitt mit seiner Machete die Stücke heraus, machte die entsprechenden Löcher hinein, führte einen Lederstreifen über den Spann, um die Ferse herum, zwischen der großen und der nächsten Zehe hindurch und war beschuht.

Wiederum ging es über einen hohen Gebirgsrücken. Um 2 Uhr begann es zu regnen, aber nach einer Stunde klarte es wieder auf, und wir erblickten von dem hohen Bergrücken den Motagua, einen der größten Flüsse Zentralamerikas, der sich majestätisch durch das Tal zu unserer Linken wälzte. Auf einem steil abfallenden Pfad erreichten wir um 4 Uhr das Flußufer. Das Landschaftsbild, das uns umgab, war eines der schönsten, die ich je gesehen. Ringsum erhoben sich riesige Berge, und zwischen ihnen wälzte sich mit der Gewalt eines wilden Wassers der breite und tiefe Fluß dahin.

Am anderen Ufer standen ein paar Häuser, und zwei bis drei Kanus lagen im Wasser, aber kein Mensch war zu sehen. Durch lautes Rufen lockten wir einen Mann

Durchquerung der Berglandschaft Guatemalas

ans Ufer, der in eines der Kanus stieg und abfuhr. Im
Nu wurde er von dem reißenden Strom weit hinabge-
trieben, bis es ihm unter Ausnutzung eines Stromwir-
bels gelang, sein Fahrzeug zu der Stelle, wo wir standen,
herüberzubringen. Nachdem wir unser Gepäck, die
Sättel, das Zaumzeug und anderes Mauleselgeschirr an
Bord geschafft hatten, schifften wir uns selbst ein.
Augustin saß am Stern und hielt eines der Maultiere
am Strang, um als Lockente zu dienen; aber die anderen
Tiere hatten keine Lust zu folgen. Der Maultiertreiber
jagte sie bis an den Hals ins Wasser, aber sie eilten wieder ans Ufer zurück. Er versuchte mehrmals sie hinein-
zutreiben, indem er Stöcke und Steine nach ihnen
warf. Vergebens. Schließlich entkleidete er sich, watete
bis zur Brust ins Wasser hinein und brachte sie nun mit
Hilfe eines zehn bis zwölf Fuß langen Stocks alle glücklich zum Schwimmen, und zwar in einer Reihe, so daß
er sie alle mit seinem Stock erreichen konnte. Jedes
Tier, das sich dem Ufer zuwandte, empfing einen
Schlag auf die Nase, bis sie endlich allesamt ihre Gesichter nach dem gegenüberliegenden Ufer richteten.
Obwohl sie in gerader Richtung hinüberzukommen

29

suchten, wurden sie doch von der Strömung abwärts getrieben, und eines, das weiter als die anderen fortgerissen wurde, erhob, als es seine Brüder landen sah, ein entsetzliches Geschrei und wäre bei seiner heftigen Anstrengung ihnen nachzufolgen, beinahe ertrunken.

Während dieser ganzen Zeit saßen wir in dem Kanu, und die heiße Sonne brannte uns heftig auf die Köpfe. Überhaupt hatten wir in den letzten zwei Stunden entsetzlich unter der Hitze gelitten. Unsere Kleider trieften von Schweiß und starrten von Schlamm, und wir gedachten mit Entzücken des Augenblicks, wo wir ein Bad im Motagua nehmen und unsere Wäsche wechseln könnten. Wir landeten und gingen zu dem Haus, wo wir die Nacht verbringen sollten. Dieses war mit Mörtel beworfen, weiß angestrichen und mit roten Streifen in Gestalt von Blumengehängen verziert. Vorn hatte es eine Einfriedung aus sechs Zoll dickem, gespaltenem Rohr und bot so einen recht günstigen Anblick. Zu unserem großen Ärger war unser Gepäck nach einem drei Leguas entfernten Rancho transportiert worden, und unser Maultiertreiber weigerte sich, nur einen Schritt weiterzugehen. Hinzu kam noch, daß unser Wirt, obwohl er sein ganzes Haus und alles, was er hatte, uns zur Verfügung stellte, uns leider nichts zu essen geben konnte. So unbehaglich daher unsere Situation war, hatten wir doch keine Lust, so ohne weiteres vom Motagua fortzuziehen.

Nachdem wir Augustin die Weisung gegeben hatten, das ganze Dorf nach Lebensmitteln zu durchstöbern, kehrten wir zum Fluß zurück. Überall war die Strömung viel zu reißend, um ein ruhiges Bad nehmen zu können, so daß wir unseren Mann mit dem Kanu herbeiriefen und auf die gegenüberliegende Seite hinüberfuhren. Hier endlich ward uns nach wenigen Minuten der Hochgenuß eines Bades zuteil, dessen Wollustgefühl nur von denen begriffen werden kann, die gleich uns ohne Kleiderwechsel das Micogebirge überquert haben.

Es war der Augenblick eines goldenen Sonnenuntergangs. Wir standen bis an den Hals im Wasser, das hell war wie Kristall und ruhig wie das Wasser eines Seeleins, am Rande eines Fahrwassers, in dem der Strom mit pfeilschneller Eile dahinschoß. Auf allen Seiten erhoben sich Berge mehrere tausend Fuß hoch, deren Scheitel im Glanze der sinkenden Sonne lagen. Papageien mit glänzendem Gefieder flogen zu Tausenden über unsere Köpfe hinweg, schnappten unsere Worte auf und erfüllten die Luft mit ihrem kreischenden Spottgeschrei. Es war eines jener entzückenden Schauspiele, die uns so selten im menschlichen Leben begegnen, und von einer Schönheit, daß es fast Traumgebilde verwirklichte.

Als wir wieder zu unseren Kleidern traten, hatten wir einen bitteren Augenblick. Sie lagen am Ufer ausgebreitet wie Embleme von Menschen, die bessere Tage gesehen. Die Abendsonne, die über alles einen sanften, weichen Glanz ausgoß, machte ihren Schlamm und Schmutz erst recht sichtbar und abstoßend. Es blieb uns nur eine Alternative, nämlich: ohne sie zu gehen. Da uns dies aber ein arger Verstoß gegen die Schicklichkeiten des Lebens zu sein schien, hoben wir sie auf und legten sie mit Widerstreben wieder an. Ich bin indes nicht gewiß, ob wir nicht hiermit ein unnötiges Opfer brachten. Unser Wirt war ein Don, trotzdem aber empfing er uns mit großer Würde in einem einzigen, weitabstehenden, weißen, nicht ganz bis an die

Knie reichenden Kleidungsstück. Nicht minder unge-
zwungen war die Bekleidung seiner Gemahlin, im Stile
der altmodischen kurzen Röcke und Unterröcke, nur
daß der Spenzer und alles, was man gewöhnlich darunter trug, fehlten und ihre Stelle durch eine Perlenschnur mit einem großen Kreuz daran ersetzt ward. Ein
Dutzend Männer und junge Burschen, völlig nackt mit
Ausnahme einer kleinen Bedeckung, trieben sich um
das Haus herum, und die Frauen und Mädchen zeigten
sich in solchem äußersten Negligé, daß eine Perlenschnur ihrer Sittsamkeit als vollständig genügende
Hülle erschien.

Wegen der Nacht waren Herr Catherwood und ich
in ziemlich fataler Verlegenheit. Im Zimmer standen
drei Betten, die aus geflochtenen Kuhhautstreifen
bestanden. Das eine nahm der Don ein, der mit Aus-
kleiden nicht viel zu schaffen hatte, da er bloß sein einziges Bekleidungsstück, das Hemd, abwarf. Am Fuße
meiner Hängematte stand ein anderes Bett. Ich war ein
wenig eingeschlummert, als ich die Augen aufschlug
und ein Mädchen von etwa siebzehn Jahren seitwärts
darauf sitzen und eine Zigarre rauchen sah. Sie hatte
um den Unterleib ein Stück gestreiftes Baumwollzeug
gebunden, das ihr bis unter die Knie fiel. Ihre sonstige
Kleidung war ganz die gleiche, mit der Mutter Natur
die Schöne der vornehmen Welt wie das ärmste Mädchen ausstattet; mit anderen Worten, es war dieselbe
wie von Dons Gemahlin, mit Ausnahme der Perlenschnur. Im ersten Augenblick dachte ich, es wäre ein
Gesicht, das ich im Traum heraufbeschworen hätte.
Ich mochte vielleicht im Aufwachen meinen Kopf
erhoben haben, denn nach einigen raschen Zügen an
ihrer Zigarre zog sie ein baumwollenes Bettuch über

Kopf und Schultern und legte sich zum Schlafen nieder. Ich versuchte das gleiche zu tun und dachte dabei an das Sprichwort: »Reisen bringt seltsame Bettgenossen.«

Uns als Gästen war es angenehm, daß die Familie uns nicht wie Fremde behandelte. Mehrmals in der Nacht wurden wir durch das Feueranschlagen mit Stahl und Stein aufgeweckt und sahen, wie unsere Nachbarn sich eine Zigarre anzündeten. Bei Tagesanbruch genoß Dons Gemahlin ihr Morgenschläfchen. Während ich mich ankleidete, wünschte sie mir einen guten Morgen, entfernte die baumwollene Decke von ihren Schultern und stand in vollem Tagesstaate auf.

Wir brachen frühzeitig auf, und unser Weg führte eine Weile am Ufer des Motagua entlang, das im Morgenlicht fast ebenso schön war wie im Glanz der sinkenden Sonne. Der Charakter der Landschaft war großartig, aber das Land war wild und unbebaut, ohne Hecken, Zäune und Wohnungen. Wir begegneten nur einigen Indianern, die, ihre Macheten in der Hand, zu ihrer Morgenarbeit gingen, und einem Reiter auf einem Maulesel mit einer Frau vor sich, um deren Leib er seinen Arm schlang.

Ich ritt meinen Reisegefährten voraus. Ein wenig seitwärts von der Straße sah ich ein kleines weißes, vollkommen nacktes Mädchen vor einem Rancho spielen. Ich ritt auf die Hütte zu. Der Besitzer schaukelte sich unter dem Vorbau in einer Hängematte und rauchte eine Zigarre. Nicht weit davon stand ein Schuppen, der mit Maisstengeln und Maisblättern überdeckt war. Es war die *cocina*, die Küche. Wie gewöhnlich waren, während der Don in seiner Hängematte eine behagliche, faule Ruhe genoß, die Frauen bei der Arbeit.

Die Familie bestand aus der Mutter, einer hübschen Schwiegertochter von etwa neunzehn Jahren und zwei Töchtern von etwa fünfzehn und siebzehn Jahren. Zu Ehren meines Besuches riß die Mutter das kleine Mädchen, das meine Schritte nach dem Rancho gelenkt hatte, hinweg, führte es ins Haus und warf ihm ein Kleidchen über den Kopf. Es währte aber nur wenige Minuten, so machte sich meine kleine Freundin von ihrem Putz wieder frei und watschelte mit dem Kleidchen unter dem Arm umher.

Die ganze Familie war mit Tortillabacken beschäftigt. Tortillas bilden das Brot im mittleren und überhaupt im ganzen spanischen Amerika. Unter einer auf drei Steinen ruhenden Platte loderte ein helles Feuer. Die Schwiegertochter hatte ein irdenes Gefäß mit Mais vor sich, der zur Entfernung der Hülsen in Kalkwasser eingeweicht wird. Sie nahm eine Handvoll davon und legte den Inhalt auf einen länglichen, einwärts gekrümmten Stein und zerquetschte sie mit einer Steinwalze zu einem dicken Teig. Die Mädchen nahmen den Teig, drückten ihn mit den Händen zu flachen Kuchen und legten ihn zum Backen auf die Platte. Dieser Prozeß wird für jede Mahlzeit wiederholt. Ein großer Teil der Frauenarbeit besteht daher im Tortillabacken.

Als Herr Catherwood kam, waren die Tortillas gerade vom Feuer genommen worden. Die Frauen reichten uns dazu den einzigen Leckerbissen, den sie hatten, Kaffee aus geröstetem Korn, den wir aus Artigkeit gegen ihre Freundlichkeit und Güte tranken.

Nachdem wir eine Zeitlang auf einem Bergrücken dahingeritten waren und dichtbewaldetes Land durchquert hatten, betraten wir eine offene Ebene, auf die die Sonne mit fast unerträglicher Gewalt prasselte, und erreichten kurz danach das Städtchen Gualán. Es rührte sich kein Lüftchen. Die Häuser und die Erde schienen Hitze auszuströmen. Wir ritten zum Hause von Doña Bartola, an die wir einen Empfehlungsbrief hatten. Ich kann die Befriedigung nicht schildern, mit welcher ich mich hier in eine Hängematte warf. Schatten und Ruhe erquickten mich. Zum ersten Male, seit wir Izabal verließen, wechselten wir jetzt die Kleider, zum ersten Male auch aßen wir zu Mittag.

Gegen Abend schlenderten wir durch die Stadt, die um die 10 000 Seelen zählt. Von der *Plaza* aus gingen wir zum Motagua, an dessen Ufer ein im Bau befindliches, ungefähr fünfzig Fuß langes und zehn Fuß breites Boot aus Mahagoni lag. In der Nähe wateten einige Männer und Frauen durch den Strom und trugen dabei ihre Kleidungsstücke auf dem Kopf. Etwas abseits badeten drei Frauen. Bei Einbruch der Dunkelheit kehrten wir nach Hause zurück. Wir hatten ein Zimmer für uns, nur daß wir es mit einigen tausend Ameisen teilen mußten, die die Kerzen ganz schwarz machten und alles Verderbliche bedeckten.

Da der nächste Tag außerordentlich heiß war, blieben wir zu Hause. Abends besuchten wir den Padre, der soeben aus einem nahegelegenen Ort zurückgekommen war. Er war ein kleiner, fetter Mann in weißer Nachtmütze, blaugestreifter Jacke und weißen langen Beinkleidern, den wir behaglich in einer Hängematte sich schwingend und eine Zigarre rauchend antrafen. Von ihm erhielten wir über das Land mehr Belehrung, als wir bisher zu erlangen imstande gewesen waren, ganz besonders aber über Copán, eine Ruinenstadt, die wir zu besuchen wünschten.

Am nächsten Morgen erschien unser neuer Maultiertreiber, aber infolge eines Mißverständnisses hatte er nicht genug Tiere, um unser gesamtes Gepäck mit fortzunehmen. Statt zu warten, brachen wir lieber ohne ihn auf und ließen einen Teil des Gepäcks zurück, damit er es am folgenden Tag nach Zacapa schaffe.

Als wir aus Gualán herausritten, hatten wir den Motagua zu unserer Rechten und dahinter die große, 6000−8000 Fuß hohe Gebirgskette von Vera Paz. Nach einer Stunde begann der Weg anzusteigen. Alsbald sahen wir uns in einer wahren Blumenwildnis, wo Sträucher und Gebüsch mit Purpur und Rot überkleidet und große Bäume dermaßen mit Rot übergossen waren, daß sie wie eine einzige Blume aussahen. Um 2 Uhr erreichten wir den Flecken San Pablo, der auf einem hohen Plateau lag, von dem man auf den Fluß herniederblickte. Hier machten wir halt und ließen unsere Tiere grasen, während wir unser Mahl einnahmen. Es war ein schönes Plätzchen, und zwei Wasserfälle, die am fernen Berghang wie Silberstreifen herüberglänzten, erinnerten uns an die Kaskaden der Schweiz.

Nachdem wir uns vom Alkalden einen Führer bis Zacapa verschafft hatten, setzten wir unseren Marsch fort. Die Sonne war verhüllt, dann und wann aber durchbrach sie das Gewölk und übergoß die Berghänge mit ihrem Lichterglanz, während ihre Spitzen in Wolken gehüllt waren. Um 4 Uhr bekamen wir eine Fernsicht über die große Ebene von Zacapa, die von einem Gebirgsgürtel begrenzt wird, an dessen Fuß die Stadt Zacapa lag. Wir überquerten die wohlangebaute Ebene, durchritten einen Fluß mit hohen Ufern und zogen in die Stadt ein.

Es war die schönste Stadt, die wir bis jetzt gesehen hatten. Die Straßen waren regelmäßig und die Häuser mit Mörtel beworfen und geweißt. Sie hatten große mit Balkons versehene Fenster und Arkaden.

Wir ritten nach dem Hause des Don Mariano Durante, einem der größten und schönsten am Ort. Ein recht respektabel aussehender Neger öffnete uns die Tür und sagte uns auf französisch, daß Señor Durante zwar nicht zu Hause wäre, sein Haus aber zu unserer Verfügung stände. Er führte uns in einen mit Bäumen und Blumen geschmückten Hofraum, an dessen einer Seite eine *caballeria*, ein Pferdestall, lag. Wir überließen die Tiere den Dienern und traten in die *sala*, das Empfangszimmer, das beinahe die ganze Frontseite einnahm und große, bis auf den Fußboden reichende Fenster und eiserne Balkone hatte. In der Mitte des Zimmers und an den Fenstern hingen schöngearbeitete und vergoldete Vogelbauer mit einheimischen Singvögeln und zwei Kanarienvögeln aus Havanna. Dies war der Wohnsitz zweier unverheirateter Brüder, die aus Teilnahme für die Bedürfnisse der Reisenden in einem von Gasthäusern gänzlich entblößten Land immer eine Tür zu ihrer Bequemlichkeit offenhielten. Wir zündeten Kerzen an und machten es uns bequem. Ich saß gerade am Tisch und schrieb, als wir draußen das Getrappel von Maultieren hörten, wonach ein Herr eintrat, seinen Degen und seine Sporen abnahm und seine Pistolen auf den Tisch legte. In der Meinung, er sei ein Reisender wie wir, baten wir ihn Platz zu nehmen, und als das Abendessen serviert wurde, luden wir ihn ein teilzunehmen. Erst beim Schlafengehen entdeckten wir, daß wir einem Herrn des Hauses die Honneurs gemacht hatten.

VIERTES KAPITEL

Gefangennahme

*Eine Schule und ihre Reglements — Chiquimula — Ein
Veteran des französischen Kaiserreiches — Ein Gebirgsland — Eine verödete Stadt — Ein roher Angriff — Verhaftung — Einsperrung — Freilassung*

In Zacapa sahen wir zum ersten Male ein Schulhaus. Es
war ein recht ansehnliches, von Säulen geziertes
Gebäude. An der Mauer hing ein großer Aushang mit
einer langen Reihe verwickelter Artikel, worin die
Belohnung und Strafen der Schüler erklärt waren. Die
Schule bestand aus fünf Knaben. Es war beinahe Mittag, und noch immer war der Lehrer, der gleichzeitig
der Schreiber des Alkalden war, nicht erschienen. Die
einzigen Bücher, die ich sah, waren ein katholisches
Gebetbuch und eine Übersetzung von Montesquieus
Geist der Gesetze. Die Knaben waren hübsche kleine
Bürschlein. Mit einem von ihnen nahm ich ein Addi-
tionsexempel vor und dann Übungen im Schreiben,
worin er sich sehr vorgeschritten zeigte, denn er
schrieb auf spanisch in schöner Handschrift: »Schen-
ken Sie mir einen Medio« (Sixpence).

Mittlerweile hatte ich Gelegenheit gehabt, mehr
über den Zustand der Straßen und die allgemeine Lage
im Lande in Erfahrung zu bringen. Ich kam zu der
Überzeugung, daß es, was den Zweck meiner Mission

betraf, nicht notwendig wäre, unmittelbar nach Guatemala-Stadt zu gehen. Ja, daß es ratsam wäre, lieber noch eine Weile damit zu warten und den Ausgang der politischen Wirren, die eben jetzt das Land zerrissen, abzuwarten. So beschlossen wir, Copán zu besuchen. Es lag freilich völlig außerhalb der üblichen Reiserouten und, obwohl nur einige Tagereisen entfernt, in einer selbst in Zacapa nur wenig bekannten Gegend des Landes. Unser Maultiertreiber aber sagte, er kenne den Weg, und verpflichtete sich, uns in drei Tagen dorthin und von da direkt nach Guatemala-Stadt zu führen.

Am nächsten Morgen um 7 Uhr brachen wir auf. In einer Stunde durchritten wir den Motagua, der hier noch immer ein breiter, tiefer Strom mit reißender Strömung war. Nach zwei Stunden erreichten wir den 3000–4000 Fuß hohen Gipfel eines steilen Berges und hatten eine schöne Aussicht auf die hinter uns liegende Ebene und die Stadt Zacapa. Auf einem langen im Zickzack verlaufenden Weg stiegen wir in eine Ebene hinab, die mit Mais, Cochenille und Pisang bebaut war.

Um 2 Uhr zogen wir in Chiquimula, der Hauptstadt des gleichnamigen Departements, ein. Die Mitte des Hauptplatzes nahm eine schöne, von Palmen überschattete Fontäne ein, an der Frauen ihre Wasserkrüge füllten. Unsere Blicke wurden auf ein Haus in einer Ecke des Platzes gelenkt, in dessen Tür eine Frau stand. Sie trug einen hinten nicht offenen Überrock und Schuhe und Strümpfe. Ihr Gesicht war von nicht gewöhnlichem Reiz, von dunkler Farbe und mit feingezeichneten Brauen. Um die Wirkung ihrer Reize noch zu erhöhen, empfing sie uns mit einem anmutigen Willkommen, und nach wenigen Minuten war ihr Schuppen mit unserem Gepäck vollgepfropft.

Nach einem kleinen Imbiß nahmen wir unsere Büchsen und stiegen nach dem Rande des Plateaus hinab, um eine gigantische, in Trümmern liegende Kirche, die schon in weiter Ferne unsere Aufmerksamkeit auf sich gezogen hatte, zu besichtigen. Als wir in die Stadt zurückkamen, sahen wir an die zwölfhundert Soldaten auf dem Platz in Parade aufgestellt. Ihr Anblick war trotzigwild und banditenartig. Während wir sie betrachteten, ritt General Cascara, der Kommandant des Departements, die Linie ab. Er war Italiener, über sechzig Jahre alt, hatte unter Napoleon in Italien gedient und bei des Kaisers Sturz sich nach Zentralamerika geflüchtet. Von Morazán verbannt, war er soeben nach achtjährigem Exil ins Land zurückgekehrt und ein halbes Jahr zuvor zu diesem Posten ernannt worden. Er sah totenblaß aus und war offenbar von schwächlicher Gesundheit. Ich konnte nicht umhin zu denken, daß, wenn Erinnerungen an den kaiserlichen Kriegsglanz jemals seine Seele kreuzten, er beim Anblick seines barfüßigen Detachements wohl erröten müßte.

Wir folgten dem General in sein Quartier, wo wir ihm unseren Paß vorzeigten. Wie der Kommandant von Izabal schien auch er unruhig und besorgt zu sein und sprach viel von dem zerrissenen Zustand des Landes. Auch zeigte er sich mit meiner beabsichtigten Reiseroute unzufrieden, und obgleich ich ihm versicherte, wir hätten nur einen Besuch der Ruinen von Copán vor, so war er doch offenbar besorgt, daß ich die Absicht hätte, nach San Salvador zu gehen und der Bundesregierung mein Beglaubigungsschreiben zu überreichen. Indessen entsprach er doch meinem Wunsch, in meinen Paß das Visum einzutragen.

Wir kehrten zu unserer interessanten Dame, die uns bei unserem Eintritt in ihr Haus so freundlich willkommen geheißen hatte, zurück. Wir wußten noch nicht, ob sie *Señora* oder *Señorita* war. Leider entdeckten wir jetzt, daß ein Mann, den wir für ihren Vater hielten, ihr Gatte war. Als wir sie nach einem schönen zehnjährigen Knaben fragten, von dem wir meinten, er sei ihr Bruder, antwortete sie »es mio«, er ist mein Kind.

Am nächsten Morgen standen wir beizeiten auf. Auch unsere interessante Wirtin und ihr väterlicher Gemahl waren schon auf, um uns behilflich zu sein. Es wäre eine Verletzung der Gesetze der Gastfreundschaft gewesen, hätten wir ihnen Geld anbieten wollen. Dafür aber schenkte Herr Catherwood dem Knaben ein Federmesser, und ich steckte der Señora einen goldenen Ring mit dem Motto: *Souvenir d'amitié* an den Finger. Die Worte waren französisch, und ihr Gatte verstand sie nicht, aber sie leider auch nicht.

Um 7 Uhr traten wir den Weitermarsch an. Während wir an einem Fluß entlangritten, begegneten wir einem Indianer, der unseren Maultiertreiber unterrichtete, daß der *camino real*, die Landstraße nach Copán, auf der anderen Seite des Flusses, jenseits der Bergkette wäre. Wir kehrten daher um, setzten über den Fluß, dessen Bett zum großen Teil trocken war, und ritten eine Weile an ihm entlang, konnten aber keinen Weg zum Berg hinauf finden. Endlich entdeckten wir einen, aber leider war es nur ein Pfad fürs Vieh. So wanderten wir noch eine ganze Stunde weiter, ehe wir den *camino real* auffanden, und diese »königliche Straße« war nichts als ein Steg, auf dem ein einzelnes Maultier hinaufklettern konnte. So viel war uns jetzt klar, daß unser Maultiertreiber die Straße nicht kannte, und die Gegend, die wir hier betraten, war so wild, daß wir einige Bedenken hatten, ob wir ihm folgen sollten. Auf allen Seiten stiegen Berge auf, einige großartig und düster, die Scheitel in Wolken vergraben, andere in Gestalt von Kegeln und Pyramiden, so wild und phantastisch, daß sie des Himmels zu spotten schienen. Jetzt zogen sich um die Berge Wolken zusammen, und wir ritten eine Stunde lang im Regen. Als die Sonne hindurchbrach, sahen wir die Bergzinnen noch immer über uns sich auftürmen und blickten zur Rechten in ein tiefes Tal. Um 6 Uhr abends erstiegen wir eine schöne Hochebene und kamen nach Comotán. Kein menschliches Wesen war zu sehen. Es war das wahrhaftige Bild einer verlassenen Stadt. Wir ritten zum Rathaus, dessen Tür fest zugemacht und dessen Schuppen verbarrikadiert war, vermutlich um herumschweifendes Vieh abzuhalten. Wir rissen die Tür auf, luden die Maultiere ab und sandten Augustin aus, um nach Lebensmitteln Ausschau zu halten. Nach einer halben Stunde kehrte er mit einem Ei zurück. Dies war alles, was er hatte auftreiben können. Aber er hatte die Stadt wach gemacht. Es erschienen der Alkalde, ein Indianer mit einem silberbeknopften Stock, und mehrere Alguacils mit langen dünnen Stäben als Zeichen ihres Amtes, um uns genau in Augenschein zu nehmen und zu prüfen. Wir zeigten ihnen unseren Paß und sagten ihnen, wohin wir wollten, worüber sie, mit der ihnen eigenen Ruhe, keine Verwunderung zu erkennen gaben. Lesen konnten sie den Paß nicht, aber sie prüften das Siegel und gaben ihn dann wieder zurück. Wir baten sie um Eier, Geflügel und Milch, worauf sie die Antwort gaben, die wir in der Folgezeit nur allzu häufig zu hören bekommen sollten: *»no hay«*, das heißt »es ist nichts da«. Nach

42

einigen Minuten zogen sie sich zurück und überließen uns uns selbst.

Das Rathaus war etwa 40 Fuß lang und 20 Fuß breit. Sein Mobiliar bestand aus einem großen Tisch und zwei hochlehnigen Bänken. Der Alkalde schickte uns einen Krug Wasser. Wir machten dem Maultiertreiber heftige Vorwürfe, daß er an einem Ort haltmachte, wo wir nichts zu essen bekommen könnten, und bereiteten uns ein Abendessen aus Brot und Schokolade. Da Pflöcke zum Aufknüpfen von Hängematten in den Wänden waren, trafen wir unsere Vorbereitungen zum Schlafen. Herr Catherwood lag bereits in seiner Hängematte, und ich selbst war halb entkleidet, als plötzlich die Tür aufgerissen wurde und fünfundzwanzig bis dreißig Männer hereingestürzt kamen, bestehend aus dem Alkalden, den Alguacils, Soldaten, Indianern und Mestizen, zerlumpten und grimmig aussehenden Kerlen, die mit Amtsstäben, Schwertern, Keulen, Büchsen und Macheten bewaffnet waren und brennende Fichtenspäne trugen. An ihrer Spitze stand ein Offizier von etwa 28 bis 30 Jahren mit Glanzhut und Schwert, ein Mensch von einem durchtriebenen und verschmitzten Ausdruck, der, wie wir später erfuhren, einer von Carreras Hauptleuten war. Der Alkalde, der offenbar betrunken war, wollte meinen Paß noch einmal sehen. Ich händigte ihn ihm aus, und er reichte ihn dem jungen Offizier, der ihn prüfte und sagte, er wäre ungültig. Mittlerweile kleideten wir beide uns an. Da ich in der spanischen Sprache nicht sehr zu Hause war, so erklärte ich durch Augustins Vermittlung meinen offiziellen Charakter und wies insbesondere auf die Visen des Kommandanten Piñol und des Generals Cascara hin. Er beachtete jedoch meine Erklärungen gar nicht. Der

Alkalde sagte, er hätte schon früher einmal einen Paß gesehen, der wäre aber gedruckt gewesen, und zwar auf einem Stückchen Papier nicht größer als seine Hand, während der meinige auf einem Quartblatt ausgestellt wäre. Dazu käme, sagten sie, daß das Siegel des Generals Cascara nur das Departementssiegel von Chiquimula wäre, es müßte aber das Staatssiegel von Guatemala sein.

Ich bot alles auf, um ihnen zu zeigen, wie wenig diese Einwände besagen wollten. Trotzdem blieb der junge Offizier nach einem heftigen Wortwechsel dabei, daß wir unsere Reise nicht fortsetzen könnten, sondern so lange in Comotán bleiben müßten, bis man einen Bericht nach Chiquimula gesandt habe und Befehle von dort erhalten habe. Wir hatten keine Lust, in solchen Händen zu verbleiben, und drohten ihnen mit den Folgen, wenn sie unserer Reise irgendwelche Hindernisse in den Weg legten. Als ich zuletzt ihnen sagte, daß ich, statt hier zurückgehalten zu werden und Zeit zu verlieren, lieber meinen Abstecher nach Copán ganz aufgeben und auf demselben Weg, auf dem ich hergekommen, zurückkehren würde, entgegneten der Offizier als auch der Alkalde in entschiedenem Ton, wir dürften Comotán nicht verlassen.

Dann sagte mir der junge Mann, ich solle meinen Paß aushändigen. Ich antwortete aber, dieser Paß wäre mir von meiner eigenen Regierung ausgestellt, er wäre der Ausweis meines offiziellen Charakters und zu meiner persönlichen Sicherheit notwendig, und ich würde ihn darum nicht aus den Händen lassen. Herr Catherwood gab eine gelehrte Auseinandersetzung des Völker- und Gesandtenrechts und sprach von der Gefahr, die Rache der Regierung *del Norte* auf sich herabzuziehen, was

44

ich mit eindringlichen Worten unterstützte; aber alles war vergebens.

Schließlich betonte ich noch einmal, ich würde den Paß nicht ausliefern, erbot mich aber, unter militärischer Eskorte persönlich damit nach Chiquimula, oder wohin es sei, zu gehen, worauf er in frechem Ton erwiderte, wir dürften weder nach Chiquimula noch sonstwohin, weder vorwärts noch rückwärts. Wir müßten hier, wo wir eben wären, bleiben und den Paß ausliefern. Da ich sah, daß alle Gründe und Gegenvorstellungen nichts fruchteten, steckte ich das Papier in meine Weste, knöpfte meinen Rock fest zu und sagte ihm, er könne nur mit Gewalt dazu gelangen, worauf er mit einem Ausdruck der Befriedigung auf seinem gemeinen Gesicht antwortete, das werde er tun. Ich fügte noch hinzu, daß, was sie auch im Augenblick erreichen möchten, am Ende für sie schlimme Folgen haben würde, worauf er mit höhnischer Miene erwiderte, sie wollten es darauf ankommen lassen.

Während der ganzen Verhandlungen stand die Bande der feigen Schurken mit den Händen auf ihren Schwertern und Macheten da, und zwei lumpige Kerle, die wie Mörder aussahen, saßen mit an die Schultern gelegten Musketen auf einer Bank und hielten deren Mündungen drei Fuß von mir entfernt auf meine Brust gerichtet. Augustin, der einen Hieb mit einer Machete über den Kopf erhalten hatte und deshalb recht kriegerisch gesinnt war, bat mich auf französisch, ich möchte doch den Befehl zum Feuern geben, und sagte, eine einzige Salve würde sie alle auseinanderjagen. Wir hatten elf sichere Schüsse, und ich glaube, bei unserer Erbitterung würde ich, wenn der junge Offizier Hand an mich gelegt hätte, wenigstens ihn niedergestreckt haben.

Zum Glück aber trat, bevor er Zeit hatte, den Befehl über uns herzufallen zu geben, ein Mann in Glanzhut und Jacke, der später als die übrigen hereingekommen war und der besseren Klasse angehörte, vor und bat um Vorzeigen meines Passes. Entschlossen, ihn nicht aus meinen Händen zu lassen, hielt ich ihn vor ein brennendes Kienstück hin, während er ihn auf Herrn Catherwoods Bitte hin laut vorlas.

Seitdem bin ich in Zweifel gewesen, ob der Offizier ihn überhaupt gelesen oder ob er, nachdem er ihn gelesen, seinen Inhalt mitgeteilt hatte, denn er brachte auf den Alkalden und seine Alguacils eine sichtliche Wirkung hervor. Nach einigen Minuten voll ängstlicher ungewisser Erwartung ließen sie von der Ausführung ihrer Drohung ab, sagten aber, wir müßten in Gewahrsam bleiben. Ich bat um einen Kurier, um auf der Stelle einen Brief an General Cascara abzuschicken, was sie abschlugen. Als ich mich aber erbot, die Kosten des Kuriers zu tragen, versprach der Alkalde die Absendung des Briefes. Da ich wußte, daß General Cascara Italiener war, und ich zu meinem Spanisch kein Vertrauen hatte, schrieb ich ein paar Zeilen, die Herr Catherwood ins Italienische übersetzte. Hierin teilte ich dem General von unserem Arrest und unserer Verhaftung mit und sagte ihm, daß wir dem Alkalden und den Soldaten, die uns arretiert hatten, den Spezialpaß meiner Regierung mit den Visen des Kommandanten Piñol und seinen eigenen, die meinen offiziellen Charakter bestätigten, vorgezeigt hätten, er aber für nicht genügend erachtet worden wäre. Ferner verlangte ich, daß ich sofort in Freiheit gesetzt und mir die Fortsetzung meiner Reise ohne weitere Belästigung gestattet würde. Schließlich fügte ich noch hinzu, daß wir die

Art und Weise, wie wir behandelt worden waren, natürlich sowohl der Regierung in Guatemala als auch meiner eigenen berichten würden. Um den Effekt noch zu verstärken, unterzeichnete Herr Catherwood die Note als Sekretär, und da ich kein offizielles Siegel bei mir hatte, so versiegelten wir sie, von niemandem beobachtet, mit einem neuen amerikanischen Dollarstück, und gaben sie dem Alkalden. Der Adler breitete seine Schwingen aus, und die Sterne erglänzten im Licht der Kienfackel, und alle traten herzu, um das Ding genau zu betrachten. Darauf zogen sie sich zurück, schlossen uns ein und stellten zwölf Mann, mit Schwertern, Macheten und Büchsen bewaffnet, an der Tür auf. Beim Fortgehen sagte der Offizier zum Alkalden, daß, wenn wir während der Nacht entkämen, er es mit seinem Kopf bezahlen müßte.

Als die aufregende Szene vorüber war, fühlten Herr Catherwood und ich uns beide erschöpft. Erst einen Monat von zu Hause fort, hatte unsere Reise einen schönen Anfang genommen. Ein Blick durch ein Guckloch auf unsere sauberen Wächter gewährte uns keine Beruhigung. Sie waren unter dem Wetterdach, unmittelbar vor der Tür, im Bereich ihrer Waffen um ein Feuer gelagert und schmauchten Zigarren. In ihren Lumpen und ihren vom Feuer rot gefärbten Gesichtern boten sie einen wahrhaft grauenvollen Anblick. Hätten wir einen Versuch gemacht zu entfliehen, ich glaube, sie hätten sich gefreut, nun frei und rücksichtslos morden zu können. Von unmittelbaren Sorgen erlöst, machten wir jetzt einen Korb voll Wein auf, womit uns Oberst M'Donald versorgt hatte, und tranken auf seine Gesundheit. Dann schlossen wir die Tür so gut wir konnten von innen und begaben uns wieder in unsere Hängematten.

Während der Nacht wurde die Tür abermals aufgerissen, und wiederum trat die ganze Lausebande wie zuvor mit Schwertern, Macheten und brennenden Kienstücken herein. Im Nu waren wir auf den Beinen, da mir augenblicklich der Gedanke kam, daß sie gekommen wären, mir den Paß wegzunehmen. Statt dessen aber gab zu unserer Überraschung der Alkalde den Brief mit dem großen Siegel zurück und sagte, daß es nicht nötig wäre, ihn abzusenden, und daß es uns frei stände, die Reise nach unserem Belieben fortzusetzen.

Wir waren viel zu sehr erfreut, um Fragen zu stellen, und so wissen wir bis zum heutigen Tag nicht, warum wir eigentlich verhaftet wurden. Ich glaube, wenn wir kleinmütig uns gefügt und nicht einen stolzen, drohenden Ton angenommen und uns bis zuletzt behauptet hätten, wären wir nicht frei gekommen. Auch habe ich keinen Zweifel, daß das große Siegel viel zu unseren Gunsten beigetragen hat. Fest entschlossen, die Sache damit nicht zu Ende sein zu lassen, bestanden wir darauf, daß der Brief dennoch an General Cascara abgesandt würde. Der Alkalde machte Einwendungen, wir sagten ihm aber, daß, wenn er nicht abginge, es um so schlimmer für ihn ablaufen würde, worauf er ihn nach einigem Zögern einem Indianer zuwarf und diesen mit seinem Alkaldenstab zur Tür hinausprügelte. Nach wenigen Minuten wurde die Wache abgezogen, und alle verließen uns.

Es war fast Tagesanbruch, und wir wußten nicht, was wir beginnen sollten. Reisten wir weiter, so setzten wir uns einer Wiederholung derselben Behandlung aus, und tiefer im Inneren konnte der Ausgang vielleicht schlimmer sein. In unserer Unschlüssigkeit kehrten wir zum dritten Male zu unseren Hängematten zurück.

Als es völlig Tag war, wurden wir abermals vom Alkalden und seinen Alguacils geweckt. Diesmal aber kamen sie, um uns einen zeremoniellen Besuch abzustatten. Da wir von ihnen erfuhren, daß die Soldaten, die zufällig durch die Stadt gekommen waren, abgezogen wären, beschlossen wir nach kurzer Beratung, die Reise fortzusetzen. Wir erinnerten den Alkalden nochmals an die Besorgung des Briefes an General Cascara und kehrten dann ihm und seinen Alguacils den Rücken. Innerhalb weniger Minuten waren sie alle verschwunden. Wir tranken eine Tasse Schokolade, beluden unsere Maulesel und brachen auf. Die Stadt bot jetzt denselben verlassenen Anblick wie bei unserer Ankunft.

FÜNFTES KAPITEL

Die Hacienda des Don Gregorio

Ein indianisches Leichenbegängnis — Der Fluß Copán —
Die Hacienda San Antonio — Das Dorf Copán — Ein
ungnädiger Wirt — Erster Anblick der Ruinen — Suchen
nach einer Wohnstätte — Eine unbehagliche Situation —
Ein Gewitter — Gedanken an einen Ankauf Copáns

Nachdem wir an der Kirche vorübergekommen waren, begann der Weg sich einen Berg hinaufzuwinden. Nach einer kurzen Wegstrecke begegneten wir einer Gruppe Indianer, die auf einer von Stecken geflochtenen Bahre eine Leiche auf den Schultern trugen, die mit Ausnahme eines Baumwollstreifens um die Schenkel nackt dalag und bei den Bewegungen ihrer Träger schauderhaft schaukelte. Bald danach kam eine zweite Leiche an uns vorüber, die auf dieselbe Weise getragen wurde, aber mit einer Matte bedeckt war und von drei oder vier Männern und einer jungen Frau begleitet wurde. Sie zogen zum Friedhof, der die Stadtkirche umgab. Als wir den Gipfel des Berges erreicht hatten, erblickten wir hinter uns ein schönes Tal, das sich nach Jocotan zu erstreckte.

Um halb 1 Uhr stiegen wir zu den Ufern des Copán hinab. Er war breit und reißend, und in der Mitte befand sich eine große Sandbank. Wir hatten Mühe hinüberzukommen, und Teile unseres Gepäcks wurden dabei naß, besonders die Betten und das Bettzeug.

Vom anderen Ufer aus hatten wir wiederum einen Bergrücken zu ersteigen, von dessen Höhe wir die Windungen des Flusses durch das Tal verfolgen konnten. Als wir den Berg herabstiegen, kamen wir an einen schönen Fluß. Wir saßen ab und ließen uns am Ufer nieder, um die Ankunft des Maultiertreibers abzuwarten. Ich habe vergessen zu erwähnen, daß dieser Mann einen Knaben von etwa dreizehn bis vierzehn Jahren bei sich hatte, einen hübschen kleinen Burschen, dem er den schlimmsten Teil des Dienstes aufgebürdet hatte, nämlich die Maultiere zusammenzutreiben, und der wirklich wie Baron Münchhausens Hunde in Gefahr zu sein schien, sich die Beine wegzulaufen.

Schon den ganzen Tag hatte der Maultiertreiber sich besonders wütend gegen die Maultiere gebärdet, die heute in seinen Augen ganz vertrackte Tiere waren und schließlich sich gar verlaufen hatten, so daß es eine ganze Stunde währte, ehe wir seine zornige Stimme vernahmen, die die Tiere mit Verwünschungen überschüttete. Wir saßen wieder auf und erblickten in einiger Entfernung auf der anderen Seite des Tals eine Hacienda. Sie stand ganz einsam und verhieß ein stilles Ruheplätzchen für die Nacht. Wir verließen den *camino real* und bogen auf einen steinigen und mit Gebüsch überwachsenen Pfad ein, der so steil abfiel, daß wir genötigt waren abzusteigen, die Tiere vorangehen zu lassen und uns beim Herabsteigen an den Büschen festzuhalten. Am Fuße des Hügels saßen wir wieder auf und durchritten ein Gewässer, wo ein kleiner Knabe, der im Wasser spielte, mich mit über der Brust gekreuzten Armen grüßte und darauf gegen Herrn Catherwood das gleiche tat. Das war ein günstiges Omen, und als wir einen steilen Hügel erklommen, da fühlte ich, daß wir hier, an diesem einsamen Erdfleck, fern abgeschieden von den Sammelplätzen der Menschen, Liebe und Wohlwollen finden müßten. Auf dem Gipfel des Hügels stand eine freundlich lächelnde Frau mit einem nackten Kind auf dem Arm und sah unserem mühsamen Aufstieg zu. Als wir fragten, ob wir in ihrer Hütte *posada,* Quartier, bekommen könnten, antwortete sie, mit einem Gesicht, das uns ein noch wärmeres Willkommen zurief als ihre Worte, in der wohlwollenden Redensart des Landes *como no?* warum nicht? Als sie bemerkte, daß unser Diener Ananas in seinem Reisesack hatte, fragte sie, warum er diese mitbrächte und ob er denn nicht wüßte, daß sie davon in Hülle und Fülle vorrätig hätte.

Die Hacienda lag von hohen Bergen umgeben romantisch schön in einer Waldlichtung mit einem Viehhof und einer Korn-, Tabak- und Pisangpflanzung. Das Haus ruhte auf Pfosten, war mit Lehm beworfen und an der Mauer über der Tür mit einem Bild des Erlösers am Kreuz geschmückt, das auf weißem Baumwollzeug gemalt war. Das nackte Kindlein, das die Mutter auf dem Arm trug, hatte den Namen *Maria de los Angeles.* Während das Abendessen bereitet wurde, kam der Hausherr, eine dunkelbraune, grimmig aussehende Gestalt, mit breitkrempigem Sombrero und ungeheurem Schnauzbart, an. Er kam auf einem großen jungen Pferd geritten, das er gerade für Gebirgswege zuritt. Als er hörte, daß wir Fremde wären, die um gastliche Aufnahme bäten, klärten sich seine barschen Züge auf, und er wiederholte das Willkommen, mit dem uns die Frau empfangen hatte.

Leider war der Bursche des Maultiertreibers schwer krank, worauf indessen sein Herr gar nicht achtete.

Während der arme Mensch von heftigem Fieber gequält winselte, saß sein Herr mit vollkommener Gleichgültigkeit am Tisch und tafelte. Wir bereiteten dem Kranken ein bequemes Lager im Korridor, und Herr Catherwood reichte ihm eine Arznei. Den Abend verbrachten wir ganz anders als den letzten. Unsere Wirtsleute waren herzlich gute und einfache Leute. Es war das erste Mal, daß sie mit Menschen aus einem anderen Land zusammentrafen. Sie stellten daher eine Menge Fragen und nahmen unsere kleinen Reiseutensilien in genauen Augenschein, besonders unsere plattierten Becher, Messer, Gabeln und Löffel. Als wir ihnen unsere Uhren, den Kompaß, den Sextanten, das Chronometer, das Thermometer und das Teleskop zeigten, bemerkte die Frau mit großem Scharfsinn, wir müßten sehr reich sein und hätten *muchas ideas*, viele Ideen. Die Gastgeber fragten uns nach unseren Frauen, und wir erfuhren bei dieser Gelegenheit, daß unser schlichter Wirt deren zwei besaß, die eine hier und die andere in Jocotan, und daß er bei jeder abwechselnd eine Woche verbrachte. Als wir ihm sagten, daß er für ein Leben, das solche Freiheiten sich erlaubte, im »Norden« ins Gefängnis käme, erwiderte er, daß dies barbarische Länder wären. Auch seine Frau, obgleich der Ansicht zugetan, der Mann müsse mit einem Weib sich begnügen, meinte doch, es wäre kein *pecado*, Sünde, deren zwei zu haben.

Der Mann war beim Befestigen unserer Hängematten behilflich, und als wir um 9 Uhr die Hunde und Schweine hinausgetrieben hatten, zündeten wir Zigarren an und gingen zu Bett. Mit Dienern, Frauen und Kindern waren wir unser elf im Zimmer. Rings im Kreise flammten die kleinen Feuerkugeln der Zigarren auf, bis endlich eine nach der anderen ausging und wir in Schlaf versanken.

Am Morgen standen wir alle zugleich auf. Der Bursche fühlte sich wieder besser. Wir hielten seinen Zustand aber doch noch nicht zum Reisen geeignet. Jedoch sein Herr bestand durchaus auf seine Mitnahme. Für alles, was unsere liebevollen Freunde für uns getan hatten, wollten sie uns zwar nichts anrechnen, gleichwohl aber entschädigten wir sie nicht nur in Geld, sondern verteilten auch verschiedene Kleinigkeiten unter sie. Leider sah ich beim Abschied mit Bedauern, daß ein Ring, den ich ihr gegeben, an seinem Finger glänzte. Nachdem wir bereits aufgestiegen waren, kam der kleine Knabe, den wir am Wasser gesehen hatten, mit einer Ladung frisch abgeschnittener Ananas herbeigelaufen, und als wir uns schon in Bewegung gesetzt hatten, rannte die Frau mir mit einem Stück frischen Zuckerrohrs nach.

Um 2 Uhr erreichten wir das Dorf Copán, das aus einem halben Dutzend mit Stroh gedeckter Hütten bestand. Unser Erscheinen erregte großes Aufsehen. Alle Männer und Frauen versammelten sich um uns und staunten uns an. Wir fragten sofort nach den Ruinen, aber keiner wußte den Weg dorthin. Alle gaben uns den Rat, zu der Hacienda des Don Gregorio zu gehen. Wir setzten noch einmal über den Copán und kamen auf eine vom Wald gelichtete Stelle heraus, an deren eine Seite eine Hacienda mit einem Ziegeldach lag, die offenbar der Wohnsitz eines reichen Grundbesitzers war. Ein Haufen bellender Hunde begrüßte uns, und in allen Toren und Türen standen Frauen und Kinder, die über unser Erscheinen in nicht geringem Grade erstaunt zu sein schienen. Kein einziger Mann war zu sehen. Die Frauen empfingen uns jedoch freundlich und sagten uns, Don Gregorio würde bald heimkehren und uns nach den Ruinen geleiten. Im Nu wurde in der Küche Feuer gemacht, der Laut klatschender Hände gab uns Kunde, daß man mit Tortillabacken beschäftigt war, und in einer halben Stunde war das Mittagessen fertig. Es wurde auf einem massiven silbernen Teller mit Wasser in einem silbernen Krug serviert, aber ohne Messer, Gabel und Löffel. Wir beglückwünschten uns, in ein so gutes Quartier geraten zu sein.

Es währte nicht lange, so kam ein junger Mann angeritten, stattlich gekleidet, in gesticktem Hemd, und von mehreren Männern begleitet, die eine Herde Vieh trieben. Aus der Herde wurde ein Ochse ausgesucht, ihm ein Strick um die Hörner geschlungen und nach dem Hause gezogen. Mit Hilfe eines zweiten Stricks um die Beine wurde er niedergeworfen. Nachdem man ihm die Füße zusammengebunden hatte, wurde der Kopf mit einem an den Hörnern und am Schwanz befestigten Strick nach hinten gezogen und mit einem einzigen Machetenstreich die große Pulsader durchschnitten. Die Rotte hungriger Hunde stand schon bereit und schlappte mit furchtbarem Zungengeklatsch das Blut auf. Dann wurde dem Ochsen die Haut abgezogen, das Fleisch von den Knochen gelöst, die einzelnen Stücke, wie die Beefsteaks, die Lenden, die Roaststücke, herausgeschnitten, und nach einer Stunde hing das ganze Tier in einer langen Reihe von Streifen vor der Tür.

Inzwischen war Don Gregorio angelangt. Er war ein Mann von etwa fünfzig Jahren mit einem großen schwarzen Knebelbart. Aus dem Benehmen und der Haltung aller seiner Leute war leicht zu ersehen, daß er ein Haustyrann war. Der Blick, den er uns zuwarf, ehe

er abstieg, schien sagen zu wollen: »Wer seid denn ihr?«
Er ging aber ohne ein Wort ins Haus. Wir warteten, bis
er mit dem Mittagessen fertig war, dann ging ich hinein.
Ich habe in meinem Verkehr mit der Welt mehr als einmal, wenn ich eine Bekanntschaft machen wollte, mich
kühl empfangen gesehen; einer solchen kalten Aufnahme aber bin ich nie in meinem Leben begegnet. Ich
sagte ihm, wir wären hierher gekommen, um die Ruinen von Copán zu besuchen, wobei er sich auf eine
Weise benahm, die zu sagen schien: »Was geht mich das
an?« Er erwiderte mir aber, daß die Ruinen auf der
anderen Seite des Flusses lägen. Als ich ihn fragte, ob
wir einen Führer bekommen könnten, antwortete er,
der einzige Mann, der von den Ruinen etwas wüßte,
wohne auf der anderen Seite des Flusses.

Als wir den Führer suchten, war er nicht zu Hause,
weil ein prächtiger Hahnenkampf im vollen Gange war.
Zu unserem großen Ärger hörten wir, daß Don Gregorio der reichste Mann und der kleine Tyrann von
Copán sei und daß es das größte Unglück für uns sein
würde, mit ihm zu brechen oder es selbst nur im Ort
bekannt werden zu lassen, daß wir in ′seinem Hause
eine schlechte Aufnahme gefunden hätten. So kehrten
wir denn mit Widerstreben, aber in der Hoffnung, jetzt
vielleicht einen günstigeren Eindruck zu machen, zu
der Hacienda zurück. Herr Catherwood stieg auf der
Außentreppe ab und nahm im Korridor Platz. Ich stieg
draußen vor der Hacienda ab und warf, bevor ich hin-
einging, erst einen Blick auf die ganze Gesellschaft. Der
Don saß auf einem Stuhl, umstanden von acht bis zehn
Menschen, die Söhne des Don, Diener und von ihrer
Tagesarbeit heimgekehrte Feldarbeiter. Nicht einer
erbot sich, mir mein Maultier abzunehmen oder

irgendeinen jener Beweise von Höflichkeit zu geben, wie man sie stets einem willkommenen Gast erweist. Die Frauen kehrten sich von uns ab, als hätten sie wegen unserer Aufnahme Verweise bekommen. Die Männer sahen alle höhnisch und verächtlich aus, so daß ich Herrn Catherwood sagte, wir sollten unser Gepäck auf die Straße werfen und den ungastlichen Grobian zum Teufel wünschen; er aber warnte mich davor und wandte ein, daß, wenn es zum offenen Zwist mit ihm käme, alle unsere Mühen und Unannehmlichkeiten zum Besuch der Ruinen umsonst gewesen wären. Da der Don wahrscheinlich fürchtete, auf seinen Namen einen Flecken zu bringen, wenn er die Sache zu weit triebe, so wies er jetzt auf einen Stuhl hin und lud mich ein, Platz zu nehmen. Mit großer Anstrengung beschloß ich, meine Entrüstung so lange im Zaum zu halten, bis ich ihr ungefährdet freien Lauf lassen könnte. Augustin war ganz empört über die Behandlung.

Gegen Abend wurde im Korridor eine Ochsenhaut ausgebreitet und Mais mitsamt den Kolben darauf geschüttet, worauf alle Männer, mit dem Don an ihrer Spitze, sich setzten, um sie auszuhülsen. Die Kolben wurden zum Verbrennen in die Küche getragen, die Körner aber in Körbe getan. Danach durften drei kleine Schweine, die in Erwartung des Festmahls draußen gegrunzt hatten, herein, um die verstreuten Körner aufzufressen. Während des ganzen Abends wurde von uns keine Notiz genommen, nur die Frau des Don ließ uns durch Augustin sagen, daß das Abendessen angerichtet würde. Unser verwundeter Stolz ward etwas beruhigt, und unser Unwille legte sich ein wenig, als es hieß, man wolle für uns Brot backen, wenn wir welches zu kaufen wünschten.

Nach dem Abendessen richteten sich alle zum Schlafen ein. Das Haus des Don hatte zwei Seiten, eine hintere und eine vordere. Der Don und seine Familie nahmen die erstere ein, wir die letztere; aber wir hatten auch diese nicht für uns allein. Längs der ganzen Wand lagen etwa zolldicke und mit Rindenband zusammengebundene Ruten, auf die eine ungegerbte Ochsenhaut als Bett gebreitet war. Außer unseren Hängematten waren noch drei andere im Zimmer, und ich hatte für die meinige so wenig Raum, daß mein Körper eine umgekehrte Parabel beschrieb, wobei meine Füße in gleicher Höhe mit dem Kopf waren.

Am anderen Morgen war Don Gregorio noch in derselben Laune. Wir achteten indes gar nicht auf ihn, machten aber unsere Toilette mit aller möglichen Rücksichtnahme auf die beständig hin und her gehenden weiblichen Familienmitglieder. Da wir beschlossen hatten, auf unserem Vorhaben, die Ruinen zu besuchen, fest zu beharren, war unsere Freude groß, als am Morgen einer der Söhne des rauhen Don, ein hübscher junger Mann, den Führer José aus Copán herüberbrachte.

Weil sich José und der Maultiertreiber gestritten hatten, kamen wir erst um 9 Uhr fort. Es währte nicht lange, so bogen wir von der Straße ab und durchquerten ein teilweise mit Mais bestandenes Feld, das Don Gregorio gehörte. An einer Hütte am Waldessaum, wo einige Arbeiter gerade frühstückten, stiegen wir ab und banden unsere Maultiere an nahe Bäume. Wir betraten den Wald, durch den José mit seiner Machete einen Weg vor uns frei machte. Bald kamen wir an das Ufer eines Flusses und erblickten unmittelbar gegenüber eine steinerne Mauer von vielleicht hundert Fuß Höhe,

die mit Stechginster bewachsen war und in südnörd-
licher Richtung verlief. An dieser Stelle war der Fluß
nicht zu durchwaten. Deshalb kehrten wir zu unseren
Maultieren zurück, saßen auf und ritten am Ufer des
Flusses stromaufwärts. Der Fluß war breit und stellenweise tief und reißend. Nachdem wir ihn durchquert
hatten, ritten wir auf einem mit niedrigem Gesträuch
überwachsenen Fußpfad, den José uns mit der
Machete freimachte, bis wir an den Fuß der Mauer
kamen, wo wir wieder abstiegen und unsere Maultiere
anbanden.

Die Mauer bestand aus gehauenen Steinen, war gut
gelegt und wohl erhalten. Wir erstiegen sie auf großen
steinernen Stufen, die teilweise unbeschädigt, teilweise
von Bäumen, die aus den Spalten herauswuchsen, hin-
abgeworfen worden waren, und kamen auf eine Terrasse, deren Gestalt zu bestimmen uns bei der Dichte
des Waldes, der sie ganz bedeckte, unmöglich war. Unser Führer hieb uns einen Weg frei, und wir kamen bei
einem halb in den Boden versunkenen großen Stein mit
sorgfältig gearbeiteten Skulpturen vorbei und erreichten ein Bauwerk mit Stufen zu beiden Seiten, die, so-
weit uns die Bäume darüber zu urteilen gestatteten,
den Seiten einer Pyramide glichen. Indem wir uns einen Weg durch das Dickicht hieben, entfernten wir uns
immer mehr vom Fluß. Dann trafen wir auf eine viereckige steinerne Säule von etwa 14 Fuß Höhe und 3
Fuß Breite, die auf allen vier Seiten von unten bis oben
mit Skulpturen bedeckt war. Auf der Vorderseite war
die Figur eines Mannes zu sehen, der sehr seltsam
gekleidet war und dessen Gesicht feierlich, streng und
Schrecken einflößend war. Ganz anders waren die
Skulpturen der Rückseite. Sie unterschieden sich von

Seitenansicht einer Stele

allem, was wir bisher gesehen. Die Seiten waren mit Hieroglyphen bedeckt. Der Führer nannte dies ein »Götzenbild«. In einer Entfernung von drei Fuß lag ein Steinblock, gleichfalls mit Figuren und sinnbildlichen Zeichen bedeckt, den der Führer einen »Altar« nannte. Der Anblick dieses unverhofft gefundenen Monuments nahm uns alle Zweifel und Ungewißheit über den Charakter der amerikanischen Altertümer und verschaffte uns die Überzeugung, daß die Gegenstände, nach denen wir suchten, nicht nur als die Überreste eines unbekannten Volkes, sondern auch als Werke der Kunst interessant wären.

Mit einer Teilnahme, die vielleicht stärker war, als wir sie je auf unseren Wanderungen durch die Ruinen Ägyptens empfunden hatten, folgten wir unserem Führer, der mit kräftigen Streichen seiner Machete sich durch den dichten Wald eine Bahn hieb und uns zu vierzehn halbversunkenen Denkmälern führte, die denselben Charakter und dasselbe Aussehen hatten und von denen manche den schönsten Monumenten der Ägypter gleichkamen. Eines war durch riesengroße Wurzeln von seinem Piedestal verrückt, ein anderes von den Ästen der Bäume fest umschlungen und fast aus der Erde gehoben, ein anderes auf den Boden geworfen und von ungeheuren Reben und Schlingpflanzen niedergehalten, eines endlich stand, mit seinem Altar vor sich, in einem Hain von Bäumen, die es rings umwuchsen, so als wollten sie es beschatten und wie ein Heiligtum beschützen. Die einzigen Laute, die das tiefe Schweigen dieser vergrabenen Stadt störten, war das Lärmen der Affen, die zwischen den Wipfeln der Bäume herumsprangen, und das Knicken der durch ihr Gewicht gebrochenen dürren Äste. Sie bewegten sich

61

über unseren Köpfen in langen und raschen Zügen, vierzig bis fünfzig auf einmal und manche mit Jungen in ihren langen Armen. Sie balancierten bis an die Astspitzen, hielten sich mit ihren Hinterfüßen oder dem herumgewickelten Schwanz fest, schnellten auf einen Ast des nächsten Baumes und zogen weiter fort in die Tiefe des Waldes.

Wir kehrten zum Fuße des pyramidenförmigen Baues zurück, kletterten über dessen zertrümmerte Spitze hinweg und erreichten eine mit Bäumen überwachsene Terrasse. Auf Steinstufen stiegen wir hinab zu einem ebenen Platz, der dergestalt mit Bäumen bedeckt war, daß wir anfangs nicht imstande waren, seine Gestalt zu bestimmen. Erst als wir uns mit der Machete einen Weg gebahnt hatten, konnten wir uns vergewissern, daß der Platz viereckig war und auf allen Seiten Stufen hatte, die fast so wohlerhalten waren wie ein römisches Amphitheater. Die Stufen waren mit Skulpturen verziert, und auf der südlichen Seite, etwa auf halber Höhe, stand, von Wurzeln gewaltsam von seiner Stelle verrückt, ein kolossaler Kopf, offenbar ein Porträt. Als wir diese Stufen hinaufstiegen, kamen wir auf eine breite, 100 Fuß hohe Terrasse, von der man den Fluß überschauen konnte. Die ganze Terrasse war mit Bäumen bewachsen, und vom Fuße bis zu dieser Höhe ragten zwei gigantische Ceibas oder indische Baumwollbäume von mehr als zwanzig Fuß im Umfang herauf, die ihre halbnackten Wurzeln 50 bis 100 Fuß ringsum ausstreckten, die Trümmer an den Boden festbanden und sie mit ihrem breiten Dach überschatteten. Am Rande des Gemäuers ließen wir uns nieder und bemühten uns vergeblich, in das Geheimnis, das uns umgab, einzudringen.

Umgestürzte Stelen von Copán

Die Trümmerstadt lag vor uns gleich einer inmitten des Meeres zerschellten Barke. Ihre Maste sind verloren, ihr Name verschwunden, ihre Besatzung untergegangen, und keiner weiß zu sagen, woher sie kam, wem sie gehörte, wie lange sie auf ihrer Reise war, was der Anlaß ihres Untergangs war. Wer ihre verschwundene Mannschaft war, läßt sich nur durch eine vermeintliche Ähnlichkeit im Bau des Fahrzeugs erraten und vielleicht nie mit Gewißheit erkunden. War der Ort, wo wir saßen, ein Zitadelle, von dessen Höhe ein unbekanntes Volk die Kriegstrompete erschallen ließ? War es ein Tempel zur Anbetung des Gottes des Friedens? Beteten die Bewohner zu den von ihren eigenen Händen gemachten Götzenbildern und brachten sie ihnen auf den vor ihnen stehenden Steinen Opfer dar? Alles war in geheimnisvolle Nacht gehüllt, in dunkle, undurchdringliche Nacht, und alles trug bei, sie zu vermehren. In Ägypten stehen die gigantischen Tempelskelette in dem wasserlosen Sandmeer, in der ganzen nackten Wüstenöde. Hier dagegen hüllte die Ruinen eine ungeheure Waldung ein und verbarg sie vor den Blicken der Menschen, wodurch der Eindruck und die

63

moralische Wirkung erhöht und ihnen ein mächtiges und fast wildromantisches Interesse gegeben wird.

Spät am Nachmittag arbeiteten wir uns zu unseren Mauleseln zurück, badeten am Fuße der Mauer im klaren Fluß und kehrten zur Hacienda zurück. Unser dankbarer Maultiertreiberbursche hatte den Leuten von seiner schrecklichen Krankheit und von der durch Herrn Catherwood bewirkten außerordentlichen Kur erzählt, infolgedessen wir bei unserer Ankunft auf der Hacienda einen totenbleichen, vom Fieber ganz erschöpften Mann antrafen, der uns um *remedios*, Arznei, bat. Auch eine alte Dame, die auf Besuch war und an diesem Tage hatte heimreisen wollen, hatte unsere Ankunft abgewartet, um von einer Krankheit, an der sie seit zwanzig Jahren litt, geheilt zu werden. So holten wir denn unsere Arzneikiste hervor, was auch die Frau des Don in eine Patientin verwandelte. Je mehr Arzneien Herr Catherwood verabreichte, desto mehr verbreitete sich sein Ruf, so daß er während des Abends nicht weniger als vier bis fünf Frauen und ebenso viele Männer zu behandeln hatte.

Am nächsten Morgen setzten wir die Leute von neuem durch unser seltsames Tun und Treiben in Erstaunen, ganz besonders durch das Bürsten unserer Zähne, was sie wahrscheinlich zum ersten Male sahen. Während wir hiermit beschäftigt waren, tat sich die Haustür auf. Don Gregorio trat ein und wandte den Kopf von uns ab, um uns nicht mit einem *buenos dias* begrüßen zu müssen. Wir beschlossen, keine Nacht mehr unter seinem Dache zu schlafen, sondern unsere Hängematten nach den Ruinen mitzunehmen und, falls wir kein Gebäude als Obdach fänden, sie unter einem Baum aufzuknüpfen.

Bevor wir aufbrachen, trat nach einer kurzen Besprechung mit Don Gregorio ein neuer Gegenspieler, ein Don José Maria Asebedo, auf den Plan und sagte, er wäre der Besitzer der »Götzen«. Niemand könne daher ohne seine Erlaubnis dorthin gehen und händigte mir dabei die Besitzurkunde aus. So hatten wir es mit einer neuen Schwierigkeit zu tun. Ich war nicht gewillt, ihm seinen Rechtstitel streitig zu machen, sondern las seine Papiere so aufmerksam durch, als wenn es sich um eine gerichtliche Aussetzung gehandelt hätte. Er schien beruhigt, als ich ihm sagte, sein Besitztitel wäre wohlbegründet. Zu unserem Glück fügte es sich, daß er um eine Gunst zu bitten hatte. Unser Ruf als Ärzte war bis nach Copán gedrungen, und er wünschte *remedios* für seine kranke Frau.

Don José Maria begleitete mich zu den Ruinen, wo ich Herrn Catherwood mit den indianischen Arbeitern antraf. Wir durchwanderten abermals das ganze Areal, um irgendein zerfallenes Gebäude als Wohnsitz zu finden, aber vergebens. Unsere Hängematten unter den Bäumen aufzuhängen wäre unvernünftig gewesen, da die Zweige noch naß, der Boden schlammig war und abermals Regen in Aussicht stand. Unser Entschluß aber stand fest, nicht wieder zu Don Gregorio zurückzukehren. Don José sagte, es läge eine Hütte in der Nähe, und führte uns zu ihr. Als wir näher kamen, hörten wir das Wehgeschrei einer Frau und sahen sie, als wir eintraten, vor Fieber und Schmerz außer sich auf einem Kuhhautbett sich herumwälzen. Als sie mich erblickte, warf sie sich auf die Knie, preßte die Hände gegen ihre Schläfe und bat mich unter einem Tränenstrom um Gottes willen um einige *remedios*. Ihre Haut war heiß, und ihr Puls ging sehr schnell. Sie hatte ein

Don Miguels Hütte bei Copán

heftiges Wechselfieber. Während ich sie nach den Symptomen befragte, trat ihr Mann in die Hütte. Ein Weißer von etwa vierzig Jahren, in schmutzigen, baumwollenen weiten Beinkleidern, herunterschlappenden Strümpfen, mit einem um den Kopf gebundenen Tuch und bloßen Füßen. Sein Name war Don Miguel. Ich teilte ihm mit, daß wir einige Tage unter den Ruinen zuzubringen wünschten, und bat um die Erlaubnis, in seiner Hütte unser Obdach aufschlagen zu dürfen. Die Frau, ganz glücklich, einen geschickten Arzt in ihrer Nähe zu haben, antwortete statt seiner, worauf ich zu Herrn Catherwood zurückkehrte, um ihm die tröstliche Nachricht von dem gefundenen Obdach zu bringen und ihn zu bitten, seiner Krankenliste einen neuen Patienten hinzuzufügen.

Die Hütte lag am Rande eines Stückes bebauten Landes, auf dem Grund und Boden, der einst von der Ruinenstadt bedeckt war. Dicht an der Tür stand das Bruchstück eines ausgehöhlten und als Tränktrog für das Vieh benutzten Steines. Das Stück Land war mit

Mais und Tabak bepflanzt und auf allen Seiten von Wald umgeben. Die Hütte maß gegen 16 Quadratfuß, hatte ein spitzes mit Maiskolben bedecktes Dach und ruhte auf zwei im Boden steckenden aufrechtstehenden Pfählen. Der Giebel bildete die Vorderseite, deren eine Hälfte mit Maisblättern verdeckt und deren andere offen war. Die Rückseite war beschilft und Maisgarben an ihr aufgeschichtet. Im vorderen Teil der Hütte stand das Bett Don Miguels und seiner Frau, überdeckt von einer am Kopfende und zur Seite festgemachten Kuhhaut. Das Zimmergerät bestand aus einer steinernen Walze zum Zerquetschen des Korns, einem irdenen Rost zum Backen der Tortillas und zwei Schränkchen auf einem Brett über dem Bett, die die Garderobe und das gesamte Besitztum Don Miguels und seiner Frau enthielten, mit Ausnahme das von Bartolo, ihres Sohnes und Erben, eines üppigen Burschen von zwanzig Jahren, dessen nackter Leib aus einem Paar Knabenhosen hervorgebrochen zu sein schien und der von einem Hemd nichts wissen wollte. Sein Bauch war infolge eines Leberleidens angeschwollen, sein Körper und sein fahles Gesicht waren von Schmutz marmoriert. Der Raum reichte nur für eine Hängematte, auch waren die Kreuzhölzer nicht stark genug, um zwei Menschen zu tragen. Daher wählte ich mit Erlaubnis unserer Wirtsleute die Maisschicht an der Hinterwand zu meiner Schlafstätte, die gerade hoch und breit genug für ein Bett war, während Herr Catherwood seine Hängematte aufhing. Wir waren so erfreut darüber, von der rohen Gastlichkeit Don Gregorios erlöst und den Ruinen so nahe zu sein, daß uns alles traulich und gemütlich erschien.

Den ganzen Abend krachten die Donnerschläge

über unseren Häuptern. Der Blitz erleuchtete den dunklen Wald und zuckte durch die offene Hütte herein, der Regen fiel in Strömen, und es war, wie Don Miguel sagte, zu erwarten, daß wir auf mehrere Tage von aller Verbindung mit der gegenüberliegenden Seite des Flusses abgeschnitten werden würden. Trotzdem verbrachten wir den Abend recht zufrieden und rauchten Zigarren von copanischem Tabak, dem berühmtesten in ganz Zentralamerika, der auf Don Miguels eigenem Grund und Boden gewachsen und von seiner Frau zu Zigarren verarbeitet worden war.

Don Miguel war ein verständiger und unterrichteter Mann, der lesen und schreiben, zur Ader lassen, Zähne ausziehen und juristische Schriften aufsetzen konnte. Er hatte auch Sinn für Literatur, denn er fragte Augustin, ob wir Bücher hätten, und bemerkte dabei, es mache keinen Unterschied, daß sie in englischer Sprache verfaßt wären; Bücher wären immer gute Dinge. Es war eine wahre Freude, ihn seine Verachtung gegen Don Gregorios Benehmen aussprechen zu hören. Er war Unterpächter auf dem Gut zu einem Zins von vier Pesos jährlich und war in der Regel mit seinen Zahlungen im Rückstand. In der Tat waren wir allen angenehm. Seine Frau hoffte, daß wir ihr Fieber, Bartolo, daß wir seine Bauchgeschwulst vertreiben würden, und Don Miguel liebte unsere Gesellschaft. Unter diesen Umständen konnte uns das Toben der Elemente draußen nicht stören.

Den ganzen Tag hatte ich über den Rechtstiteln des Don José Maria gebrütet, und als ich abends meine Decke um mich schlang, teilte ich Herrn Catherwood ein Unternehmen mit, das in nichts Geringerem bestand als — Copán zu kaufen, die Denkmäler eines gewesenen Volkes aus der Einöde, in der sie vergraben liegen, fortzuschaffen, sie in dem »großen Emporium« aufzustellen und ein Institut zu gründen, das der Kern zu einem großartigen Nationalmuseum amerikanischer Altertümer werden sollte!

Während verworrene Bilder und Phantasien von Ruhm und Dank vor meinen Augen vorüberglitten, zog ich meine Decke um mich und sank in Schlaf.

SECHSTES KAPITEL

Was kostet eine Ruinenstadt?

Wo beginnen? — Beginn der Nachforschungen — Ein ärgerlicher Verdacht — Brief von General Cascara — Kauf einer Stadt

Bei Tagesanbruch hingen die Wolken noch über dem Wald, lösten sich aber auf, als die Sonne aufstieg. Unsere Arbeiter stellten sich ein, und um 9 Uhr verließen wir die Hütte. Die Zweige der Bäume trieften vor Nässe, und der Boden war sehr morastig. Während wir noch einmal den Bezirk, in dem die bedeutendsten Monumente lagen, durchgingen, erschraken wir über den ungeheuren Umfang der vor uns liegenden Arbeit und kamen bald zu dem Schluß, daß eine Durchforschung des gesamten Areals unmöglich sein würde. Unsere Führer wußten nur von diesem Distrikt. Da wir aber auch jenseits des Dorfes in einer Entfernung von einer Legua Säulen gesehen hatten, hatten wir allen Grund zu glauben, daß auch noch andere, tief im Wald vergrabene und gänzlich unbekannte, umherliegen müßten. Der Wald war so dicht, daß wir fast die Hoffnung, uns durch ihn hindurcharbeiten zu können, aufgaben. Eine vollständige Durchforschung wäre nur möglich, wenn man den ganzen Wald fällte und die Bäume verbrannte. Dies paßte aber nicht zu unseren

unmittelbaren Absichten, denn es konnte als allzu große Rücksichtslosigkeit betrachtet werden und war nur
in der trockenen Jahreszeit möglich. Nach langem Hin
und Her beschlossen wir, vor allem von den mit Skulpturen versehenen Säulen Zeichnungen zu machen. Und
selbst hier gab es noch viele Schwierigkeiten. Die in
Stein gehauenen Figuren und Hieroglyphen waren sehr
verworren und wichen von allem, was Herr Catherwood je zuvor gesehen, so stark ab, daß sie vollkommen
unverständlich waren. Die Arbeit verlangte starke
Beleuchtung, wenn die Figuren scharf hervortreten sollten. Das Laubwerk aber war so dick und der Schatten so
tief, daß an ein Zeichnen nicht zu denken war.

Nach langer Beratung wählten wir einen von den
»Götzen« aus und beschlossen, die Bäume rings um ihn
zu fällen, um so der Sonne freien Zugang zu verschaffen. Eine Axt war nicht da, und das einzige Instrument,
das die Indianer besaßen, war die Machete, deren Form
je nach Gegend des Landes verschieden ist. Mit einer
Hand geschwungen war sie nützlich beim Weghauen
der Büsche und Zweige, völlig nutzlos aber beim Fällen
großer Bäume.

Die Bäume wurden endlich gefällt und beiseite
geschleppt, der Erdboden um den Fuß des Steines frei-
gemacht, Herrn Catherwoods Gerüst aufgestellt, so
daß er nun mit dem Zeichnen beginnen konnte. Danach brach ich zu einer neuen Entdeckungsreise auf,
wobei ich zwei Mestizen, Bruno und Francisco, mit mir
nahm, denen ich für jede neue Entdeckung eine Belohnung versprach. Als Francisco die Füße und Beine einer
Statue und Bruno einen Teil des zu ihnen gehörenden
Rumpfes fand, war die Wirkung auf beide elektrisie-
rend. Sie durchsuchten und durchwühlten den Boden

Rückansicht einer Stele

mit ihren Macheten so lange, bis sie die Schultern entdeckt und die ganze Figur mit Ausnahme des Kopfes
zusammengesetzt hatten.

Es ist unmöglich, das Interesse zu schildern, mit dem
ich die Ruinen durchforschte. Es war ein völlig neues
Gebiet. Da gab es keine Wegweiser und Führer. Es war
lauter jungfräulicher Boden. Wir vermochten nicht
zehn Ellen weit vor uns zu sehen und wußten niemals,
worauf wir als nächstes treffen würden. Manchmal blieben wir stehen, um Zweige und Ranken, die die Vorderseite eines Denkmals verhüllten, wegzuschneiden, dann
wiederum, um rings um ein Fragment, von dem eine mit
Skulpturen geschmückte Ecke aus dem Boden hervor-
ragte, die Erde wegzugraben und es ans Licht zu bringen.
Während ich der Arbeit der Indianer mit atemloser
Spannung zusah, ward ein Auge, ein Ohr, ein Fuß, eine
Hand ausgegraben, und wenn die Machete gegen den
gemeißelten Stein anschlug, dann stieß ich die Indianer
beiseite und scharrte die lose Erde mit den Händen heraus. Die Schönheit der Skulptur, des Waldes feierliche
Stille, nur unterbrochen von dem Klettern der Affen
und dem Geschwätz der Papageien, die Verödung der
Stadt und das Geheimnis, das über ihr schwebte, alles
zusammen erzeugte ein womöglich noch höheres Interesse, als ich es jemals unter den Trümmern der alten
Welt empfand. Nach mehrstündiger Abwesenheit kehrte ich zu Herrn Catherwood zurück und berichtete ihm
von mehr als fünfzig zu kopierenden Gegenständen.

Ich fand ihn über diese Nachricht nicht so hocher-
freut, wie ich erwartet hatte. Er stand mit den Füßen in
schlammigem Boden und zeichnete mit angezogenen
Handschuhen, um die Hände vor den Moskitos zu
schützen. Wie wir gefürchtet hatten, hatte er wegen der

Verworrenheit und Verschlungenheit der Zeichnungen große Schwierigkeiten. Er hatte mehrere Versuche sowohl mit der Camera lucida als auch ohne sie gemacht, ohne zufrieden zu sein. Ich fühlte mich mutlos und verzweifelt.

Am nächsten Tag hatte Herr Catherwood mit seinen Zeichnungen mehr Glück, teils weil das Licht gerade so fiel, wie er es wünschte, teils weil er sich besser eingerichtet hatte. Er hatte jetzt wasserdichte Stiefel an und stand auf einem Stück Wachsleinwand.

Da wir voll mit unseren eigenen Angelegenheiten beschäftigt waren, dachten wir wenig daran, welches Aufsehen wir in Copán erregten. Nicht zufrieden damit, uns aus seinem Hause geekelt zu haben, wünschte Don Gregorio uns auch aus der Nähe zu vertreiben. Abgesehen von seiner instinktmäßigen Abneigung gegen uns, hatten wir zum Unglück ihm auch noch durch die hohen Löhne, die wir als Fremde zu zahlen genötigt waren, einige seiner Arbeiter entzogen, und von da fing er an, uns als Rivalen zu betrachten und überall zu verbreiten, daß wir verdächtige Personen wären, daß wir die Schuld trügen, warum der Friede in Copán gestört und die Gegend mit Militär und Krieg überzogen worden wäre. Zur Bekräftigung dessen erzählten zwei Indianer, als sie durch Copán kamen, wir wären aus dem Gefängnis entwichen, ein Detachement von fünfundzwanzig Soldaten hätte uns bis zur Grenze von Honduras verfolgt und wir wären, wenn man uns gefaßt hätte, erschossen worden.

Diese Mitteilungen erbitterten und beunruhigten uns außerordentlich, aber es stand zu viel auf dem Spiel, als daß wir uns dadurch hätten vertreiben lassen. Wir versicherten Don Miguel, daß ihm kein Leid geschehen solle, daß alles Lüge und Mißverständnis sei und daß wir über den Verdacht erhaben seien.

Am folgenden Tag wurden wir aus unseren Schwierigkeiten erlöst und in die Lage versetzt, unseren Verleumdern den Fehdehandschuh hinwerfen zu können. Während unsere Arbeiter sich vor der Hütte versammelten, kam ein indianischer Kurier durch das Kornfeld geeilt, der nach dem »*Señor Ministro*« fragte und aus seinem Felleisen einen Brief herauszog, den ihn, wie er sagte, General Cascara in die rechten Hände auszuliefern befohlen hätte. Er war an »*Señor Catherwood a Comotán o donde se halle*«, an Herrn Catherwood zu Comotán oder wo sonst er sich aufhalten möge, gerichtet. In ihm sprach General Cascara sein Bedauern über die zu Comotán erfolgte Verhaftung aus, die er der Unkenntnis oder einem Mißverständnis des Alkalden und der Soldaten zuschrieb, und fügte außerdem noch einen besonderen Paß für Herrn Catherwood bei. Ich empfand große Genugtuung bei Empfang dieses Schreibens und bat Don Miguel, es laut vorzulesen, trug dem Indianer unsere Empfehlungen an den General auf, ließ ihn in Copán ein Frühstück einnehmen und fügte noch ein Trinkgeld bei, das, wie ich überzeugt war, ihn veranlassen würde, die Geschichte mit dem gehörigen Nachdruck unter die Leute zu bringen.

Während Herr Catherwood zu den Ruinen ging, um seine Zeichnungen fortzusetzen, ritt ich ins Dorf und nahm Augustin mit, um dort Lebensmittel zu kaufen. Mein erster Besuch galt Don José Maria. Nachdem ich ihn über unseren Ruf aufgeklärt hatte, brachte ich den Ankauf der Ruinen ins Gespräch. Ich sagte ihm, daß ich wegen meiner öffentlichen Tätigkeit nicht so lange hierbleiben könnte, wie ich gern möchte, aber den

Wunsch hätte, mit Spaten, Spitzäxten, Leitern, Brech-
stangen und Leuten zurückzukehren, um eine Hütte
als Wohnung aufzubauen und eine vollständige Durchforschung vorzunehmen, und daß ich die Unkosten,
auf die Gefahr hin, daß mir die Erlaubnis dazu verwei-
gert werde, nicht übernehmen könnte. Ich fragte ihn
dann kurzweg und geradeheraus: Wieviel wollen Sie
für die Ruinen haben? Ich glaube, er wäre nicht über-
raschter gewesen, wenn ich gewünscht hätte, sein armes altes Weib, unsere rheumatische Patientin zu kaufen, um an ihr die medizinische Praxis zu erlernen. Er
schien nicht recht zu wissen, wer von uns beiden den
Verstand verloren hatte. Das Besitztum war so ganz
und gar wertlos, daß mein Wunsch, es zu kaufen, ihm
sehr verdächtig erschien. Don José war in Verlegenheit,
was er tun sollte, sagte mir aber, er wolle die Sache
überlegen, seine Frau zu Rate ziehen und mir den nächsten Tag eine Antwort in die Hütte bringen.

Während der Nacht regnete es, aber am Morgen
klarte es wieder auf, und wir waren schon beizeiten im
Ruinenfeld bei der Arbeit. Da erschien Don José Maria,
der noch immer unentschieden war, was er tun sollte,
und dem ich, um nicht gar zu erpicht auf den Kauf zu
erscheinen, sagte, er möchte sich nur Zeit nehmen und
am nächsten Morgen wiederkommen.

Er kam richtig am andern Morgen wieder, und seine
Lage war wahrhaft kläglich. Wohl war er begierig, ein
nichts einbringendes Besitztum in Geld zu verwan-
deln, aber gleichzeitig auch besorgt, ich könnte als
Fremder ihn in unangenehme Verwicklungen mit der
Regierung bringen. Ich hob abermals meinen offiziellen Charakter hervor und verpflichtete mich, daß ihm
kein Leid von seiten der Regierung geschehen solle.

Don Miguel las meine Empfehlungsbriefe und den Brief General Cascaras zum zweiten Male vor. Er war nun zwar überzeugt, allein diese Papiere gaben ihm kein Recht, sein Grundstück an mich zu verkaufen. Es schwebte noch immer ein Schatten des Mißtrauens auf seiner Seele. Da machte ich schließlich meinen Reisekoffer auf und zog einen diplomatischen Rock an, der von großen Knöpfen mit dem Adler strotzte. Dies wirkte. Obwohl ich einen vom Regen eingeweichten und mit Kot bespritzten Panamahut, ein kariertes Hemd, weiße lange Hosen, die bis zu den Knien herauf vom Schmutz gelb aussahen, trug, konnte Don José Maria den Knöpfen auf meinem Rock nicht widerstehen, dessen Tuch das feinste war, das er je gesehen. Auch Don Miguel, seine Frau und Bartolo erkannten nun die volle Wahrheit, daß sie ein großes Inkognito in ihrer Hütte hätten. Die einzige Frage war nun noch, wer das Papier zur Aufsetzung des Vertrages geben solle. Auf solche Kleinigkeiten kam mir's nicht an. Ich gab Don Miguel ein Blatt Papier, der unsere beiderseitigen Instruktionen entgegennahm und den nächsten Tag als Vertragsabschluß festlegte.

Der Leser ist vielleicht neugierig zu erfahren, wie man in Zentralamerika alte Städte kauft. Gleich anderen Handelsartikeln richten sie sich nach Angebot und Nachfrage. Da sie aber keine Stapelartikel wie Baumwolle und Indigo sind, so beherrschen sie reine Willkürpreise und gingen gerade damals sehr flau. So vernehme denn der Leser, daß ich für Copán fünfzig Dollar zahlte. Wegen des Preises gab es gar keine Schwierigkeit. Ich bot jene Summe, und Don José Maria hielt sie für so übermäßig hoch, daß ich darob in seinen Augen als Narr erschien. Hätte ich mehr gebo-

Innenraum eines Tempels mit »falschem Gewölbe«

ten, er würde mich wahrscheinlich für etwas noch Schlimmeres angesehen haben.

SIEBTES KAPITEL

Seltsame vom Urwald überwucherte Skulpturen

Messung der Ruinen — Ihre Lage und ihre Ausdehnung — Pyramidenförmige Bauten — Ein merkwürdiges Porträt — »Götzen« und »Altäre« — Eine vergrabene Statue

Da wir diese Nacht keinen Regen hatten und daher der Boden etwas trocken war, begannen wir am nächsten Tag mit der Vermessung der Ruinen. Unsere Meßgeräte waren nicht sehr umfangreich und bestanden lediglich aus einem guten Feldkompaß und einer Bandwinde, die Herr Catherwood schon bei der Messung der Ruinen von Theben und Jerusalem gebraucht hatte. Ich ließ die Indianer gerade Linien durch den Wald hauen und Bruno und Francisco ihre Hüte auf Stangen stecken, um danach die Messungen vorzunehmen.

Copán, im Staat Honduras, liegt in einem der fruchtbarsten Täler Zentralamerikas und ist wegen der Vorzüglichkeit seines Tabaks berühmt. Die Ruinen befinden sich vielleicht dreihundert Meilen vom Meer entfernt auf dem linken Ufer des Copán-Flusses, der sich in den Motagua ergießt. Cortés muß auf seinem furchtbaren Marsch von Mexiko nach Honduras, von dessen Mühseligkeiten und Gefahren es heute schwerfällt sich eine Vorstellung zu machen, zwei Tagesmärsche von dieser Stadt entfernt vorübergezogen sein.

Die Ausdehnung der Ruinenstadt beträgt über zwei Meilen. Ein Denkmal liegt auf der gegenüberliegenden Seite des Flusses auf der Spitze eines 2000 Fuß hohen Berges. Es ist unmöglich zu sagen, ob die Stadt einmal den Fluß überschritten und sich bis zu diesem Monument ausgedehnt hat. Ich glaube es nicht. Dahinter liegt ein unerforschter Wald, in dem sich auch noch Ruinen befinden können.

Unmittelbar am Flußufer erhebt sich ein Tempel mit einer Vorderfront von 624 Fuß und einer Höhe von 60 bis 90 Fuß. An vielen Stellen sind die Steine durch aus den Spalten hervorwachsenen Büschen herabgeworfen worden. Die Südmauer läuft rechtwinklig zum Fluß und beginnt mit einer Treppe von etwa 30 Fuß Höhe, jede Stufe zu ungefähr 18 Quadratzoll. Zur Rechten liegen noch andere Reste von Terrassen und pyramidenförmigen Gebäuden. Unter den in der Nähe auf dem Boden liegenden Fragmenten befindet sich ein merkwürdiges Porträt. Es ist wahrscheinlich das Porträt eines Königs, Häuptlings oder Weisen. Der Mund ist beschädigt, wie auch ein Teil des Schmucks über dem Kopf.

In geringer Entfernung vom Tempel, innerhalb der terrassierten Mauern, die wahrscheinlich einst mit dem Hauptgebäude verbunden waren, stehen die Statuen oder Stelen, die für die Ruinen Copáns charakteristisch sind. In unserem Verkehr mit den Indianern beständig als »Götzenbilder« bezeichnet, betrachteten wir sie als vergöttlichte Könige und Helden, Gegenstände der Anbetung und eines zeremoniellen Gottesdienstes. Sie sind alle aus einem einzigen Steinblock gehauen, und das Ausgangsmaterial ist ein weicher Sandstein.

Eine der reichsten und sorgfältigst ausgearbeiteten

Stele mit Altar

Stelen im ganzen Ruinenbezirk steht mit der Vorderseite nach Osten gerichtet etwa 6 Fuß von der Basis eines pyramidenförmigen Mauerwerks entfernt. Sie ist 13 Fuß hoch, vorn 4 Fuß breit und 3 Fuß dick. Auf allen vier Seiten von unten bis oben ist sie mit Skulpturen bedeckt. Sie war ursprünglich bemalt, und Spuren von roter Farbe sind jetzt noch deutlich sichtbar. Vor der Stele, in einer Entfernung von etwa 8 Fuß, liegt ein großer, mit Skulpturen bedeckter Steinblock, den die Indianer einen Altar nennen. Auf der Vorderseite ist eine Figur in Lebensgröße mit bartlosem Gesicht. Auf beiden Seiten laufen Hieroglyphen herab, die wahrscheinlich die Geschichte dieser geheimnisvollen Person erzählen.

Im ganzen genommen sind die Altäre nicht so reich an Ornamenten wie die Stelen. Sie sind häufig mehr verwischt, abgerieben oder mit Moos bedeckt. Manche waren vollständig in die Erde versunken, und bei anderen war es schwer, mehr als die bloße Form zu entdecken. Der am besten erhaltene Altar steht auf vier aus demselben Stein ausgehauenen Globen. Seine Skulptur ist in Basrelief. Er mißt 6 Fuß an jeder Seite und 4 Fuß in der Höhe. Seine obere Fläche ist in 36 Hieroglyphentäfelchen eingeteilt, die ohne Zweifel an eine Begebenheit in der Geschichte des geheimnisvollen Volkes, das einst die Stadt bewohnte, erinnern.

Jede der vier Seiten des Altars zeigt die Abbildung von vier Personen. Auf der Westseite haben die zwei Hauptpersonen, Häuptlinge oder Krieger, ihre Gesichter einander zugekehrt und sind scheinbar mit einer Streitfrage oder Unterhandlung beschäftigt. Die anderen vierzehn Personen sind in zwei gleiche Gruppen geteilt und scheinen ihren Führern zu folgen. Jede der

Altar mit vier sitzenden Figuren

Figuren sitzt mit übereinandergeschlagenen Beinen nach orientalischer Weise da, und zwar auf einem Hieroglyphenstein, der vermutlich seinen Namen und sein Amt oder seine Würde benennt. Auf dreien dieser Steine ist das Symbol der Schlange zu sehen. Zwischen den beiden Hauptpersonen ist eine merkwürdige Schnörkelei angebracht, die zwei wohlerhaltene Hieroglyphen enthält. Der Kopfputz ist merkwürdig wegen seiner sonderbaren und komplizierten Form. Sämtliche Figuren tragen Brustharnische, und eine der beiden Hauptpersonen hält ein Instrument in der Hand, das man vielleicht für ein Szepter halten könnte.

Unsere Messungen wurden sehr erschwert durch die Mühe, Schneisen in den Wald zu schlagen, durch das Erklettern der zertrümmerten Pyramiden, durch den Mangel an Materialien und durch unsere unvollkommene Kenntnis der Sprache. Die Leute in Copán konnten nicht begreifen, was wir vorhatten, und dachten, wir trieben eine schwarze Kunst, um verborgene Schätze zu entdecken. Unseren Hauptgehilfen Bruno und Francisco war alles ein tiefes Geheimnis. Selbst die Affen kamen uns wie verlegen und verdutzt vor; denn statt ihre Possen zu treiben, sahen sie ernst und feierlich aus, als ob sie hier als die Hüter eines heiligen Grund und Bodens fungierten. Morgens verhielten sie sich ruhig, aber nachmittags kamen sie zum Vorschein und machten auf den Wipfeln der Bäume eine Promenade, und bisweilen, wenn sie lange und unverwandten Blickes auf uns sahen, war es fast, als ob sie uns fragen wollten, warum wir die Stille der Ruinen störten. Was unsere Beschwerlichkeiten und Unannehmlichkeiten noch vermehrte, war die Besorgnis vor den Skorpionen und vor den Stichen der Moskitos und Garrapatas, den Zecken, die trotz unserer Vorsichtsmaßregeln unter unsere Kleider zu gelangen wußten und sich ins Fleisch hineinarbeiteten. Hinzu kamen nachts noch die Flöhe, von denen Don Miguels Hütte wimmelte und die uns dermaßen marterten, daß wir in der dritten Nacht nach unserer Ankunft die beiden Seiten und das eine Ende unserer Bettdecken zunähten und uns wie in einen Sack hineinsteckten.

Am Fuße einer gestuften Wand findet sich eine der vollkommensten Statuen. Sie kommt in ihrer künstlerischen Ausführung den kostbarsten ägyptischen Skulpturen gleich. Nur der Kopf und ein Teil der Brust ragt aus der Erde hervor. Der übrige Teil, der vermutlich ebenso vollkommen ist wie der bloßgelegte, steckt im Boden versunken. Als wir sie entdeckten, wurden wir sogleich durch die Schönheit der Skulptur gefesselt und begannen mit dem Ausgraben, wobei wir mit der Machete die Erde auflockerten und mit den Händen herauswarfen, bis es uns aufgrund des Wurzelwerks, das die Erde zusammenkittete und das Monument

Vorderansicht einer Stele

umschlang, unmöglich wurde, in der Arbeit fortzufahren. Da wir keine geeigneten Instrumente besaßen und die Skulptur zu verletzen befürchteten, zogen wir es vor, sie ruhen zu lassen.

Etwa 50 Fuß weiter südlich liegen eine Menge zusammengefallener Skulpturen und ein Altar von 5 Fuß 8 Zoll Länge, 3 Fuß 8 Zoll Breite und 4 Fuß Höhe mit einer offenbar männlichen Statue. Die Ohren sind groß bis zur Widernatürlichkeit. Der Mund ist halb offen, und die Augäpfel sehen aus, als wollten sie aus ihren Höhlen herausspringen. Der Künstler scheint die Absicht gehabt zu haben, Schrecken zu erregen. Die Rückseite des Monuments kontrastiert merkwürdig mit dem grauenvollen Bildnis auf der Vorderseite. Sie bietet nichts Groteskes und ist bemerkenswert wegen ihrer Grazie und Schönheit. Bei unseren täglichen Spaziergängen blieben wir oft betrachtend vor dieser Skulptur stehen, und je mehr wir sie betrachteten, desto mehr fesselte sie uns. Es knüpfte sich ein höheres Interesse an sie, wenn wir erwogen, daß das Volk, das dieses Denkmal errichtete, in diesem hieroglyphischen Medaillonbildchen Nachrichten von sich hinterlassen hat, durch die wir vielleicht dereinst Bekanntschaft mit einem untergegangenen Volksstamm machen und das über der Stadt schwebende Geheimnis enthüllen können.

Ich verbrachte weitere zwei oder drei Tage mit dem Lichten des Waldes und mit den nötigen Vorbereitungen für Herrn Catherwood, der nun mindestens für einen Monat Beschäftigung hatte. Als wir einen Abstecher zum Besuche dieser Ruinen machten, erwarteten wir, nicht mehr als zwei oder drei Tage Beschäftigung zu finden. Außerdem hielt ich mich nicht für berechtigt, länger dort zu verweilen; denn ich machte mir Sorgen über den verzweifelten Zustand des Landes. Aus Furcht, daß mein eigenes politisches Glück unter diesen Ruinen Schiffbruch erleiden und ich meinen politischen Freunden Schande machen könnte, hielt ich es für angemessen und sicherer, meine Reise rasch weiter fortzusetzen. Am Fuße einer Statue hielten Herr Catherwood und ich hierüber eine Beratung ab, die in Don Miguels Hütte fortgesetzt und nach allen Seiten hin besprochen wurde. Alle Aufregung in Copán hatte sich gelegt. Wir waren allein und ungestört. Herrn Catherwood standen Bruno und Francisco, Don Miguel, seine Frau und Bartolo zur Verfügung. Wir trennten uns zwar mit großem Widerstreben, dennoch aber ward einstimmig beschlossen, daß ich nach Guatemala-Stadt weiterreisen und Herr Catherwood hierbleiben und seine Zeichnungen beenden sollte.

ACHTES KAPITEL

In diplomatischer Mission

Trennung — Ankunft in Guatemala-Stadt — Ausflug nach Mixco — Jagd nach einer Regierung — San José — San Salvador — Anmarsch von Carreras Truppen — General Morazán — Kriegsspuren in Guatemala

Nachdem wir uns nun einmal entschieden hatten, daß es unter den gegebenen Umständen das beste wäre, uns zu trennen, verloren wir keine Zeit, den Entschluß auszuführen. Es kostete mich viel Mühe, mit einem Maultiertreiber ein entsprechendes Abkommen zu treffen. Schließlich wurden die Maultiere beladen, und um 2 Uhr stieg ich auf. Herr Catherwood begleitete mich bis zum Rande des Waldes, wo ich Abschied von ihm nahm.

Als wir einige Tage später nur noch zwei Leguas von Guatemala-Stadt entfernt waren, fing das Pferd meines Begleiters an zu lahmen. Da es aber mein größter Wunsch war, noch vor Einbruch der Dunkelheit die Stadt zu Gesicht zu bekommen, ritten wir weiter. Es war spät am Nachmittag, als ich eine kleine Anhöhe erstieg und zwei ungeheure Vulkane sich vor mir erhoben, die der Erde zu spotten schienen und sich zum Himmel auftürmten. Es waren die Vulkane Agua und Fuego, die zwar noch vierzig Meilen entfernt lagen, aber bei ihrer Höhe von fast 15 000 Fuß sich großartig

Die Stadt Guatemala

und schön ausnahmen. Nach wenigen Augenblicken
zeigte sich dem Auge die von Bergen umringte große
Ebene von Guatemala und in ihrer Mitte, ein bloßer
Fleck auf der ungeheuren Fläche, die Stadt mit Kirchen
und Klöstern und zahlreichen großen und kleinen Türmen und Kuppeln.

In der *tierra templada* oder gemäßigten Gegend und
auf einer Hochebene von 5000 Fuß Höhe über dem
Meer gelegen, bietet das Klima der Hauptstadt einen
ewigen Frühling. Der Anblick der Stadt erinnerte mich
an die besten italienischen Städte. Die Häuser, die so
gebaut sind, daß sie den Einwirkungen der Erdbeben
widerstehen können, haben nur ein Stockwerk, sind
sehr geräumig, haben große Türen und durch eiserne
Balkons geschützte Fenster.

Ich nahm Besitz von dem schönen Haus, in dem
unser letzter Geschäftsträger Herr de Witt gewohnt

hatte. Meine erste Arbeit war, durch einen zuverlässigen Boten Herrn Catherwood eine Mitteilung zukommen zu lassen, und nachdem dies geschehen war, war es meine Pflicht, mich nach der Regierung, bei der ich beglaubigt war, umzusehen.

Infolge der politischen Erschütterungen machte die Stadt einen düsteren Eindruck. Einige unternehmungslustige Damen hatten daher alles aufgeboten, diese Einförmigkeit einmal zu unterbrechen. Sie hatten zu einer Partie nach Mixco eingeladen, einem indianischen Dorf gegen drei Leguas von der Stadt entfernt, wo am nächsten Tag das Fest des dortigen Schutzheiligen mit indianischen Riten gefeiert werden sollte.

Obwohl es Sonntag war, fand morgens in Mixco ein Hahnenkampf und nachmittags ein Stiergefecht statt. So zogen wir alle zu dem Hahnenkampf. Er fand im Hof eines unbewohnten Hauses statt, der bei unserer Ankunft bereits mit Menschen überfüllt war. Längs der Mauern des Hofes standen Hähne an einem Bein angebunden, und Leute liefen mit anderen Hähnen unterm Arm umher, um Größe und Gewicht zu vergleichen. Sie setzten sie auf die Erde und brachten Wetten in Ordnung. Endlich begann ein Kampf. Die Hahnensporen waren mörderische Instrumente, mehr als zwei Zoll lang und spitz wie Nadeln. Kaum waren die Hähne auf den Kampfplatz gelassen, als die Halsfedern anschwollen und die Tiere aufeinander losflogen. In weniger Zeit, als man zu ihrem Bespornen gebraucht hatte, lag einer tot da, mit heraushängender Zunge und mit dem Munde entströmendem Blute.

Am Dienstag, dem 17. Dezember 1839, machte ich einen Ausflug nach La Antigua Guatemala (Alt-Guatemala). Ein junger Mann namens Rumaldo, der den Vulkan Agua besteigen wollte, begleitete mich. Mein einziges Gepäck bestand aus einer Hängematte und einem Paar Bettdecken, die ich auf Rumaldos Maultier lud.

Nachdem wir Mixco passiert hatten, erstiegen wir einen steilen Berg, von dessen Gipfel wir eine schöne Aussicht auf die Ebene, die Stadt Guatemala und auf den von einem Gürtel von Bergen umschlossenen See Amatitlán hatten. Bald türmten sich rings um uns die Berge auf. Die Ufer eines Flusses waren mit zarten Blumen übersät. Papageien mit prachtvollem Gefieder saßen auf den Bäumen und flogen über unseren Köpfen hin, ein wahres Zauberplätzchen inmitten einer großartigen Landschaft. Nach einer Straßenbiegung sahen wir La Antigua in einem Tal, eingeschlossen von grünen Bergen und Hügeln, in einer Entfernung von etwa zwei Meilen vor uns liegen. Wir überquerten einen Fluß mit dem schönen poetischen Namen El Río Pensativo (der Tiefsinnige) und hielten vor der zertrümmerten Santo-Domingo-Kirche, einem Denkmal der furchtbaren Erdbeben, die die alte Hauptstadt vernichtet und ihre Einwohner von ihren Heimstätten vertrieben haben.

Überall sah man Ruinen von Kirchen, Klöstern und großen und reichen Privatgebäuden, einige als Trümmerhaufen, andere mit noch stehenden Vorderseiten, reich mit Stuckarbeiten verziert, aber ohne Dach, Türen und Fenster, innen mit Bäumen, die über die Mauern heraufwuchsen. Viele Häuser sind ausgebessert worden, und die Stadt hat sich von neuem bevölkert. Die Einwohner scheinen gleich denen, die über dem begrabenen Herculaneum sich angesiedelt haben und sich nicht vor einem neuen Unglück fürchten. Ich ritt zum Hause Don Manuel Manriques, wo ich eine freundliche Aufnahme fand. Danach machte ich einen Spaziergang zum Marktplatz, auf den die großen Vulkane Agua und Fuego herabschauen und in dessen Mitte sich eine herrliche steinerne Fontäne befindet. Von den Gebäuden, die den Markt einfassen, beweisen noch heute der Palast des Generalkapitäns und die majestätische zertrümmerte Kathedrale, daß Antigua einst eine der schönsten Städte der neuen Welt war.

Die Geschichte der 1542 gegründeten Stadt ist eine ununterbrochene Kette von Unglücksfällen. »Im Jahre 1558 raffte eine epidemische Krankheit eine große Anzahl Menschen dahin. – Am 27. Dezember 1581 ward die Bevölkerung durch den Vulkan, welcher Feuer auszuspeien begann, erschreckt, der so große Mengen Asche auswarf und in der Luft verbreitete, daß die Sonne gänzlich verfinstert wurde und man in der Stadt zur Tageszeit Licht anzünden mußte. – Am 18. Februar 1651 nachmittags wurde ein unterirdisches Getöse vernommen, und unmittelbar danach folgten drei heftige Stöße, die viele Gebäude zerstörten und andere beschädigten. – Das Jahr 1717 wurde dadurch denkwürdig, daß in der Nacht des 27. August der Berg Feuer auszuwerfen begann. In der Nacht des 28. nahm der Ausbruch an Heftigkeit bedeutend zu, und die Einwohner gerieten in große Angst. Die Heiligenbilder wurden in Prozessionen herumgetragen. Groß war die Zerstörung an öffentlichen Gebäuden und privaten Häusern. – Das Jahr 1773 bildete den traurigsten Zeitabschnitt in den Annalen dieser Stadt. Sie ward in diesem Jahr zerstört und erhob sich als Hauptstadt nicht wieder aus ihren Trümmern.« So lautet die Nachricht des Geschichtsschreibers über die Zerstörung dieser Stadt.

Außerdem lernte ich noch an Ort und Stelle den Padre Antonio Croquer, einen achtzigjährigen Mann und den ältesten Kanonikus in Guatemala, kennen, der während des Erdbebens in der Stadt lebte. Er hatte noch lebhafte Erinnerungen aus der Zeit des Glanzes der Stadt in seinen Knabenjahren, als »die Wagen durch sie hinrollten wie in den Straßen Madrids«. An dem unheilvollen Tage befand er sich mit zwei Padres in der Kirche San Francisco, von denen der eine im Augenblick des Erdstoßes ihn bei der Hand ergriff und eiligst nach dem Patio, dem Vorplatz, führte, während der andere unter den Trümmern der Kirche begraben wurde. Die Ziegel der Dächer flogen nach allen Richtungen, die Staubwolken waren erstickend, und die Menschen stürzten nach den Brunnen, um ihren Durst zu löschen. Der Erzbischof schlief in jener Nacht in seiner Kutsche auf dem Hauptplatz. Er erzählte mir von der Zerstörung einzelner Gebäude, von den Leichen, die unter ihnen hervorgegraben wurden, und von der Bestürzung und dem Schrecken der Einwohner.

In Gesellschaft des Pfarrers besuchten wir das Innere der Kathedrale. Die gigantischen Mauern standen noch, aber ohne Dach. Das Innere diente als Begräbnisplatz, und die Gräber wurden von einem Wald von Dahlien und 70 bis 80 Fuß hohen, die Mauern überragenden Bäumen beschattet.

Gegen Abend holte mich mein junger Reisegefährte ab, und wir reisten nach Santa María weiter.

Am Sonntag, dem 5. Januar 1840, brach ich zu einer Reise auf, deren Zweck die Aufsuchung einer Regierung der Zentralamerikanischen Föderation war. Hierzu ging ich in Iztapa an Bord des französischen Seglers *Mélanie*, dessen einziger Passagier ich war.

Mit stiller Freude blicke ich zurück auf die Fahrt auf dem Stillen Ozean. Ich hatte Gil Blas und Don Quichote in der Ursprache an Bord und saß den ganzen Tag unter einem Zelt, wo sich meine Aufmerksamkeit zwischen ihnen und den langen Ketten gigantischer Vulkane, die der Küste entlang emporstarrten, teilte. Noch ehe dies ermüden konnte, erreichten wir den Papagayo-Golf, das einzige Tor, durch das die Winde des Atlantiks herüber zum Stillen Ozean gelangen. Der Delphin, dieses schönste aller Meerestiere, spielte unter unserem Bug und Stern und begleitete uns. Aber die Matrosen hatten keinen Respekt vor seinem goldenen Rücken. Ein mordsüchtiger junger Franzose stand stundenlang mit einer Harpune in der Hand, hieb auf mehrere damit ein und brachte schließlich einen an Bord. Der Meerkönig schien sich seines Falles bewußt. Seine schönen Farben erblichen, er ward fleckig und endlich bleiern und glanzlos.

In einer schönen kleinen Bucht, die den Hafen von Caldera bildete, ankerten wir. Am Nachmittag brachte mich der Kapitän an Land.

Am nächsten Morgen um 3 Uhr früh brach ich, begleitet von einem Diener, zur Hauptstadt Costa Ricas, San José, auf. Je höher wir kamen, um so großartiger und schöner ward mit jedem Augenblick die Aussicht, bis ich mit einem Male von einer Höhe von 6000 Fuß hinabblickte auf den Stillen Ozean, den Golf von Nicoya und auf unsere Brigg, die wie ein Vogel auf dem Wasser aussah. Die Sonne küßte das Meer und goß ihren Strahlenglanz über den Spiegel des Wassers und ein sanftes Licht über die wild zerrissenen Gebirge aus. Es war das schönste Schauspiel, das ich jemals sah.

Am Nachmittag des nächsten Tages erreichten wir

das mit reichen Kaffeeplantagen bedeckte Plateau von San José. Am jenseitigen Rande dieses Plateaus erblickten wir auf einer Ebene unter uns die Stadt San José. Es ist, glaube ich, die einzige Stadt, die seit der Unabhängigkeit Zentralamerikas an Umfang zugenommen und blühender geworden ist.

Mein erster zeremonieller Besuch galt Señor Carillo, dem *Jefe del Estado*, dem Staatschef. Der Staat Costa Rica erfreute sich zu jener Zeit eines Grades von Wohlstand und Gedeihen, worin kein anderer in der zerfallenen Konföderation sich mit ihm messen konnte.

Carillo war ein Mann von ungefähr fünfzig Jahren, klein und stämmig gebaut, in seiner Kleidung einfach, aber sorgfältig, mit einem Ausdruck rauher Entschlossenheit im Gesicht. Sein Haus sah ziemlich republikanisch aus und unterschied sich durch nichts von jedem anderen Bürgerhaus. Auf der einen Seite des Hauses hatte seine Frau einen kleinen Verkaufsladen, auf der anderen lag sein Büro für die Regierungsgeschäfte. Er hatte von meiner Ankunft schon gehört und hieß mich in Costa Rica willkommen. Gegen General Morazán und die Bundesregierung zeigte er einen unversöhnlichen Haß, und es schien mir, als ob er überhaupt gegen jede Zentralgewalt eingenommen wäre und die feste Überzeugung hegte, daß Costa Rica allein zu stehen vermöge, ohne Zweifel in dem Glauben, daß dieser Staat, oder was dasselbe ist, daß er selbst die Einkünfte besser zu verwenden verstehe als jede andere Autorität.

Am 13. Februar 1840 verließ ich San José und brach zu meiner Rückreise nach Guatemala auf. Mein Gepäck war auf das Allernotwendigste beschränkt und bestand aus einer Hängematte, einem Paar Alforjas und einem hinter mir festgebundenen Poncho. Mein Diener hatte quer über sein Sattelkissen hinter sich ein paar lederne Säcke gebunden, die Zwieback, Kakao, Würste und Dulces, Süßigkeiten, enthielten. Vorn am Sattelknopf waren meine Kleidungsstücke nach Landesart in einer Ochsenhaut zusammengerollt. Erfreut über die Leichtigkeit meines Gepäcks und über das Feuer meiner Maultiere sah ich den zwölfhundert vor mir liegenden Meilen kühn ins Gesicht.

In San Salvador machte ich dem Vizepräsidenten Vigil meine Aufwartung. Es hatten große Veränderungen stattgefunden. Die Bundestruppen waren in Honduras geschlagen worden. Carrera hatte Quezaltenango erobert. San Salvador stand als Verteidiger der Bundesregierung nunmehr allein da. Aber mit der dringenden Not war Señor Vigil gewachsen, und der Chef des Staates, ein kühner Mulatte, sowie andere Regierungsbeamte standen zu ihm. Von allen Seiten strömten Freiwillige herbei, und mit einer Entschiedenheit, die Bewunderung erregte, waren alle entschlossen, den Bund zu verteidigen oder unter den Trümmern von San Salvador unterzugehen.

Wo war inmitten dieses Wirrsals meine Regierung? Alles beruhte jetzt auf dem Erfolg General Morazáns, der gegen Guatemala rückte.

Am Abend traf ich Señor Vigil wiederum unter vier Augen. Er hoffte zuversichtlich auf einen guten Ausgang. Er meinte, die Truppen von Honduras würden bei San Vicente zurückgeworfen werden und Morazán würde Guatemala einnehmen. Er drang in mich zu warten. Aber mir bangte vor jedem Aufschub, und so schieden wir in der Hoffnung, in Guatemala wieder zusammenzutreffen. Wir haben uns aber niemals wiedergesehen. Wenige Tage danach war er, um sein Leben zu retten, auf der Flucht, und jetzt lebt er in der Verbannung. Auf seine Rückkehr steht der Tod. Die Partei, die Guatemala beherrscht, häuft alle Schmach auf seinen Namen; ich aber werde bei der Erinnerung an meine eilige Reise nie den Mann vergessen, dem die unglückliche Auszeichnung zuteil ward, Vizepräsident der Republik zu sein.

Als wir noch vier Tagereisen von Guatemala-Stadt entfernt waren, waren die Schwierigkeiten weiterzukommen größer denn je. Der Verkehr war gänzlich unterbrochen, alle Geschäfte standen still. Kein Mensch wollte auf dieser Straße reisen. Ich war sehr unruhig und bekümmert. Meine Verabredung mit Herrn Catherwood lautete auf eine bestimmte Zeit. Die Regenzeit rückte heran, und durch den Verlust eines Monats konnte ich gehindert werden, Palenque zu besuchen.

Inmitten meiner Verlegenheit trat ein langer, schlanker, hagerer Spanier bei mir ein, dessen Name Don Saturnino Tinocha war. Er war ein Kaufmann aus Costa Rica und gerade in der rechten Gemütsverfassung, um zu mir zu passen, nämlich voll Begierde, Guatemala zu erreichen, und seine Pläne und Ansichten waren just die meinen.

Um 3 Uhr früh saßen wir wieder im Sattel. Ein Feuerstrom wälzte sich vom Vulkan Izalco herab, zwar glänzend, aber durch das Mondlicht doch etwas matter.

Es war beinahe dunkel, als wir in Ahuachapán, der Grenzstadt des Staates, ankamen. Hier harrte alles in gespanntester Erwartung auf Nachrichten aus Guatemala. Unsere erste Frage galt den Maultieren. Oberst Molina, der Stellvertreter des Kommandanten Oberst Angula, ließ nach dem vergeblichen Bemühen, uns die

Fortsetzung unserer Reise auszureden, Nachforschungen anstellen, mit dem Ergebnis, daß keine Maultiere zu vermieten wären. Da wurde Oberst Molina durch eine Botschaft von seiten des Kommandanten abgerufen. Nach einer halben Stunde kehrte er zurück und teilte uns mit, daß soeben zwei Soldaten in der Stadt angekommen wären, die berichteten, daß Morazán bei seinem Angriff auf Guatemala zurückgeschlagen und seine ganze Armee niedergehauen worden wäre. Morazán selbst befände sich mit fünfzehn Dragonern auf der Flucht, und Carreras ganzes Heer verfolge ihn.

Hierdurch gerieten unsere Pläne in Verwirrung; eben jene Gefahren, vor denen ich mich gefürchtet, waren eingetreten. Für die Nacht indes konnten wir nichts tun. Keiner von uns hatte sich für die Nacht ausgezogen, aber des Tages Anstrengung war so groß gewesen, daß ich bald in tiefen Schlaf versank. Um 1 Uhr wurden wir durch Oberst Molina geweckt, der in der Eingangstür stand und schrie: »*La gente viene!*« — Sie kommen! Sein Degen blitzte, seine Sporen rasselten, und im Mondschein sah ich Leute Pferde im Hof satteln. Im Nu sprangen wir auf. Er sagte uns, wir sollten uns retten. Sie kämen und wären nur noch zwei Marschstunden von der Stadt entfernt. Meine erste Frage war, was aus den Soldaten in der Stadt geworden wäre. Er meinte, sie wären bereits im Ausmarsch begriffen; jedermann rüste sich zur Flucht.

Die Glocken läuteten mit schauerlichem Klange Sturm, und ein Reiter mit einem roten Fähnlein auf der Spitze seiner Lanze durchritt die Straßen und mahnte die Bewohner zur Flucht. Vor den Türen standen gesattelte und gezäumte Pferde, und überall kamen Männer mit Ladungen auf den Rücken und Frauen mit

Bündeln in den Händen und Kinder zur Eile vor sich her treibend aus den Häusern, und der Mond leuchtete dazu mit unvergleichlichem Glanz. Es war das erste Mal, daß ich die Wirkung des Schreckens auf Massen sah, und ich hoffe, daß ich sie nimmer wieder sehe. Auf den Stufen der Kirchentreppe lagen alte und kranke Männer und Kinder, und das Pfarrhaus war gedrängt voll von denselben hilflosen Wesen. Mit Ausnahme dieser waren wir jetzt im alleinigen Besitz der Stadt.

Wir kehrten nach Hause zurück, rauchten und warteten in ängstlicher Spannung. Der Feind kam nicht, die Glocken hörten mit ihrem furchtbaren Sturmläuten auf, und wir wünschten bald, daß endlich der Feind kommen und die Geschichte vorüber sein möge. Schließlich wurden wir des Wartens müde, und da es bis zum Tagesanbruch noch zwei Stunden waren, legten wir uns nieder und, seltsam zu sagen, verfielen wiederum in tiefen Schlaf.

Es war hellichter Tag, als wir erwachten, ohne Machetenhiebe empfangen zu haben und noch immer im ungestörten Besitz der Stadt. Bald aber sahen wir am äußersten Ende der Straße den Hals eines Pferdes aus der Querstraße hervorkommen. Ein Trupp Kavallerie mit Lanzen folgte, formierte sich am Ende der Straße und blickte sorgfältig um sich, als ob er einen Hinterhalt argwöhnte. In wenigen Augenblicken erschien mit dem Vortrab General Figoroa auf einem wilden kleinen Pferd, ohne Uniform, aber mit einer schwarzwollenen Satteldecke, Pistolen und einem Degen mit Korb, eine recht kriegerische Erscheinung. Wir nahmen unsere Hüte ab, und er erwiderte unseren Gruß. An die hundert Lanciers folgten ihm, alle mit roten Fähnlein auf den Spitzen ihrer Lanzen und Pistolen in den Halftern.

Im Vorüberreiten warf ein wild aussehender Bursche einen grimmigen Blick auf uns und rief, nach seiner Lanze greifend: *»Viva Carrera!«*

Die Infanterie sah in ihrer äußeren Erscheinung schlechter als die Lanciers aus, da es meistens Indianer waren, zerlumpte, halbnackte Kerle, mit alten Strohhüten und barfuß, mit Musketen und Macheten, viele auch mit altertümlichen spanischen Blunderbüchsen bewaffnet. Sie wetteiferten miteinander an Härte und Wildheit, und manchmal schrien sie das *»Viva Carrera«* mit auf uns gerichteten Gewehren. So waren wir denn vollständig überrumpelt, es war kein Ausweichen möglich, und ich glaube, sie würden uns auf der Stelle niedergeschossen haben, wenn wir uns geweigert hätten, ihr Vivat nachzurufen. Als sie den Marktplatz erreichten, ließen sie ein allgemeines *»Viva Carrera«* erschallen und stellten ihre Gewehre zusammen. Nach wenigen Minuten kam ein Trupp in unser Haus und bat um Frühstück, und als wir ihnen keines geben konnten, bettelten sie um einen Medio (Sixpence).

Nach etwa einer Stunde gingen wir zum Marktplatz. Hier fanden wir eine Szene voller Verwirrung vor. Figoroa saß bereits im Sattel, die Lanciers stiegen in Eile auf, und alles rannte zu den Waffen. Eine Patrouille hatte nämlich gemeldet, daß Oberst Angula mit der Besatzung aus der Stadt am Saume des Waldes umherstreife, und unsere Freunde eilten eben jetzt zum Angriff fort. Im Nu sprengten die Lanciers im Galopp davon, und die zerlumpte Infanterie griff rasch nach ihren Gewehren und stürmte ihnen so schnell nach, daß sie mit den Pferden Schritt hielt.

Um 4 Uhr war von General Figoroa noch immer nichts zu sehen. Es währte nicht lange, so hörten wir das Getrappel von Reiterei und den Ruf *»Viva la Federación!«*, ein erfreulicher, tröstender Ruf. Wir öffneten die Tür ein paar Zoll, aber ein Reiter stieß sie mit seiner Lanze auf und bat um Wasser. Wir reichten ihm eine große Flasche, die ein anderer ihm aus den Händen nahm. Nun machten wir die Tür ganz auf und stellten zwei große Flaschen auf die Schwelle. Jeder Soldat, der vorüberkam, nahm einen raschen Trunk. Von ihnen erfuhren wir, daß es Morazán selbst mit den von seiner Expedition gegen Guatemala Übriggebliebenen war. Die Soldaten marschierten auf den Platz, steckten ihre Gewehre zusammen und riefen: *»Viva Morazán!«* Am Morgen hatte man geschrien: *»Viva Carrera!«* Keiner rief: *»Viva la patria!«*

Nach wenigen Augenblicken kam eine Anzahl Offiziere in unser Haus. Seit sechs Tagen waren sie auf einer beständigen Flucht im Feindesland gewesen, hatten immerfort, um der Verfolgung zu entgehen, die Richtung geändert und nur angehalten, um ihren Pferden Ruhe zu gönnen.

Ich wurde General Morazán vorgestellt. Er stand mit verschiedenen Offizieren im Korridor des Cabildo. Vor der Tür brannte ein großes Feuer, und an der Mauer stand ein großer Tisch mit einem Licht und Schokoladentassen darauf. Morazán war ein Mann von etwa 45 Jahren, 5 Fuß 10 Zoll groß und mager und trug einen schwarzen Schnurr- und Backenbart, einen bis an den Hals zugeknöpften Militärrock und einen Degen. Den Hut hatte er abgelegt. Der Ausdruck seines Gesichts war mild und geistvoll. Obgleich noch jung, war er doch schon zehn Jahre lang der erste Mann im Lande und acht Jahre Präsident der Republik gewesen. Er hatte sich behauptet durch militärische Geschicklichkeit und persönliche Tapferkeit, hatte stets seine Truppen selbst angeführt, war in zahllosen Schlachten gewesen, war oft verwundet, aber niemals geschlagen worden. Jetzt war er mit 1400 Mann gegen Guatemala-Stadt losgerückt und hatte sich den Weg bis auf den Hauptplatz erzwungen. Vierzig seiner ältesten Offiziere und sein ältester Sohn wurden dabei an seiner Seite niedergestreckt, worauf er mit 450 Mann, die auf dem Hauptplatz standen, sich durch Massen von Feinden hindurchhieb und entkam. Jetzt ist er gestürzt und verbannt, wahrscheinlich für immer, und mit dem Tode bedroht, wenn er zurückkehrt. Ich sage, obwohl ich weiß, daß ich durch diese Behauptung den Unwillen der ganzen Zentralpartei über mich bringen werde, daß sie den besten Mann in Zentralamerika von ihren Küsten vertrieben haben.

Um 9 Uhr brachen wir auf, durchritten den Río de Paz, den Grenzfluß zwischen Guatemala und San Salvador, und waren nun wieder im Staate Guatemala. In einer Stunde erreichten wir die Hacienda El Cacao, in deren Säulenhalle wir zu unserer Überraschung drei Cachureco-Soldaten erblickten, die Tortillas schmausten. Sie sahen uns im selben Augenblick, griffen hastig nach ihren Musketen und rannten davon; aber plötzlich blieb einer stehen und zielte mit einer Blunderbüchse auf uns. Der Lauf war weit wie eine Kirchentür und schien auf mich und meinen Gefährten gerichtet. Wir waren in schrecklicher Gefahr, aus einem Mißverständnis erschossen zu werden, als einer der Leute zurückgeeilt kam, die Büchse in die Höhe schlug, laut aufschrie: »*Amigos, los Ingleses!*« und es uns auf diese Weise möglich machte, zu ihnen zu kommen. Dieser freundlich gesinnte und gefühlvolle Soldat gehörte zu denen, die in Ahuachapán zu uns gekommen waren, um uns um ein Frühstück und einen Medio zu bitten. Wahrscheinlich ward noch nie ein Medio zu besseren Zinsen angelegt.

Am nächsten Abend betraten wir die Ebene von Guatemala-Stadt, die sich schön vor uns ausbreitete. Nimmermehr hätte ich geglaubt, daß ich so glücklich sein würde, sie wiederzusehen. Ich hatte eine Reise von 1200 Meilen beendet, und alles Gold Perus hätte mich nicht locken können, sie noch einmal zu unternehmen. Je weiter wir kamen, um so mehr Bekannten begegnete ich, die mich bei meiner Rückkehr nach Guatemala willkommen hießen. Als wir weiter in die Stadt kamen, bemerkten wir, daß die Häuser von Musketenkugeln gezeichnet und die Fassaden am Hauptplatz furchtbar zerschossen waren.

Eine Stunde nach meiner Ankunft hatte ich beinahe alle meine Freunde gesehen. Ich machte mir jedoch Sorgen, da ich weder Briefe von daheim bekommen, noch Herr Catherwood angekommen war. Was indes den letzteren anlangt, fühlte ich keine Unruhe, da er sich außerhalb des Gefahrenbereiches befand, und so legte ich mich mit dem tröstlichen Gedanken, daß es nichts gäbe, was mich am nächsten Tag weitertriebe, zum Schlafen nieder.

Am Morgen, bei unserem ersten Ausgang durch die Stadt, gewahrten wir überall die Spuren des Kampfes. Soldaten, die sich herumtrieben, redeten uns an und bettelten um Medios, und dabei hielten sie ihre Musketen an unsere Köpfe, um uns zu zeigen, auf welche Weise sie den Feind erschießen würden, und rühmten sich, wie viele sie getötet hätten, so daß mir in der Nähe dieser Burschen unheimlich zumute ward.

Am Nachmittag kam wider Erwarten Herr Catherwood an. Er hatte einen Monat in La Antigua zugebracht, war soeben von einem zweiten Besuch in Copán zurückgekehrt und hatte außerdem noch andere Ruinen durchforscht. In unserer Freude über unser Zusammentreffen stürzten wir einander in die Arme und faßten in demselben Augenblick den Vorsatz, uns, solange wir in diesem unruhigen Land verweilten, nicht wieder zu trennen.

NEUNTES KAPITEL

Aufbruch nach Palenque

Vorbereitungen zur Reise nach Palenque — Letzte Zusammenkunft mit Carrera — Abreise aus Guatemala — Ein Don Quichote — Eine Mühle

Gern möchte ich nun den Leser in Guatemala-Stadt ausruhen lassen. Allein ich kann es nicht, der Ort läßt es nicht zu. Es gab keinen Zweifel, daß die Bundesregierung der »Vereinigten Provinzen von Mittelamerika« aufgelöst war und nicht die geringste Aussicht bestand, daß sie jemals wieder hergestellt werden würde. Unter diesen Umständen hielt ich mich nicht für berechtigt, länger im Lande zu bleiben. Ich war vollkommen nutzlos für alle Zwecke meiner Mission und sandte den Staatsbehörden in Washington die förmliche Erklärung, daß ich »nach sorgfältigem Suchen keine Regierung gefunden hätte«.

So war ich nun wieder mein eigener Herr, und es stand mir frei zu gehen, wohin ich wollte und auf meine eigenen Kosten. Wir trafen daher ohne weiteres Anstalten zu unserer Reise nach Palenque, denn wir hatten keine Zeit zu verlieren, da wir einen Weg von tausend Meilen vor uns hatten und die Regenzeit, während der ein Teil der Straßen nicht passierbar war, herannahte. Wir hatten viele Vorbereitungen zu treffen, jedoch acht Tage nach meiner Ankunft in Guatemala-Stadt war alles zu unserer Abreise fertig. Außer Pässen versah uns die Regierung mit speziellen Empfehlungsbriefen an alle Corregidoren. Das alles war aber noch nicht genug — Carreras Name war mehr als alles wert.

Da ich niemand bewegen konnte, mich zu Carrera zu begleiten, erinnerte ich mich eines Arztes, von dem er bei meiner ersten Zusammenkunft mit ihm mit Wärme gesprochen, weil er ihm eine Kugel aus der Hüfte gezogen hatte. Zu diesem Arzt ging ich, obgleich ich ihn nicht kannte, und bat ihn um seine Begleitung, wozu er sich mit großer Höflichkeit und auf der Stelle bereit erklärte.

Unter diesen Umständen stattete ich Carrera meinen letzten Besuch ab. Er war jetzt in ein größeres Haus übergesiedelt, und seine Wache war regelmäßiger und förmlicher. Als ich bei ihm eintrat, stand er hinter einem Tisch auf der einen Seite des Zimmers mit seiner Frau und besah einige große costaricanische Ketten. Carreras Frau war eine hübsche, zarte Mestizin, nicht älter als zwanzig. Sie schien die Frauenvorliebe für Ketten und Gold zu teilen. Carrera selbst betrachtete die Ketten mit gleichgültigem Blick. Als Carrera sich vom Tisch entfernte, benutzte ich die Gelegenheit, ihm zu sagen, daß ich im Begriffe wäre, auf einer gefährlichen Straße eine Reise anzutreten und es für unumgänglich nötig erachtete, mich mit jedem Sicherheitspfand, das ich nur erlangen könnte, zu versehen; weshalb ich ihn ersuchte, auf den Regierungspaß seinen Stempel zu setzen. Er nahm mir den Paß aus der Hand, warf ihn auf den Tisch und sagte, er wolle mir einen neuen ausfertigen lassen und ihn eigenhändig unterschreiben. Dies war mehr, als ich erwartete. Er bat mich Platz zu nehmen, schickte nach dem Sekretär und sagte ihm, er solle einen Paß für den »Konsul des Nordens« ausfertigen. Er hatte eine unbestimmte Vorstellung, daß ich ein großer Mann in meinem Lande sei. Wo aber dieses Land lag, davon hatte er ein sehr unklares Bild. Nach wenigen Minuten rief der Sekretär, und Carrera ging hinaus und brachte den Paß, von eigener Hand unterzeichnet, mit noch nasser Tinte zurück.

Nachdem ich noch eine Bemerkung über die Trefflichkeit seiner Handschrift gemacht hatte, nahm ich, von seinen guten Wünschen für meine glückliche Ankunft im Norden und meine baldige Rückkehr nach Guatemala begleitet, Abschied von ihm.

So war ich denn nun mit dem allerbesten Schutzbrief für unsere Reise ausgerüstet. Den Abend verbrachten wir mit Briefschreiben und mit Einpacken der heimzusendenden Sachen, worunter sich auch mein Diplomatenrock befand, und am 7. April reisten wir ab.

Das erste, was wir taten, war, daß wir unsere Betten herabnahmen. Jedermann in diesem Land führt nämlich ein kleines Bettgestell mit sich, *catre* genannt, das zum Aufhängen und Zusammenschlagen eingerichtet und mit Kissen und Bettzeug versehen ist und zur Mitnahme auf die Reise in einer Ochsenhaut steckt. Unser Hauptanliegen war, leicht zu reisen. Jedes neue Maultier, jeder neue Diener schaffte uns neue Sorgen; mit weniger aber als einem Lasttier pro Mann konnten wir nicht auskommen. Jeder von uns hatte zwei *petacas*, das sind Reisekoffer aus Ochsenhaut, mit einer dünnen Strohmatte gefüttert und mit einer plumpen eisernen Kette mit großen Vorlegeschlössern umschnürt. Sie enthalten neben anderen Dingen eine Hängematte, ein

Paar Bettücher und ein Kissen. An Tieren hatten wir zwei Lasttiere, ein Lasttier als Reserve, das graue Maultier, meinen Macho für Herrn Catherwood und mich und noch ein Reservepferd, insgesamt sechs Tiere. Als wir eben im Begriff waren aufzusteigen, ritt Don Saturnino Tinocha, ein mir bekannter Kaufmann aus Costa Rica, auf den Hof, um uns zwei Tage auf unserer Reise zu begleiten. Wenige Minuten später zogen wir mit einem gemischten Gefühl des Bedauerns und der Freude zum letzten Male aus Guatemalas Toren hinaus.

Don Saturnino war uns höchst willkommen. Sein Plan war, zwei Brüder seiner Frau, die er nie gesehen, zu besuchen, die in Santiago Atitlán, zwei bis drei Tagesreisen entfernt, als Pfarrer lebten. Er war ein Mann von etwa vierzig Jahren, schlank gewachsen und so mager, wie ein Mann nur sein kann, dabei aber rührig und energisch, trug eine Jacke und weite Beinkleider von olivgrünem Tuch, große Pistolen in den Halftern und einen langen Degen mit einer ledernen Scheide, die an der Spitze abgerieben war, so daß etwa ein Zoll vom Stahl unbedeckt blieb. Er saß so steif auf seinem Maultier, als hätte er seinen Degen verschluckt, hielt die Zügel in der rechten Hand, der linke Arm war vom Ellbogen an gekrümmt und stand nach auswärts gleich einem Pumpenschwengel, während die Hand vom Rist herabfiel und die Bewegungen des Tieres mitmachte. Er ritt auf einem mexikanischen silberplattierten Sattel und hatte hinter sich ein Paar Alforjas mit Brot, Käse und *atole*, einem Gemisch aus gebranntem und zerstoßenem Korn, Kakao und Zucker mit Wasser vermischt, wovon er beinahe einzig und allein lebte. Sein Mozo war in demselben Grade fett wie er mager war und trug

Indianerdorf in Guatemala

einen trichterförmigen Strohhut, ein baumwollenes
Hemd und Unterhosen, die bis zu den Knien reichten.
Mit der Ausnahme, daß statt der Rosinante und des
Esels der Herr ein Maultier ritt und der Diener zu Fuß
ging, war jener ein echter Don Quichote, dieser ein echter Sancho Pansa, und wir legten auch Don Saturnino
bald den ersteren Namen zu.

Schon der nächste Morgen begann mit Sorgen. Das
graue Maultier war krank. Don Saturnino ließ ihn an
beiden Seiten des Halses zur Ader, aber das arme Tier
konnte nicht geritten werden.

Nachdem wir den Gipfel eines hohen Hügels bestiegen hatten, blickten wir hinab auf eine schöne, gleich
einem Garten angebaute Ebene, die sich zwischen den
beiden Vulkanen Fuego und Agua hinzog. Bald erreich-

ten wir das Dorf San Antonio, das ausschließlich von Indianern bewohnt ist. Die Hütten der Indianer waren von Zuckerrohr erbaut. Jenseits der Ebene gerieten wir in ein heftiges Regenwetter, und spät am Nachmittag gelangten wir an den Rand eines ungeheuren Abgrundes, in dem wir in weiter Ferne eine Weizenmühle erblickten, die einem neuenglischen Fabrikgebäude glich. Der Abstieg war steil und schlammig und wand sich stellenweise dicht an der jäh abfallenden Schlucht hin. Große Vorsicht war mit den Maultieren nötig, da sie immer seitwärts hinabklimmen wollten, was sehr gefährlich war. An den steilsten Stellen glitten sie oft bei straff gehaltenem Kopf mehrere Schritte weit im Schlamm hinab, wobei sie, ohne zu fallen, die Füße fest aneinander schlossen.

Bei Dunkelwerden erreichten wir naß und verschmutzt mitten in einem heftigen Regenwetter die Mühle, deren Mayordomo aus Costa Rica, ein Landsmann Don Saturninos war. Zum Glück hatten wir ein Zimmer für uns, das freilich feucht und kalt war. Hier erfuhren wir, daß Tecpán Guatemala, eine der Ruinenstädte, die wir zu besuchen wünschten, nur drei Leguas entfernt sei.

ZEHNTES KAPITEL

Tecpán Guatemala, eine Indianerstadt

Fortsetzung der Reise — Barrancos — Tecpán Guatemala — Eine prachtvolle Kirche — Ein geheiligter Stein — Die alte Stadt — Ein Erdbeben — Prachtvolle Landschaft — Der See Atitlán

Vom Mayordomo mit schönen Pferden versehen, brachen wir beizeiten auf. Auf einer Seite des Weges zogen sich hohe Heckenzäune hin, in denen Aloen wuchsen, von denen wir an einer Stelle vier in voller Blüte sahen. Nach einer Stunde erreichten wir Patzún, ein großes Indianerdorf. Hier bogen wir nach rechts von der nach Mexiko führenden Hauptstraße ab und in einen Nebenweg ein. Das Land war schön und teilweise gut bebaut, der Morgen stärkend und erfrischend. Das gewaltige Plateau war 6000—7000 Fuß hoch, aber keine dieser Höhen ist jemals gemessen worden. Zur Rechten passierten wir zwei Erdhügel, zur Linken erstreckte sich ein tiefer Barranco (Schlucht). Wir blickten in eine schauerliche Tiefe von 2000—3000 Fuß hinab. Riesenhafte Bäume, die auf der Talsohle wuchsen, sahen nicht größer als Sträucher aus.

Nach anderthalb Stunden erreichten wir die indianische Stadt Tecpán Guatemala. Die lange Gasse, die uns empfing, war mit Steinen aus den Ruinen der alten Stadt gepflastert. Am Ende der Gasse kamen wir auf einen schönen Platz mit einem großen Cabildo, wo zwanzig bis dreißig indianische Alguacils in voller Amtstracht — blaues Tuch, weite, an den Knien aufgeschlitzte Beinkleider, Mäntel mit Kapuzen gleich den arabischen Burnussen und Stäbe in den Händen — schweigend dasaßen. An den Platz grenzte der große, mit Steinen gepflasterte Friedhof. Die Kirche war eine der prachtvollsten im Lande. Sie hatte köstliche, mit Stuckfiguren verzierte Türme und Türmchen und eine hohe Plattform, auf der Indianer standen, die ersten, die wir in ihrer malerischen Tracht sahen. Wir machten unwillkürlich halt und versanken in Bewunderung, während die Indianer uns mit stummem Staunen betrachteten.

Mit unserem Quartiersucher Don Saturnino an der Spitze ritten wir zu dem Haus des Padre, wo wir in ein kleines Zimmer geführt wurden, dessen Fenster geschlossen waren und das nur von der Tür her einen Lichtstrahl erhielt. Hier saß der Padre in einem großen Stuhl und hielt ein Schläfchen. Ehe er noch seine Augen ordentlich aufgeschlagen hatte, sagte ihm Don Saturnino, daß wir gekommen wären, um die Ruinen der Stadt zu besuchen, und daß wir dazu einen Führer brauchten. Der Padre war ein bejahrter, wohlbeleibter Mann. Seit 35 Jahren war er Pfarrer in Tecpán Guatemala und nicht gewohnt, die Sachen im Fluge zu erledigen; aber unser Freund sagte dem Padre mit Feuereifer, der Minister aus New York hätte in seinem Lande von einem denkwürdigen Stein gehört, und Carrera und der Bistumsverweser wünschten, daß er ihn zu sehen bekäme. Der Padre erwiderte, der Stein befände sich in der Kirche auf dem Hauptaltar; der Abendmahlskelch stände darauf, er wäre überdeckt und sehr heilig. Er selbst hatte ihn nie gesehen und augenscheinlich auch keine Lust, ihn uns sehen zu lassen. Er sagte aber doch, er würde sich bemühen, unseren Wunsch zu erfüllen, wenn wir von den Ruinen zurückkämen.

Während er nach einem Führer schickte, gingen wir auf den Friedhof, wo Herr Catherwood eine Skizze machen wollte. Ich schaute inzwischen in die Kirche. Das Innere war hoch, geräumig, reich mit Stuckfiguren und Gemälden geschmückt, düster und feierlich. Auf dem Hochaltar brannten lange Wachskerzen, und Indianer knieten davor. Am Portal hielt mich ein Mann an und sagte mir, ich dürfe nicht mit Degen und Sporen eintreten, ja ich müsse sogar meine Stiefel ausziehen. Ich hätte es getan, bemerkte aber, daß die Indianer es nicht gern sahen, wenn ein Fremder ihre Kirche betrat. Sie waren offenbar den Anblick von Fremden nicht gewohnt, denn Herr Catherwood ward von ihnen dergestalt umringt, daß er das Zeichnen aufgab. Da ich befürchtete, dies könnte bei unserer Rückkehr von den Ruinen noch schlimmer werden, sagte ich Don Saturnino, wir müssen alles aufbieten, den Stein sogleich jetzt zu sehen. So zogen wir dann zum Padre zurück, und Don Saturnino teilte ihm mit, es wäre unser Wunsch, daß uns der Stein jetzt gezeigt werde, um bei unserer Rückkehr nicht aufgehalten zu werden. So mußte sich denn des Padre schwerer Leib in lästige Bewegung setzen. Er bat noch einmal um des Verwesers Brief, überlas ihn, ging dann auf den Korridor hinaus, beriet sich hier mit einem Bruder, der ziemlich ebenso alt und rund war wie er selbst, und sagte uns endlich, wir möchten nur in diesem Zimmer warten, er wolle den Stein bringen. Nach wenigen Minuten trat er wieder ein, schlug mit einigem Zagen die Falten seines weiten Priesterrockes auseinander und brachte den Stein hervor.

Fuentes sagt, wenn er von der alten Stadt spricht: »Westlich der Stadt liegt ein kleiner Berg, der sie beherrscht, auf dem ein kleines rundes Gebäude steht, das etwa sechs Fuß Höhe und in seiner Mitte ein Postament hat von einer glänzenden Substanz, die wie Glas aussieht, über deren Natur man aber noch keine Gewißheit besitzt. Um dieses Gebäude saßen die Richter und vernahmen und entschieden die vor sie gebrachten Sachen, und ihr Urteil wurde auf der Stelle vollstreckt. Indes war es nötig, daß sie zuvor erst noch durch das Orakel bestätigt wurden, weshalb drei der Richter ihre Sitze verließen und sich in eine tiefe Schlucht begaben, wo eine heilige Stätte sich befand, die einen schwarzen, durchsichtigen Stein enthielt, auf dessen Oberfläche die Gottheit, wie man meinte, das Schicksal des Verbrechers anzeigte. Ward die richterliche Entscheidung gebilligt, so folgte die Vollstreckung auf dem Fuße; zeigte sich aber auf dem Stein nichts, so ward der Angeklagte freigelassen. Dieses Orakel ward auch bei Kriegsangelegenheiten befragt. Als der Bischof Francisco Marroquin Nachricht von diesem Block erhielt, ließ er ihn zu einer viereckigen Platte zuhauen und weihte ihn zur Deckplatte des Hochaltars in der Kirche zu Tecpán Guatemala. Es ist ein Stein von einziger Schönheit, der auf jeder Seite etwa anderthalb Ellen mißt.«

Der *Modern Traveller* gedenkt seiner als eines »interessanten Probestücks altertümlicher Kunst« und schließt: »Wir wollen hoffen, recht bald über diesen Orakelstein genauere Nachricht zu erhalten.«

Folglich hat die Welt, die diese Blätter liest, einige

weitere Belehrung über den fraglichen Stein dem Don
Saturnino zu verdanken. Der Stein war in ein Stück
Baumwollstoff eingenäht, das wahrhaftig so alt aussah
wie die 35 Jahre, die es unter des Pfarrers Obhut gewesen war, und vermutlich war es noch dieselbe Hülle aus
der Zeit, als der Stein zuerst auf den Altar gelegt worden war. Es wurden ein oder zwei Schnitte in die Mitte
gemacht, und vermutlich wäre dies ohne Don Saturnino alles gewesen; aber Don Saturnino zog rasch ein
Federmesser heraus, und der gute alte Padre sank vor
Unruhe und durch seine eigene Wucht in seinen Stuhl
nieder, hielt aber den Stein noch immer mit beiden
Händen fest. Nunmehr trennte Don Saturnino drauf
los, daß er dem guten alten Mann beinahe in die Finger
schnitt, zog die heilige Steintafel heraus und ließ den
Sack in den Händen des Padre. Außer sich, hilflos, jam-
mernd und sich selbst anklagend, so saß der arme Padre
da. Wir traten ans Licht, und des Padre Angst und
Schrecken erreichten ihren Gipfelpunkt, als Don
Saturnino mit seinem Messer Kritzel in den heiligen
Stein machte. Dieser Orakelstein ist ein flaches Stück
gewöhnlichen Schiefers von vierzehn Zoll Länge, zehn
Zoll Breite und etwa der Dicke der Tafeln unserer
Schulknaben, ohne jegliche Schriftzeichen. Mehr
waren wir bei aller unserer lebhaften Vorliebe für das
Wunderbare und trotz unseres unehrerbietigen Krit-
zelns nicht imstande zu entdecken. Don Saturnino
händigte ihn dem Padre wieder aus und sagte ihm, er
möchte ihn nur wieder einnähen und an seine Stelle
zurücklegen. Und so bildet er wahrscheinlich nun wieder den Deckstein des Hochaltars mit dem Abendmahlskelch darauf und ist den abergläubischen Indianern ein Gegenstand der Verehrung.

Aber des Padre heftige Gemütsbewegung zerstörte alles Komische, was der Auftritt für uns gehabt hatte. Nachdem er sich von seinem Schreck und Zorn erholt hatte, sagte er uns, wir sollten nicht durch die Stadt zurück, sondern auf geradem Wege zu den Ruinen gehen, und indem er die steinerne Tafel unter seinem Gewand verbarg, ging er mit festem Schritt hinaus und rief den Indianern mit starker Stimme zu, sie sollten unsere Pferde herbeibringen, und dem Führer, er solle uns geradewegs zu der Mühle führen.

Wir saßen auf, und fort ging der Ritt. Nach anderthalb Meilen kamen wir an den Rand einer ungeheuren Schlucht. Wir stiegen sie unter Don Saturninos Führung hinab, bis wir am Fuße der gegenüberliegenden Schluchtwand an einem engen Weg haltmachten, der bloß für ein Maultier breit genug war. Es war ein in die Steilwand der Schlucht gehauener Zickzackweg von zwanzig bis dreißig Fuß Tiefe und nicht so breit, daß zwei Reiter nebeneinander hätten reiten können. Er zog sich bis hinauf zur Höhe des Plateaus, auf welchem die einstige Stadt Patinamit lag.

Als wir das Plateau erklommen hatten, sahen wir zunächst keine Spuren von einer Stadt. Bald stießen wir auf einen Indianer, der Bäume abbrannte, um ein Stück Land zum Kornanbau urbar zu machen. Ihn bat Don Saturnino, mit uns zu gehen und uns die Ruinen zu zeigen, was er uns abschlug. Bald darauf stießen wir auf eine Hütte, vor der eine Frau mit Waschen beschäftigt war, die wir baten uns zu begleiten, die aber statt einer Antwort in die Hütte rannte. Jenseits dieser Hütte trafen wir auf eine Steinmauer, die aber völlig zerfallen war. Hier banden wir unsere Pferde im Schatten eines Baumes an und begannen unsere Nachforschungen zu Fuß. Seit Fuentes von seinem Besuch berichtet hatte, waren 140 Jahre verflossen, und während dieser Zeit hatten die Indianer auf ihrem Rücken Steine zum Aufbau der neuen Stadt Tecpán Guatemala fortgeschleppt, und die zerstörende Hand der Zeit war ebenfalls tätig gewesen.

Wir fragten insbesondere nach den in Stein gehauenen Figuren. Unser Führer kannte zwei, zu denen er uns nach langem Suchen brachte. Sie lagen auf dem Boden, waren gegen drei Fuß lang, aber so verwittert, daß wir nichts an ihnen erkennen konnten.

Die Stadt ist von einer gewaltigen Schlucht umgeben. An manchen Stellen war es wahrhaftig schauerlich, in ihre Tiefe hinabzublicken. Die Stätte ist von allen Seiten unzugänglich mit Ausnahme des Hohlweges, durch den wir heraufgekommen waren. Jedes Jahr am Karfreitag zieht eine feierliche Prozession der ganzen indianischen Bevölkerung von der Stadt Tecpán Guatemala hierher, und an diesem Tag, heißt es, hört man unter der Erde Glocken läuten.

Wir stiegen denselben Hohlweg hinab und auf der anderen Seite der Schlucht wieder empor, wo unser Führer uns auf die Straße, die die Stadt Tecpán Guatemala umging, brachte und wir davonritten.

Don Saturnino besaß im höchsten Grade Milde, Einfachheit, Geradheit, Einsicht und Ausdauer. Seit dem Tage, als ich mit ihm zusammentraf, hatte er sich mir fortwährend nützlich erwiesen, heute aber übertraf er sich selbst. Auch er war so zufrieden mit uns, daß er erklärte, er würde, wenn er nicht seine Frau in Costa Rica hätte, uns bis Palenque Gesellschaft leisten. Er hatte versprochen, Verwandte von ihm in Santiago Atitlán zu besuchen. Jeder Tag, den er mit uns verbrachte, ward diesem Besuche seiner Verwandten entzogen, und wir hatten auf seine Bitte eingewilligt, einen Tag bei ihnen zuzubringen, obwohl der Ort ein wenig von unserem Wege ablag.

Wir erreichten die Mühle rechtzeitig genug, um noch weitergehen zu können. Hoch oben am Abhang des Hügels stand ein großes Gebäude, wohin das Korn geschafft wurde. Unterhalb desselben befand sich ein ungeheures Wasserreservoir. Die Mühle arbeitete Tag und Nacht und mahlte in 24 Stunden 70 bis 90 Negases Weizen, ein Negas hat 6 Arrobas à 25 Pfund. Die Indianer bringen den Weizen. Jeder nimmt einen Stein in Beschlag und besorgt das Mahlen selbst. Für die Benutzung der Mühle bezahlt er einen Real (12 ½ Cents). Die Tonne Mehl kostet 3½ bis 4 Dollar.

Don Saturnino war einer der besten Menschen von der Welt, aber unangekleidet von einer Dürre, die komisch war, so daß, wie er abends, seine dünnen Arme um seine dünnen Beine geschlungen, auf dem Bett saß und wir ihm sein gotteslästerliches Verfahren mit dem heiligen Stein in Tecpán Guatemala vorhielten und er mit seinen kleinen Augen dazu zwinkerte, Herr Catherwood und ich auf eine Weise lachten, wie wir nie zuvor in Zentralamerika gelacht hatten.

Aber in diesem Lande folgt ein Extrem dem andern auf dem Fuße. Um Mitternacht wurden wir durch jene Bewegung aus dem Schlaf aufgerüttelt, die, einmal empfunden, nie mißverstanden werden kann. Das Gebäude schwankte heftig. Unsere Leute im Korridor schrien: »*Temblor!*« Herr Catherwood und ich im selben Augenblick: »Ein Erdbeben!« Unsere Betten standen verkehrt. Durch die Wellenbewegung der Erde ward Herr Catherwood von der einen Seite seines Bettes auf die andere, ich vom Kopfende des meinigen zum Fußende geworfen. Ich sprang auf die Füße und stürzte nach der Tür, aber in demselben Moment stand die Erde wieder still. Wir setzten uns auf den Rand der Betten, verglichen Bewegungen und Empfindungen, legten uns wieder nieder und schliefen bis zum Morgen.

Früh beizeiten setzten wir unsere Reise fort. Leider ging es dem grauen Maultier nicht besser. Möglich, daß es sich in wenigen Tagen wieder erholte, aber zum Warten hatten wir keine Zeit. Auch mein Maultier ließ den Kopf hängen. Da bot mir Don Saturnino sein eigenes, ein starkes, abgehärtetes Tier an. Ich ließ das meinige zurück, um es zurückzubringen und auf das Weideland des Padre Alcantara treiben zu lassen. Es gehörte mit zu meinen schwersten Prüfungen in diesem Lande, von solchen erprobten und treuen Reisebegleitern unterwegs mich trennen zu müssen.

Nach Patzún war unser Weg der gleiche wie am Tage zuvor. Ehe wir diesen Ort erreichten, hatten wir mit unserem Gepäck so viel Verdruß, daß wir unser einziges Feldbett in einer Hütte an der Straße zurückließen. Patzún links liegenlassend, führte unser Weg über ein ebenes Hochland, und um 10 Uhr kamen wir an den Rand einer dreitausend Fuß tiefen Schlucht. Der Weg wand sich schauerlich am Rande des Abgrundes hinunter, wo wir an einer schmalen Stelle einer Maultierkarawane begegneten und kein Raum zum Ausweichen war, so daß wir uns genötigt sahen, ein Stück zurückzugehen, um sie vorüber zu lassen, wobei wir ihnen wohlweislich die Außenseite des Weges ließen. Wohl über fünfhundert Maultiere zogen an uns vorbei, alle mit Weizen und Tuch für Guatemala beladen. Wir wurden von ihnen über eine halbe Stunde aufgehalten und erreichten mit großer Mühe den Grund der Schlucht. Unten floß ein Gewässer, an dem unser Weg eine Zeitlang entlangführte. Die Wände der Schlucht hatten eine furchtbare Höhe. Einmal ritten wir an einer senkrechten Kalkfelswand hin, die infolge von Selbstentzündung rauchte.

Um 12 Uhr begann der Aufstieg auf der anderen Seite der Schlucht. Auf halbem Wege kam uns eine zweite Karawane von Maultieren entgegen, die mit schweren Kisten beladen die steile Straße hinabtaumelten. Wir trafen so plötzlich auf sie, daß in dem Durcheinander unsere Lasttiere herumgedreht und mit abwärts getrieben wurden, bis es unseren Leuten gelang, sie frei zu machen, und wir wieder aufwärts zogen. Hoch über uns sahen wir am Rande der Schlucht Befestigungen, die unsere Straße beherrschten. Hier begegneten wir einem Indianer, der bestätigte, was die Maultiertreiber uns gesagt, daß der Weg bis Santiago Atitlán, dem Wohnort von Don Saturninos Verwandten, fünf Leguas betrage und außerordentlich schlecht sei. Da es unmöglich war, Santiago Atitlán, das am linken Ufer des Sees lag, während unsere Straße am rechten Ufer sich hinzog, mit den Gepäcktieren an diesem Tage zu erreichen, einigten wir uns, daß Don Saturnino allein nach dem genannten Orte gehen, wir aber bis Panajachel, einem Ort am rechten Ufer, Atitlán gegenüber, marschieren und von hier aus über den See setzen und ihn besuchen sollten, da man uns gesagt hatte, daß Kanus zu diesem Zweck vorhanden wären. Und so schieden wir einstweilen von Don Saturnino in der zuversichtlichen Hoffnung, ihn am nächsten Tage im Hause seiner Verwandten wiederzusehen. Wir sind aber niemals wieder mit ihm zusammengetroffen.

120

ELFTES KAPITEL

Ein von Vulkanen umgebener See

Der See Atitlán — Fahrt auf dem See — Eine gefährliche Lage — Eine hohe Gebirgskette — Weite Aussicht — Sololá — Santo Tomás — Die Ruinen von Quiché und deren Geschichte — Ein lustiger Pfarrer

Um 2 Uhr betraten wir das hochgelegene Tafelland, das den See Atitlán begrenzt. Ich habe es im allgemeinen unterlassen, dem Leser eine Vorstellung von der prachtvollen Landschaft zu geben, in der wir reisten. Hier aber würde diese Unterlassung Sünde sein. Von einer Höhe von 3000—4000 Fuß blickten wir hinab auf einen Wasserspiegel, der wie eine Fläche geschmolzenen Silbers glitzerte und von Felsen und Gebirgen aller Formationen umschlossen war. Manche dürr und kahl, andere mit Grün bedeckt und von 500 bis zu 5000 Fuß ansteigend. Uns gegenüber, tief unten am Rande des Sees und scheinbar vom Lande her unzugänglich, lag die Stadt Santiago Atitlán, nach welcher unser Freund unterwegs war, von zwei gigantischen 8000—10 000 Fuß hohen Vulkanen eingerahmt. Weiterhin türmte sich noch ein anderer Vulkan auf, und noch weiter wieder einer, der alle übrigen überragte und dessen Scheitel in Wolken begraben war. Wir hatten keinerlei Bezugspunkte zu diesem See, hatten wir ihn doch bis vor kurzem nicht einmal dem Namen

121

nach gekannt; aber wir stimmten beide überein, daß uns noch nie ein großartigeres und prachtvolleres Schauspiel geboten worden sei. Wir machten halt und betrachteten die lichten, flockigen Dampfwölkchen, die von unten aufstiegen und sich an den Bergen und an den Seiten der Vulkane hinaufbewegten.

Anfänglich war unser Abstieg sehr steil, senkte sich aber dann gegen drei Meilen weit längs der schroffen Uferwand des Sees sanft ab, bis wir mit einem Male am Rande des zweitausend Fuß hohen Tafellandes standen. Zu unseren Füßen breitete sich eine reiche Ebene bis zum Wasser aus. Inmitten der Ebene lag in dichtem Laub vergraben, aus dem nur der Kirchturm hervorschaute, die Stadt Panajachel. Bot schon der erste Anblick des Sees das schönste Schauspiel, das wir je gesehen, so wurde er von dieser Ansicht noch übertroffen. Hier waren alle Bedingungen des Erhabenen und Schönen vereinigt: gigantische Berge, ein Tal voll romantischer Lieblichkeit, ein See und Vulkane, und von der Höhe, auf welcher wir standen, eilte ein Wasserfall gleich einer Silberlinie den Abhang des Berges hinab. Eine Anzahl Indianer und Indianerinnen bewegten sich vom Fuße des Berges nach der Stadt zu und kamen uns klein wie Kinder vor. Der Abfall unseres Berges war schroff, und als wir die Ebene erreichten, boten diese Bergmauern einen großartigen Anblick dar.

Durch einen wahren Wald von Fruchtbäumen zogen wir um 3 Uhr in die Stadt Panajachel ein und ritten zum Kloster. Der Padre war ein junger Mann, Pfarrer von vier bis fünf Ortschaften, reich, voll Förmlichkeit und Feinheit. Wie aber in der ganzen Welt die Frauen besser als die Männer sind, so wurden wir von seiner Mutter und Schwester mit aller Herzlichkeit empfangen. Leider erfuhren wir hier, daß mit Santiago Atitlán wenig oder keine Verbindung bestände und daß es auf dieser Seite des Sees keine Kanus gab. Nach Tisch gingen wir unter Führung eines Dieners des Hauses zum See hinab. Der Weg führte durch einen tropischen Garten. Die Luft war hier ganz anders als auf der Hochebene, und Produkte, die dort nicht wachsen wollten, fanden hier ein üppiges Gedeihen. Sapoten, Jocoten, Aguacaten, Manzanas, Ananas, Orangen und Limonen, die schönsten Früchte Zentralamerikas, wuchsen hier in verschwenderischer Fülle. Die Aloen wurden 30−35 Fuß hoch und 12−14 Zoll dick, waren reihenweise angepflanzt und wurden zur Bedachung der Indianerhütten benutzt. An der Stelle, wo wir an den See traten, fanden wir einige heiße Quellen so nahe am Rande des Wassers, daß die kalten Wellen darüber hinwegschlugen.

Nach Juarros ist »der Atitlán-See einer der merkwürdigsten im Königreiche. Er erstreckt sich 24 Meilen von Ost nach West und 10 Meilen von Nord nach Süd und ist vollständig von Felsen und Bergen umgeben. Seine Tiefe nimmt von seinen Ufern aus nicht gradweise zu, und man hat mit einer Leine von 300 Faden keinen Grund gefunden. Er nimmt mehrere Flüsse auf sowie alle von den Gebirgen kommenden Gewässer, aber seine große Wassermasse wird durch keinen bekannten Kanal abgeleitet.«

Über den Gebirgen und Vulkanen hingen, wie dies in dieser Jahreszeit und zu dieser Tageszeit stets der Fall ist, schwere Wetterwolken, und der See ward durch einen heftigen Südwestwind gewaltig aufgewühlt. Santiago Atitlán lag in einer Entfernung von sieben bis acht Leguas uns beinahe gegenüber. Es lag viel weiter weg, als wir vermutet hatten. Bei dem heftig bewegten und, wie uns unser Führer sagte, zu allen Zeiten starken Windstößen ausgesetzten See empfanden wir nur wenig Lust, in einem Kanu über ihn zu fahren. Es muß ein großartiges Schauspiel sein, hier ein tropisches Gewitter zu erleben, den Donner zwischen den Bergen rollen zu hören und die Blitze in den See herabzucken zu sehen. Wir blieben am Ufer sitzen, bis die Sonne hinter den Gebirgen am äußersten Ende des Sees verschwand.

Früh am Morgen gingen wir abermals zum See. Jetzt schwebte kein Dunst auf dem Wasser, und die Scheitel der Vulkane waren wolkenfrei. Wir sahen nach Santiago Atitlán hinüber, gewahrten aber kein Zeichen eines nahenden Bootes. Wir machten eine Zeitlang Jagd auf Wildenten, konnten aber nur zwei ans Ufer bekommen, die, wie wir später fanden, von köstlichem Geschmack waren.

Nach Juarros ist das Wasser dieses Sees so kalt, daß es schon nach wenigen Minuten die Glieder aller, die in ihm baden, erstarren und anschwellen läßt. Aber es sah so einladend aus, daß wir beschlossen, es zu wagen, und siehe da, unsere Glieder erstarrten nicht und schwollen nicht an. Die Anwohner baden beständig darin, wie man uns sagte. Herr Catherwood blieb, von seinem Schwimmgürtel getragen ohne jede Körperbewegung, lange im Wasser und empfand nichts von einer außerordentlichen Kälte. Bei der großen Unwissenheit, die über die geographischen und geologischen Verhältnisse dieses Landes herrscht, kann es wohl sein, daß die Feststellung von der bodenlosen Tiefe des Sees und von dem Fehlen eines jeden Abflusses ebenso unbegründet ist wie die von der Kälte seines Wassers. Die Höhe des

Sees ist niemals gemessen worden, wie denn überhaupt dieser ganze Landstrich geeignet ist, die Aufmerksamkeit des wissenschaftlich gebildeten Reisenden zu fesseln.

Während wir uns nach dem Bade ankleideten, sah Juan, einer unserer Leute, ein Kanu am Ufer. Es war ein ausgehöhltes, plumpes und zerbrechliches Ding und nur für eine Person bestimmt. Da aber der See so glatt dalag, daß ein bloßes Brett zu genügen schien, so stiegen wir ein. Juan stieß ab und ruderte uns ins Weite hinaus. Als wir uns vom Ufer entfernten, stiegen die den See umsäumenden Gebirge großartig vor uns auf. Ich lenkte gerade Herrn Catherwoods Aufmerksamkeit auf einen Wasserfall, der über uns von einer Höhe von vielleicht drei- bis viertausend Fuß herabkam, als wir von einem jähen Windstoß gepackt wurden, der das Kanu herumdrehte und uns in den See hinaustrieb. Die Last des Kanus war zu groß und Juan ein ungeschickter Ruderer. Er ruderte mehrere Minuten lang mit äußerster Kraft, war aber nicht imstande, das Vorderteil gerade zu halten. Herr Catherwood stand im Hinterteil, ich kniete auf dem Boden des Kanus. Das Aussetzen eines einzigen Ruderstreichs oder eine wankende Bewegung bei Änderung unserer Plätze konnte das Boot zum Sinken bringen. Hätten wir anderseits das Boot dem Wind überlassen, so wäre es weiter in den See hinausgetrieben und im glücklichsten Falle in einer Entfernung von zwanzig bis dreißig Meilen ans Ufer geworfen worden, von wo aus wir über das Gebirge hätten zurückklettern müssen. Es drohte uns aber eine noch schlimmere Gefahr, vom Wind, der des Nachmittags stets von der anderen Seite kommt, wieder in die Mitte des Sees zurückgetrieben zu werden.

Wir sahen, wie die Leute am Ufer nach uns blickten und wie sie mit jeder Minute immer kleiner wurden, aber sie konnten uns nicht helfen. Zu unserem Glück legte sich der Wind. Hätte er noch fünf Minuten länger angedauert, so weiß ich nicht, was aus uns geworden wäre. Juans Kraft und Mut ward neu belebt, und mit großer Anstrengung brachte er uns unter den Schutz eines hohen Küstenvorsprungs, und in wenigen Minuten erreichten wir das Ufer.

Wir hatten den See genug genossen, und da die Zeit uns kostbar war, so beschlossen wir, nach Tisch aufzubrechen und vier Leguas bis Sololá zu reiten. Wir stellten einen weiteren Mozo ein, den der Padre uns als *bobon* oder großen Einfaltspinsel empfahl. Da nun unsere beiden Mozos tolle Hitzköpfe waren, so ließ sich von einem solchen Trio nicht viel Verträglichkeit erwarten. Gleich beim Beladen der Maultiere gerieten sie sich in die Haare, und Bobon nahm auch seinen Anteil an dem Streit. Bisher hatte dieses Ladungsgeschäft stets Saturnino beaufsichtigt, und ohne ihn ging nunmehr alles verkehrt. Ein Maultier ließ einen Teil seiner Ladung im Hofe herabgleiten, und wir nahmen uns als eine recht traurige Gesellschaft aus für die lange Reise, die vor uns lag.

Von der Stadt führte unser Weg nach dem gegenüberliegenden Gebirge, das die Ebene von Panajachel einschloß. Hier begann der Aufstieg. Allmählich entfernten wir uns von Stadt und Ebene, und nach einstündigem Steigen arbeiteten wir uns über die Höhe des Wasserfalls, den ich von dem Kanu aus gesehen hatte, und hatten nun eine neue gewaltige Gebirgsmasse vor uns liegen, auf die der Weg im Zickzack führte, der abwechselnd die Aussicht auf die Ebene und auf den See bot. Für beladene Maultiere war der Aufstieg furchtbar. An manchen Stellen waren Stufen in die Felsen gehauen gleich einer regelmäßigen Treppe. Sooft wir hier den See in Sicht bekamen, hatten wir jedesmal eine andere Aussicht. Als wir einmal auf die hohen bereits überschrittenen Gebirge zurückschauten, boten sich die großen Vulkane Agua und Fuego unserem Blicke dar. Sechs Vulkane waren auf einmal zu sehen, vier davon über 10 000, zwei nahezu 15 000 Fuß hoch. Als wir auf den See hinabblickten, sahen wir ein Kanu, so klein, daß es wie ein kleiner Fleck auf dem Wasser erschien. Zweimal führte uns der Maultierpfad ganz dicht an Katarakten vorbei, und als wir uns das letzte Mal umdrehten, blickten wir auf eine Ebene hinab, die noch schöner war als die von Panajachel. Gerade unter uns, in unermeßlicher Tiefe, aber selbst wieder 1500 bis 2000 Fuß hoch gelegen, sahen wir ein Dorf, dessen Kirche so deutlich sichtbar war, daß wir meinten, wir könnten einen Stein auf ihr Dach hinabwerfen. Von dem Augenblick an, als dieser See sich vor uns auftat, bis zu dem Zeitpunkt, als wir ihn verließen, bot unser Ritt längs des Sees mehr Schönheit als irgendein anderer Ort, den ich jemals sah. Als alte Reisende hätten wir gern einen bequemeren Weg gewählt, wenn ein anderer dagewesen wäre; nachdem er aber einmal überstanden war, hätten wir ihn um nichts in der Welt missen mögen.

Alsbald sahen und erreichten wir Sololá. In der Vorstadt standen einige betrunkene Indianer in einer Reihe und nahmen ihre *petates* (Strohhüte) mit beiden Händen ab. Es war Sonntag. Die Glocken läuteten zur Vesper, Raketen wurden abgebrannt, und eine Prozession trug eine harlekinartig angeputzte Heiligenfigur um den Platz. Dem Cabildo gegenüber hielt der Alkalde unter einem Gewühl von Mestizen einen Hahnenkampf ab.

Die Stadt liegt am Steilufer des Atitlán Sees, und noch nach hundert Schritt vom Ufer ist die ganze Wasserfläche sichtbar. Ich band mein Pferd am Pranger an. Der Alkalde schickte, dank Carreras Paß, nach Sacate, ließ ein Zimmer im Cabildo ausfegen und erbot sich, uns Abendessen aus seiner eigenen Küche zu senden. Der Ort lag mehrere tausend Fuß höher als unser letztes Nachtlager, und die Temperatur war im Vergleich kalt und winterlich. Hängematten waren hier gar nicht im Gebrauch; im Cabildo waren nicht einmal Träger zum Aufhängen vorhanden. Unsere Maultiere waren am nächsten Morgen vor Kälte starr, ihre Haut rauh, und mein armes Pferd schauerte dergestalt, daß es sich kaum bewegen konnte.

Unser Gepäck schickten wir voraus, um allein mit Bobon die Ruinen von Quiché zu besuchen. Um dreiviertel neun brachen wir auf. Nachdem wir eine Legua zurückgelegt hatten, bogen wir vom Camino real auf einen schmalen Reitweg ab, betraten alsbald eine wohlangebaute Ebene, passierten hierauf einen Wald, der frei von Gebüsch und Unterholz war gleich einem heimischen Forst, und folgten dann dem Lauf eines schönen Gewässer. Die Luft war durchsichtig und die Sonne, wie an einem schönen Herbsttage daheim, erquickend und stärkend.

Um 12 Uhr begegneten wir einigen Indianern, die uns sagten, Santo Tomás sei noch drei Leguas entfernt. Fünf Minuten danach erblickten wir die Stadt so nahe, daß sie scheinbar nicht weiter als eine Meile vor uns lag. Jedoch zwischen ihr und uns lag wiederum ein ungeheurer Barranco, der uns aufhielt. Der Abstieg in die Schlucht ging im Zickzack und war so steil, daß wir uns genötigt sahen abzusteigen und den ganzen Weg zu Fuß zu machen, wobei wir ebenso durch unseren eigenen Abwärtsdrang wie durch die uns nachdrängenden Maultiere vorwärtsgetrieben wurden. Am Fuße der Schlucht floß ein schönes Gewässer, an dem wir, vor Staub und Schweiß fast erstickend, zum Trinken haltmachten.

Wir saßen wieder auf, um den Fluß zu durchreiten, mußten aber fast sofort wieder absteigen, um die andere Seite der Schlucht zu erklimmen. Dieser Aufstieg war sogar noch schwieriger als der Abstieg, und als wir die Höhe erreichten, kam es uns vor, als hätten wir drei gute Leguas zurückgelegt. Wir kamen an einem anderen furchtbaren, die Hochebene durchschneidenden Barranco vorüber, ritten, in eine Schlucht von zwei- bis dreitausend Fuß hinabblickend, dicht an ihrem Rande hin und erreichten bald Santo Tomás.

Hier waren auf dem Marktplatz eine Menge Indianer versammelt, die in braunes Tuch gekleidet waren, langes schwarzes Haar hatten und keine Hüte trugen. Die gesamte Bevölkerung war indianisch, nicht ein einziger Weißer im Orte und keiner, der spanisch sprechen konnte, mit Ausnahme eines alten Mestizen, der der Sekretär des Alkalden war. Wir ritten zum Cabildo und banden unsere Tiere vor der Gefängnistür an. Darauf fragten wir nach dem Alkalden, zeigten ihm Carreras Paß und begehrten Sacate für unsere Tiere, Eier und Frijoles für uns und einen Führer nach Quiché. Während dies alles besorgt wurde, setzten sich der Alkalde und so viele Alguacils, wie Platz finden konnten, auf eine von uns bereits eingenommene Bank schweigend

nieder. Uns gegenüber war ein neuerrichteter Schand-
pfahl, zu dem eben ein Mann geführt ward, dem man
Hände und Füße festband, worauf man ihn an einem
Strick, der oben am Pfahl durch ein Loch ging, in die
Höhe zog. Sein Rücken war entblößt, und zu seiner
Linken stand ein Alguacil mit einem derben Ochsen-
ziemer. Jeder Streich machte einen blauen Streifen, der
anschwoll und aus dem Blut herausdrang und den
Rücken hinabfloß. Der arme Mensch schrie, als ob er
am Spieße steckte. Nach ihm kam ein Knabe, der auf
dieselbe Weise traktiert wurde. Nach dem ersten Hieb
riß er mit einem furchtbaren Schrei seine Füße aus den
Stricken heraus und schnellte sich auf die Spitze des
Pfahles hinauf, als ob er flöge. Er wurde wieder her-
untergeholt, von neuem festgebunden und so lange
gestäupt, bis der Alkalde genug hatte. Es war dies eine
der Reformen, die die zentralistische Regierung in Guatemala eingeführt hatte. Die liberale Partei hatte diesen
Überrest der Barbarei abgeschafft. Unter den Zuschau-
ern waren verschiedene Strafgefangene, die wir in Ketten auf dem Platze hatten gehen sehen. Unter ihnen
befanden sich ein Mann und eine Frau, barhäuptig, mit
langem Haar, das ihnen über die Augen hing, an Hand
und Fuß aneinander gefesselt, aber durch starke Eisen-
stangen voneinander gehalten. Sie waren Mann und
Frau und hatten dem sittlichen Gefühl der Gemeinde
durch ihr Getrenntleben widersprochen. Die Strafe
war gewiß eine wahrhaft raffinierte Grausamkeit.

Um halb vier Uhr brachen wir mit einem Alguacil,
der uns voranlief, und mit Bobon, der hinter uns her-
trabte, wieder auf. Wir kamen an einem kleinen See
vorüber, passierten eine Schlucht und stiegen zur
Ebene von Quiché empor. In der Ferne lagen die Rui-

nen der alten Stadt Quiché, die einst die große und reiche Hauptstadt von Utatlán, die Residenz der Könige von Quiché und der prachtvollste Ort war, den die Spanier in diesem Teile Amerikas entdeckten. Sie hatte eine Lage, die des Wohnsitzes eines Königsgeschlechts würdig war. Nachdem wir zwischen zwei kleinen Seen hindurchgeritten waren, langten wir im Ort an und zogen wir gewöhnlich zu dem Kloster, das neben der Kirche lag und wo wir am Fuße einer hohen steinernen Treppe haltmachten. Da uns ein alter Indianer auf der Plattform des Gebäudes zurief, wir möchten nur heraufkommen, so spornten wir unsere Maultiere die Stufen hinauf, ritten durch den Korridor in ein großes Zimmer und ließen unsere Tiere auf einer zweiten hinteren Treppe in den von einer hohen steinernen Mauer eingeschlossenen Hof bringen. Es war das erste im Lande errichtete Kloster und stammte noch aus Alvarados Zeiten. Dominikanermönche hatten es seinerzeit erbaut. Mit seinen massiven Mauern glich es einer Festung. Die meisten Zimmer standen verlassen da oder starrten von Staub und Schmutz. Eines diente für Sacate, ein anderes für Korn und ein drittes war als Schlafstätte für das Geflügel eingerichtet.

Der Padre war zu einem anderen Ort gegangen, und seine Gemächer waren verschlossen. Deshalb wurden wir in ein anstoßendes Zimmer gewiesen, das gegen dreißig Fuß groß und fast ebenso hoch war, steinernen Fußboden und steinerne Wände hatte und völlig leer war. Da wir nichts als unsere Ponchos bei uns hatten und die Nächte in dieser hochgelegenen Gegend sehr kalt waren, wollten wir es nicht wagen, auf dem steinernen Fußboden zu schlafen, und gingen deshalb in Begleitung des indianischen Dieners des Padre zum

Alkalden, der uns auf Carreras Paß hin ein Audienz-
zimmer im Cabildo einräumte, in dem auf einer
Estrade ein Tisch und zwei hochlehnige Stühle standen. Unmittelbar daran stieß das Gefängnis, das weiter
nichts als ein von vier Steinmauern umschlossener
Raum ohne Decke und Dach war. Zur Zeit war es mit
einer ungewöhnlichen Anzahl von Verbrechern angefüllt, von denen wir, als wir durch die Vergitterung
schauten, einige bloß mit wenigen Fetzen bedeckt und
vor Kälte klappernd auf dem Boden liegen sahen. Der
Alkalde gab uns Abendessen und versprach, uns einen
Führer zu den Ruinen zu verschaffen.

Am Morgen brachen wir beizeiten in Begleitung
eines mit einem langen Schwert bewaffneten Mestizen
zu den Ruinen auf. Etwa nach einer Meile stießen wir
auf eine Reihe von Erhöhungen, die offenbar die Forti-
fikationslinie für die Ruinenstadt gebildet hatten. Sie
bestanden aus Trümmern von steinernen Gebäuden,
wahrscheinlich Türmen, deren Steine gut zugehauen
und aneinandergefügt waren. In den sie umgebenden
Schutthaufen entdeckten wir eine große Menge Kiesel-
pfeilspitzen. Innerhalb dieser Linie befand sich eine
Erhöhung, die, je näher wir kamen, immer imposanter
wurde. Sie bildete ein Viereck, war terrassenförmig
gebaut, hatte in der Mitte einen Turm und war insgesamt 120 Fuß hoch. Wir stiegen auf Stufen zu drei Ter-
rassenreihen empor und kamen auf einen freien Platz,
der von steinernen Mauern eingeschlossen und mit
hartem, an manchen Stellen noch vollkommen wohler-
haltenem Zement bedeckt war. Von da stiegen wir auf
steinernen Stufen auf die Spitze des Turmes hinauf,
der früher ganz mit Stuck bekleidet gewesen war und
am Eingang der großen Stadt Utatlán, der Hauptstadt

des Königreichs der Quiché-Indianer, als Fort gestanden hatte.

Nach Fuentes, dem Chronisten des Königreiches Guatemala, stammten die Könige von Quiché und Kakchiquel von den Toltecas-Indianern ab, die, als sie in dieses Land kamen, es bereits von Menschen verschiedener Nationen bewohnt fanden. Unter Kicah Tanub erreichte das Königreich der Quichés seinen höchsten Glanz. Dies traf gerade mit jener ereignisvollen Epoche in Amerikas Geschichte, der Herrschaft Montezumas und der Invasion der Spanier, zusammen. Die Könige von Mexiko und Quiché anerkannten die Bande der Verwandtschaft, und in einem von den Indianern von San Andrés Xecul aufbewahrten Manuskript von 16 Quartblättern wird erzählt, daß, als Montezuma zum Gefangenen gemacht wurde, er einen geheimen Gesandten an Kicah Tanub schickte, um ihn zu unterrichten, daß weiße Männer in seinem Staate angekommen wären und ihn mit solchem Ungestüm bekriegten, daß die ganze Stärke seines Volkes nicht imstande wäre, ihnen Widerstand zu leisten, und daß er selbst gefangen und von Wachen umgeben wäre. Da er vernommen, daß die Feinde die Absicht hätten, weiter nach dem Königreich Quiché zu ziehen, so sende er ihm Nachricht von diesem Plan, damit er sich zum Widerstand rüsten könne.

Nach Empfang dieser Kunde sandte der König von Quiché nach vier jungen Wahrsagern, die ihm sagen sollten, wie der feindliche Einfall ausgehen würde. Sie verlangten Zeit zu ihren Antworten, nahmen ihre Bogen und schossen einige Pfeile gegen einen Fels ab. Als sie sahen, daß sie keinen Eindruck darauf zurückließen, kehrten sie sehr traurig zurück und sagten dem

König, es gebe kein Mittel, dem Unglück auszuweichen. Die weißen Männer würden sicherlich Sieger werden. Mißvergnügt hierüber schickte Kicah nach den Priestern, um ihre Meinung über diese wichtige Angelegenheit zu vernehmen. Auch sie verkündeten den unvermeidlichen Untergang des Königreiches. Kurz darauf meldete man ihm die Ankunft der Spanier an den Grenzen von Soconusco und ihre Absicht, in sein Gebiet einzufallen. Aber nicht entmutigt durch die Prophezeiungen der Seher und Priester, rüstete er zum Kriege. Er sandte Boten an die besiegten Könige und Häuptlinge, die ihm untertan waren, um sie aufzufordern, an der gemeinsamen Verteidigung sich zu beteiligen. Jedoch der König von Guatemala, Sinacam, erfreut darüber, eine günstige Gelegenheit zur Rebellion zu finden, erklärte offen, daß er ein Freund der Teules oder Götter, wie die Spanier bei den Indianern hießen, wäre. Der König der Tzutuhiles gab die hochmütige Antwort, daß er sein Königreich ganz allein gegen ein zahlreicheres und weniger verhungertes Heer als das auf Quiché anrückende zu verteidigen imstande wäre. Zorn, verletzter Stolz, Angst und Anstrengung zogen Tanub eine Krankheit zu, die ihn in wenigen Tagen dahinraffte.

Sein Sohn Tecún Umán war der Erbe seiner Ehren und seiner Sorgen. Bald kam die Kunde, daß Kapitän Alvarado und seine Teules zur Belagerung von Xelajú, dem jetzigen Quezaltenango, aufgebrochen seien, das nach der Hauptstadt die größte Stadt von Quiché war. Es hatte damals 80 000 Mann innerhalb seiner Mauern; aber so groß war der Ruf der Spanier, daß Tecún Umán beschloß, Xelajú zu Hilfe zu eilen. Er verließ die Hauptstadt, an deren Eingang wir jetzt standen, in seiner von den Vornehmsten seines Königreiches getragenen Sänfte mit 70 000 Mann und einem zahlreichen Gefolge mit Sonnenschirmen und Federfächern zur Kühlung der königlichen Person. Eine unermeßliche Zahl indianischer Träger folgte mit Gepäck und Lebensmitteln. In der volkreichen Stadt Totonicapán wurde das Heer um 90 000 Streiter vermehrt. Bei Quezaltenango stießen zehn weitere Kriegshäuptlinge zu ihm, wohlbewaffnet und versorgt mit Kriegsvorrat, alle glänzenden Insignien ihres Ranges entfaltend und gefolgt von 24 000 Kriegern. An demselben Ort ward er noch verstärkt durch weitere 46 000 Mann, mit bunten Federn geschmückt und mit Waffen aller Art ausgerüstet.

Auf der Ebene von Zacualpa zog Tecún Umán 230 000 Krieger unter seinem Banner zusammen und befestigte sein Lager mit einer Mauer aus losen Steinen, die in ihrem Umkreis mehrere Berge einschloß. Im Lager waren verschiedene Kriegsmaschinen, bestehend aus auf Walzen ruhenden Balken, um von Ort zu Ort geführt zu werden. Nach einer Reihe verzweifelter und blutiger Schlachten schlugen die Spanier diese ungeheure Armee und zogen in die Stadt Xelajú ein. Die Flüchtigen scharten sich außerhalb der Stadt wieder zusammen und machten eine letzte Anstrengung, um die Spanier zu umzingeln und zu zermalmen. Tecún Umán führte selbst das Kommando und forderte Alvarado zu einem Einzelkampf Mann gegen Mann heraus. Dreimal griff er den Spanier an und verwundete sein Streitroß; aber das letzte Mal durchbohrte ihn Alvarado mit einer Lanze und tötete ihn auf der Stelle. Die Wut der Indianer schwoll zum Wahnsinn an. In ungeheuren Massen stürzten sie sich auf die Spanier, faßten die Schweife der Pferde und suchten mit Gewalt Roß und Reiter zu Boden zu reißen; aber im entscheidenden Augenblick machten die Spanier einen Angriff in geschlossener Kolonne, durchbrachen die festen Massen der Quichés, jagten die ganze Armee in die Flucht, erschlugen dabei eine ungeheure Zahl derselben und wurden schließlich vollständig Herren des Schlachtfeldes. Nur wenige von den 70 000, die mit Tecún Umán aus der Hauptstadt ausgerückt waren, kehrten je zurück. Ohne Hoffnung, länger mit Waffengewalt Widerstand leisten zu können, nahmen sie zum Verrat ihre Zuflucht. In einem vom König Chinanivalut, dem Sohn und Nachfolger von Tecún Umán, in Utatlán zusammenberufenen Kriegsrat wurde beschlossen, an Alvarado eine Gesandtschaft mit einem wertvollen Geschenk in Gold abzusenden, die um Verzeihung bitten, Unterwerfung verheißen und die Spanier nach der Hauptstadt einladen sollte. Nach wenigen Tagen schlug Alvarado mit seiner Armee, die über die Aussicht einer Beendigung dieses blutigen Krieges frohlockte, sein Lager auf der Ebene auf.

Dies war das erstemal, daß Fremde in Utatlán erschienen, dieser Hauptstadt des Indianerkönigreiches, deren Trümmer jetzt vor unseren Augen lagen, einst der bevölkertsten und reichsten Stadt nicht nur Quichés, sondern des ganzen Königreiches Guatemala. Nach Fuentes, der die Stadt mit der Absicht besuchte, Nachrichten von ihr zu sammeln, und der seine Angaben teils aus den vorhandenen Überresten, teils aus Manuskripten schöpfte, war sie von einer tiefen Schlucht umgeben, die einen natürlichen Festungsgraben bildete und nur zwei schmale Wege als Eingänge ließ, die beide durch das Kastell Resguardo so gut geschützt waren, daß die Stadt uneinnehmbar war. Von

Tecún Umán

ihrer ungeheuren Bevölkerung kann man sich eine Vorstellung aus dem schon erwähnten Umstand machen, daß der König nicht weniger als 72 000 Streiter aus ihr ziehen und den Spaniern entgegenstellen konnte. Das Kastell Resguardo war fünf Stockwerke hoch. Der große Alkazar oder Palast der Könige von Quiché übertraf alle anderen Gebäude und konnte nach Torquemadas Meinung an Reichtum mit Montezumas Palast in Mexiko oder dem der Inkas in Cuzco wetteifern.

So lauten die Nachrichten, die die spanischen Geschichtsschreiber aus Manuskripten schöpften, die von einigen Kaziken, die zuerst die Schreibkunst erlernt hatten, verfaßt worden waren.

Alvarado zog auf des Königs Einladung mit seiner Armee in diese Stadt ein. Als man aber die Stärke des Platzes bemerkte, seine starke Umwallung und die tiefe

Schlucht, die ihn einschloß und nur zwei Zugänge zu
ihm gestattete, deren einer eine Treppe von 25 Stufen
und der andere ein Dammweg war, beide äußerst
schmal, ferner die nur unbedeutende Breite der Straßen und die ansehnliche Höhe der Häuser, die Abwesenheit aller Frauen und Kinder und nicht zuletzt die
Aufregung, die unter den Indianern zu herrschen
schien, da fingen die Soldaten an, mißtrauisch zu werden und eine Hinterlist zu wittern. Ihr Verdacht ward
bald bestätigt durch indianische Verbündete aus Quezaltenango, die ihnen verrieten, das Volk beabsichtige
in dieser Nacht die Hauptstadt anzuzünden, inmitten
der wogenden Flammen mit großen Massen in der
Nähe verborgener Krieger auf die Spanier loszustürzen
und alles niederzumachen. Dies stimmte mit den
Bewegungen der Utatláner überein, und als die Spanier
die Häuser durchsuchten, entdeckten sie keine Vorräte
an Lebensmitteln zu ihrer festlichen Bewirtung, die
ihnen doch versprochen worden war, sondern überall
nur Haufen von leichtem trockenem Holz und anderen brennbaren Stoffen. Alvarado rief seine Offiziere
zusammen und legte ihnen ihre gefährliche Lage dar
sowie die augenblickliche Notwendigkeit, sich aus dem
Orte zurückzuziehen. Indem er dem König und seinen
Kaziken sagte, seine Reiterei fühle sich im offenen
Felde bequemer, sammelte er seine Truppen und
führte sie ohne einen Anschein von Unruhe in guter
Ordnung nach der Ebene. Der König gab ihnen mit
erheuchelter Höflichkeit das Geleit, ward aber von
Alvarado, der die günstige Gelegenheit benutzte, zum
Gefangenen gemacht, verhört und bei Nachweis seiner
Verräterei auf der Stelle gehängt. Aber weder Tecúns
Tod noch die schmachvolle Hinrichtung seines Sohnes

vermochten den stolzen Geist der Quichés zu bändigen. Die Erbitterung und Wut machte sich von neuem Luft. Es erfolgte ein allgemeiner Angriff auf die Spanier; aber spanische Tapferkeit und Disziplin wuchsen mit der Gefahr, und nach einer furchtbaren Verheerung durch die Artillerie und Reiterei verließen die Indianer das Schlachtfeld, das mit ihren Toten bedeckt war, und die Hauptstadt Utatlán fiel mitsamt dem ganzen Königreich Quiché in die Hände Alvarados und der Spanier.

Als wir auf dem zertrümmerten Fort Resguardo standen, lag großartig und schön die weitausgedehnte, durch den letzten Kampf eines tapferen Volkes geweihte Ebene vor uns. All ihre Blutspuren waren weggewaschen, und sie lächelte vor Fruchtbarkeit, aber Verödung ruhte auf ihr. Unser Führer, der auf sein Schwert gestützt neben uns stand, war der einzige Mensch, den wir sahen. Es währte indes nicht lange, als Bobon einen Fremden zu uns brachte, der im Gespräch mit ihm und den Blick auf uns gerichtet unter einem rotseidenen Sonnenschirm daherstolziert kam. Wir erkannten den Pfarrer in ihm und stiegen zu seinem Empfang hinab. Er lachte, wie er uns heruntertappen sah. Sein Lachen steckte uns allmählich an, und als wir unten zusammentrafen, lachten wir allesamt. Aber im Nu hielt er ein, nahm ein steifes Gesicht an, machte sein Halstuch los, wischte sich den Schweiß vom Gesicht, holte eine Schachtel Zigarren heraus, lachte, steckte sie wieder ein und zog eine andere Schachtel mit *Habaneras*, wie er sagte, hervor und fragte, was es Neues aus Spanien gäbe. Die Kleidung unseres Freundes war nicht weniger ungeistlich als seine Haltung. Er trug einen breitkrempigen schwarzen Glanzhut, einen alten schwarzen, bis zu den Fersen reichenden und vom langen Gebrauch glänzend gewordenen Rock und Hosen, die diesem ebenbürtig waren, ferner eine gestreifte Jacke, eine Weste, ein flanellenes und ein baumwollenes Hemd, das wohl vor mehreren Wochen, als er sich das letzte Mal barbierte, gewaschen worden war. Er lachte, daß wir gekommen waren, um die Ruinen zu sehen, und sagte, er hätte selbst furchtbar gelacht, als er sie zum erstenmal gesehen. Er stammte aus Altspanien, hatte von der Höhe aus an der Küste die Schlacht von Trafalgar mit angesehen und lachte, sooft er ihrer gedachte. Die französische Flotte wäre bis in die Wolken hinaufgeflogen und die spanische hätte sie dabei begleitet. Nelson wäre gefallen, bloß um des lieben Ruhmes willen, und hier konnte er sich wieder des Lachens nicht enthalten. Er hätte Spanien verlassen, um nur die ewigen Kriege und Revolutionen loszuwerden − hier lachten wir samt und sonders auf. Er wäre mit zwanzig Dominikanermönchen abgesegelt, von einem französischen Kreuzer beschossen und nach Jamaika gejagt worden − wiederum ungeheures Gelächter −, wäre mit einem englischen Konvoi nach Omoa, Honduras, gefahren und hier gerade beim Ausbruch einer Revolution angelangt. So hätte er sich sein Leben lang unter Revolutionen herumgetrieben, und das Allerschönste müßte er nun eben jetzt erleben. Hier brachen wir allesamt in ein unmäßiges Gelächter aus. Sein eigenes Lachen war so gewaltig und kam aus so vollem Herzen, daß man ihm unmöglich zu widerstehen vermochte. Wir waren übrigens auch gar nicht geneigt, ihm Widerstand zu leisten, und innerhalb einer halben Stunde waren wir so gute Freunde, als wären wir seit Jahren bekannt gewesen. Die Welt war unsere Zielscheibe, und wir lachten über sie auf wahrhaft schmähliche Weise. Die Kirche ausgenommen, gab es wenig Dinge, über die der Pfarrer nicht lachte. Das Steckenpferd aber seines Witzes war die Politik. Er war für Morazán, Carrera oder den Teufel, *vamos adelante* – nur immer vorwärts – war sein Motto, und dabei lachte er sie alle aus. Hätten wir uns in diesem Augenblick von ihm getrennt, so würden wir uns seiner stets als des lachenden Pfarrers erinnert haben. Aber bei weiterer Bekanntschaft fanden wir bei ihm so viel Gefühl und eine solche Fülle von Wissen – er war trotz seines zurückgezogenen Lebens mit dem Lande und allen öffentlichen Männern so genau bekannt, seine Ansichten als die eines bloßen Zuschauers waren so richtig, seine Satire war so scharf, ohne boshaft zu sein –, daß wir seinen Spitznamen verbesserten und ihn »den lachenden Philosophen« nannten.

Nachdem wir unsere Beobachtungen an dieser Stelle beendet und aufgehört hatten, über immer neue uns einfallende vergangene, gegenwärtige oder zukünftige Größe oder Torheit der Welt zu lachen, stiegen wir auf einem schmalen Pfad hinab, passierten eine Schlucht und kamen auf das hochgelegene Plateau, auf dem der Palast und der vornehmste Teil der Stadt stand. Herr Catherwood und ich begannen hier mit der genauen Besichtigung und Messung der Ruinen, wobei uns der Padre immerfort schwatzend und lachend folgte. Waren wir auf einer hohen Stelle, wohin er nicht folgen konnte, dann setzte er sich mit Bobon unten nieder und erzählte ihm lang und breit von Alvarado, von Montezuma, von der Tochter des Königs von Tecpán Guatemala und von Büchern und Manuskripten im Kloster. Bobon horchte auf alles, ohne ein Wort davon zu verstehen und ohne einen Muskel zu rühren, sah ihm straff ins Gesicht und beantwortete sein langes gedämpftes Lachen mit einem respektvollen *»Si, señor«*.

Der Palast, der, wie uns der Pfarrer sagte, einst mit seinen Höfen und Korridoren den ganzen Raum bedeckte, ist vollständig zerstört, und die Materialien sind zum Bau der gegenwärtigen Stadt fortgetragen worden. Teilweise indes ist der Fußboden noch unversehrt und hat noch Überreste von Scheidewänden, so daß man den Plan der Gemächer deutlich erkennen kann. Der Fußboden ist von hartem Mörtel, der, obwohl Jahr für Jahr von den Fluten der Regenzeit abgewaschen, dennoch hart und dauerhaft wie Stein ist. Die Innenwände waren mit einem Mörtel von feinerer Art beworfen, und in den Winkeln, die dem Wetter weniger ausgesetzt gewesen waren, sah man noch die Überreste von Farben. Ohne Zweifel war das ganze Innere mit Malereien verziert gewesen. Es machte einen seltsamen Eindruck auf uns, als wir auf dem Fußboden dieses dachlosen Palastes gingen und jenes Königs gedachten, der ihn an der Spitze von 70 000 Mann verließ, um die Feinde seines Reiches zurückzuschlagen. Jetzt wuchs Mais zwischen den Trümmern, und der Boden ward von einer Indianerfamilie benutzt, die von dem Königshause abzustammen behauptet. An einer Stelle stand eine verlassene Hütte, die sie zur Zeit des Pflanzens und Einbringens des Maises bewohnt. An den Palast grenzt ein großer, ebenfalls mit hartem Mörtel bedeckter Platz oder Hof, in dessen Mitte noch die Überreste einer Fontäne zu sehen waren.

Der wichtigste Teil der noch vorhandenen Ruinen wird *El Sacrificatorio* oder der Opferplatz genannt. Es ist ein viereckiger Steinbau, der auf jeder Seite an der

Die Ruine »El Sacrificatorio« bei Santa Cruz del Quiché

Grundfläche 66 Fuß mißt und sich in seinem gegenwärtigen Zustand in Pyramidenform 33 Fuß hoch
erhebt. Auf drei Seiten führt eine Reihe von Stufen in
der Mitte hinauf, jede 17 Zoll hoch und nur 8 Zoll
breit, wodurch die Treppe so steil wird, daß beim Herabsteigen einige Vorsicht nötig ist. An den Ecken stehen vier Strebepfeiler von gehauenem Stein, wohl zum
Tragen des Baues bestimmt. Auf der dem Westen zuge-
kehrten Seite sind keine Stufen, sondern die Oberfläche ist glatt und mit vor Alter grau gewordenem Gips
beworfen. Als wir an den Ecken ein wenig davon ab-
brachen, sahen wir, daß es verschiedene, ohne Zweifel
zu verschiedenen Zeiten angeworfene Gipsschichten
waren und daß sie alle gemalte Figuren geschmückt
hatten. So entdeckten wir an einer Stelle den Leib eines
Jaguars, schön gezeichnet und gemalt.

Die Spitze des Sacrificatorio ist zerbrochen und in
Trümmer zerfallen; aber es besteht kein Zweifel, daß

sie einst einen Altar für jene Menschenopfer trug, die selbst die Spanier mit Schauder erfüllten. Die obere Fläche hat bloß Raum für den Altar, die den Dienst verrichtenden Priester und für den Götzen, dem das Opfer dargebracht wurde. Alles ging vor den Augen des unten stehenden Volkes vor sich.

Die barbarischen Priester führten das Opfer ganz nackt hinauf, zeigten dem Volke den Götzen, dem das Opfer galt, damit es ihn anbete, und streckten dann das Opfer auf dem Altar aus. Der Altar hatte eine konvexe Oberfläche, so daß der Leib des Opfers eine gewölbte Lage hatte, indem der Rumpf hervortrat, Kopf und Füße aber tief lagen. Vier Priester hielten die Beine und Arme, ein anderer den Kopf mit einem hölzernen Instrument, das einer geringelten Schlange glich, fest, so daß das Opfer nicht die kleinste Bewegung machen konnte. Darauf nahte der Oberpriester, schnitt mit einem Messer aus Kiesel eine Öffnung in die Brust und riß das Herz heraus, das er noch zuckend der Sonne darbrachte und dann zu den Füßen des Götzen warf.

Bei unseren Forschungen nahmen wir diesen Ort deshalb für so wichtig, weil seine Geschichte bekannt und seine Zeit ausgemacht ist. Er stand auf dem Gipfel seines Glanzes, als Alvarado ihn eroberte . Er zeigt uns den Charakter der Bauwerke der Indianer jener Zeit und bestätigt in seinen Ruinen die glanzvolle Schilderung, die Cortés und seine Begleiter von der in den Bauten Mexikos entwickelten Pracht gegeben hatten.

Der Padre sagte uns, vor dreißig Jahren, als er den Palast zum ersten Male sah, wäre er bis zum Garten noch vollständig gewesen. Er wäre damals frisch von Spaniens Palästen gekommen, und es hätte ihm gedünkt, als ob er von neuem unter ihnen weilte. Kurz nach seiner Ankunft hatte man eine kleine goldene Bildsäule gefunden und an Seravía, den Präsidenten von Guatemala, gesandt, der daraufhin eine Kommission aus der Hauptstadt zum Aufsuchen verborgener Schätze hierher beordert hätte. Beim Suchen wäre der Palast zerstört worden. Die Indianer, aufgebracht über die Verwüstung ihrer alten Hauptstadt, hätten sich empört und gedroht, die Arbeiter zu ermorden, wenn sie nicht das Land verließen. Sonst, sagte der Pfarrer, würde man keinen Stein an seinem Ort gelassen haben.

Unter einem der Gebäude befand sich eine Öffnung, welche die Indianer eine Höhle nannten und durch die man Mexiko in einer Stunde erreichen könnte. Ich kroch hinein und fand eine spitzgewölbte steinerne Decke, ward aber verhindert, sie genauer zu untersuchen, teils aus Mangel an Licht, teils weil der Padre mir zurief, es wäre jetzt die Zeit der Erdbeben, so daß ich in Hast herausstürzte, worüber der Padre in ein ungewöhnliches Lachen ausbrach.

Auf dem Rückweg zur Stadt zeigte uns der Padre auf der Ebene die vier Straßen, die nach Mexiko, Tecpán Guatemala, Los Altos und Vera Paz führten und seiner Aussage nach noch immer offen sind.

ZWÖLFTES KAPITEL

Der Padre berichtet über unbekannte Indianer

Das Innere eines Klosters — Der Königsvogel von Quiché — Indianischer Aberglaube — Tierra de Guerra — Eine mysteriöse Stadt — Abreise — San Pedro — Wirksamkeit eines Passes — Totonicapán — Ein prächtiges Diner — Der Blutfluß

Es war spät, als wir zum Kloster zurückkehrten. Der gute Padre bedauerte, bei unserer Ankunft nicht zu Hause gewesen zu sein, und sagte, er schlösse immer sein Zimmer ab, damit die Weiber nicht alles durcheinanderwürfen. Als wir eintraten, herrschte Ordnung in seinem Sinne, aber diese Ordnung gehörte einer Art an, die aller Beschreibung spottete. Im Zimmer waren ein Tisch, Stühle und zwei Kanapees, trotzdem aber gab es kein Plätzchen, wo man sich hätte hinsetzen oder auch nur den Hut ablegen können, da alles über und über mit allerlei Gegenständen bedeckt war, darunter zum Beispiel vier Flaschen, ein Senffläschchen, ein Ölkrüglein, Tassen, Teller, Näpfchen, ein großes Stück Zucker, ein Papier voll Salz, Mineralien und große Steine, Muscheln, alte irdene Gefäße, Schädel, Knochen, Bücher und Manuskripte. Auf einem Gestell über seinem Bett standen zwei ausgestopfte Exemplare des Quetzals, des Königsvogels von Quiché, des schönsten aller fliegenden Tiere, der so stolz auf seinen Schwanz ist, daß er sein Nest mit zwei Öffnungen baut, um hinein- und

Quetzal-Pärchen

herausschlüpfen zu können, ohne wenden zu müssen, und dessen Gefieder niemand außer der Königsfamilie gebrauchen durfte.

Inmitten dieses bunten Durcheinanders wurde am Tisch eine Ecke zum Essen für uns frei gemacht. Die Unterhaltung setzte sich seinerseits in demselben ununterbrochenen Fluß von Wissen, Forschung, Scharfblick und Satire fort. Abends waren wir in die Geheimnisse der indianischen Geschichte vertieft.

Für einen Mann, der noch nicht die Lebensperiode erreicht hat, wo wenige Jahre genügen, um sein Haar zu bleichen, kenne ich keinen Ort, wo er, wenn nur erst das Land zur Ruhe kommt, seine Zeit mit größerem Interesse verbringen könnte als in Santa Cruz del Quiché mit der Erforschung des Charakters und der traditionellen Geschichte der Indianer, weil sie hier noch in vieler Beziehung ein unverändertes Volk sind, das mit Liebe an den Sitten und Gebräuchen seiner Vorväter hängt. Selbst in der Religion sind sie, wenngleich die Großartigkeit und Pracht der Kirchen, der Pomp und das Gepränge der religiösen Zeremonien auf ihre Phantasie Eindruck machen, noch immer, wie uns der Padre sagte, Götzendiener und im Herzen voll vom alten Aberglauben. In den Gebirgen und tiefen Schluchten haben sie noch ihre Abgötter und üben dort in der Stille und Abgeschiedenheit die von ihren Vätern überkommenen religiösen Gebräuche aus, wozu der Padre genötigt war ein Auge zuzudrücken.

Des Padre ganzes Wesen hatte sich jetzt geändert. Seine scharfe Satire und sein Lachen hatten dem Ernst Platz gemacht. Denn die Indianer boten Interesse genug, um den Geist eines Mannes, der sonst über alles in der Welt lachte, zu beschäftigen und seine Phantasie zu erregen; und wie zuvor sein Lachen, so war jetzt seine Phantasie ansteckend. Trotz unserer Eile, Palenque zu erreichen, fühlten wir den lebhaften Wunsch, den Indianern in die Einsamkeit ihrer Berge und tiefen Schluchten zu folgen und sie hier bei ihren abgöttischen Gebräuchen zu belauschen. Allein der Padre fand kein ermunterndes Wort dazu. Er war überhaupt dagegen, daß wir noch einen Tag länger hier verweilten. Nicht etwa, daß er uns loswerden wollte. Im Gegenteil, er lebte in so ununterbrochener Einsamkeit und einer so einförmigen Folge seiner Beschäftigungen, daß jeder Fremdenbesuch ihm ein höchst erfreuliches Ereignis war, aber es lag Gefahr in unserem längeren Bleiben. Die Indianer, sagte er, wären in einem höchst aufgeregten Zustand. Sie fragten und forschten bereits, zu welchem Zwecke wir eigentlich hierher gekommen wären, und er könnte nicht für unsere Sicherheit einstehen. Möglich, daß in wenigen Monaten die Aufregung vorüber wäre, dann könnten wir wiederkommen. Bei seiner Liebe zu den Dingen, an denen wir Interesse nähmen, wolle er dann an allen unseren Ausflügen teilnehmen und uns mit all seinem Einfluß behilflich sein.

Des Padre Kenntnisse waren nicht auf seine eigene unmittelbare Nähe beschränkt. Er erzählte uns, daß seine erste Pfarrei Cobán in der Provinz Vera Paz gewesen wäre und daß vier Leguas von diesem Ort ebenfalls eine alte Stadt läge, ebenso groß wie Santa Cruz del Quiché, ebenso verlassen und verödet und fast so wohlerhalten, als ob ihre Bewohner erst fortgezogen wären. Er wäre durch ihre schweigenden Gassen gewandelt und auf ihren gigantischen Gebäuden umhergegangen. Ihr Palast wäre noch so vollständig wie der in Quiché zu jener Zeit, als er ihn zum ersten Mal gesehen. Diese Stadt liegt zweihundert Meilen von Guatemala-Stadt und in einem vom Krieg noch nicht in Mitleidenschaft gezogenen Landstrich. Doch wir hatten trotz all unserer Nachfragen nichts davon gehört. Wir bedauerten es wahrhaft, daß uns diese Nachricht erst jetzt zu Ohren kam. Jedoch die Reise nach dem fraglichen Ort hätte unsere Tour um 800 Meilen verlängert. Unsere Pläne waren einmal festgelegt, unsere Zeit war bereits beschränkt, und in diesem wilden Lande und bei seinem ungeordneten Zustande beherrschte uns die abergläubische Furcht, daß Umkehren Unglück bringen könnte.

Der Padre erzählte uns jedoch noch etwas, was unser lebhaftes Interesse auf den höchsten Grad steigerte. Auf der anderen Seite der das Land durchstreichenden Kordillerenkette liegt der Bezirk Vera Paz, der wegen des kriegerischen Charakters seiner Bewohner früher *tierra de guerra* oder das Land des Krieges genannt wurde. Dreimal wurden die Spanier bei ihren Versuchen, es zu erobern, zurückgetrieben. Bis auf den heutigen Tag wird der nordöstliche, von der Kette der Kordilleren und dem Staat Chiapas begrenzte Distrikt von Candones oder ungetauften Indianern bewohnt, die nach ihrer Väter Weise leben und keine Unterwerfung unter die Spanier anerkennen und über die auch die zentralamerikanische Regierung keine Herrschaft in Anspruch nimmt. Was uns aber am meisten frappierte, war die Behauptung des Padre, daß vier Tagesreisen weit an der Straße nach Mexiko, auf der anderen Seite der großen Sierra, eine Stadt liege, die, groß und volkreich und von Indianern bewohnt, sich noch genau in demselben Zustande wie vor der Entdeckung Amerikas befand. Er hatte vor vielen Jahren in Chajul von ihr

150

sprechen hören, wo man ihm gesagt hatte, sie sei von dem höchsten Kamme der Sierra aus deutlich zu sehen. Er war damals jung und erklomm mit großer Anstrengung den Scheitel der Sierra, von wo aus er in einer Höhe von 10 000–12 000 Fuß eine unermeßliche, bis nach Yucatán und zu dem mexikanischen Golf sich ausdehnende Ebene überblickte und in weiter Ferne eine große Stadt mit im Sonnenschein glänzenden weißen Türmchen über einen weiten Raum sich ausbreiten sah. Die traditionelle Erzählung der Indianer lautet dahin, daß kein Weißer jemals zu dieser Stadt gekommen sei und daß die Einwohner die Mayasprache reden und unterrichtet seien. Als einst ein Volk von Fremden das ganze Land ringsum erobert habe, hätten sie jeden Weißen ermordet, der ihr Gebiet zu betreten wagte. Man sagt, daß sie keine Münzen oder sonstigen Zirkulationsmittel besitzen, keine Pferde, Rindvieh, Maulesel oder sonstige Haustiere haben, ausgenommen Geflügel, und daß sie die Hähne unter der Erde halten, damit ihr Krähen nicht vernommen werde.

Jeder unserer Tritte und Schritte in diesem Land bot uns etwas Wildphantastisches und Neues, etwas, was unsere Phantasie ergriff. Der alte Padre in seinem langen schwarzen Rock und mit seinen funkelnden Augen in dem dämmrigen, totenstillen Kloster an unserer Seite beschwor ein Bild von den entschlossenen Priestern herauf, die die Armeen der Konquistadoren begleiteten. Und als er eine Karte auf dem Tisch ausbreitete, um uns die Sierra, zu deren Höhe er hinaufgeklommen, sowie die Lage der geheimnisvollen Stadt zu zeigen, da erwachte ein Interesse in uns, wie ich nie eins von größerer Stärke empfunden hatte. Ein einziger Blick auf diese Stadt war zehn Jahre eines Alltagslebens

wert. Hat er recht, so gibt es noch einen Ort, wo Indianer und eine indianische Stadt so existieren, wie sie
Cortés und Alvarado fanden, gibt es noch Lebende, die
das Geheimnis lösen können, das über Amerikas untergegangenen Städten schwebt, gibt es vielleicht noch
Menschen, die die Inschriften auf Copáns Denkmälern
zu lesen vermögen. Ich kann mir keinen Gegenstand
von größerer Anregung und höherem Reiz denken,
und nimmer wird der tiefe Eindruck jener Nacht in
meiner Seele sich verwischen.

Ist es denn auch wohl wahr? Jetzt bin ich bei nüch-
ternen Sinnen, glaube aber immer noch aufrichtig, daß
man viel Grund habe, des Padre Aussage für wohlbegründet anzunehmen. Daß der betreffende Landstrich die Regierung Guatemalas nicht anerkennt, niemals erforscht worden ist und kein weißer Mann ihn
jemals zu betreten wagt, daran habe ich keinen Zweifel.
Aus anderen Quellen hörten wir, daß von jener Sierra
aus eine große in Ruinen liegende Stadt zu sehen sei,
und man erzählte uns von jemandem, der den Gipfel
der Sierra erstiegen habe, aber wegen des darauf ruhenden Gewölks nicht imstande gewesen sei, etwas zu
sehen.

Was uns betrifft, so konnte keine Rede davon sein,
den Versuch ganz allein, ohne Kenntnis der Sprache
und mit Mozos, von denen wir nichts als Ärger hatten,
zu wagen. Das Höchste, woran wir dachten, war ein Ersteigen des Gebirgskammes, um von hier aus einen
Blick auf die mysteriöse Stadt zu werfen. Aber wir hatten schon auf dem vor uns liegenden Weg mit Schwierigkeiten genug zu kämpfen. Wir würden ferner unsere
Reise um zehn Tage verlängert haben, und konnte
nicht die Sierra tagelang mit Wolken bedeckt sein? Wir

konnten durch Zuvielversuchen alles verlieren, und Palenque war und blieb unser großes Ziel. Daher beschlossen wir, von der vorgezeichneten Reiseroute nicht abzuweichen.

Der nächste Morgen brachte uns einen schmerzlichen Augenblick, den des Abschieds vom Pfarrer. Er war jetzt voll Ruhe und Milde, sein unwiderstehliches Lachen und sein Feuer waren verschwunden. Zum Andenken nötigte er mir in der Güte seines Herzens einen seiner schönen Quetzales auf.

Da es die heilige Woche war, so hatten wir große Mühe, einen Führer zu bekommen. Keiner von den Indianern hatte Lust, den Ort zu verlassen, so daß der Alkalde endlich einem Alguacil sagte, er solle einen Mann aus dem Gefängnis holen. Nach einer Besprechung mit den Gefangenen durch das Gitter wurde einer ausgewählt, blieb aber in Haft bis zum Augenblick des Aufbruchs, wo der Alguacil die Tür öffnete und ihn herausließ, unsere Gepäckrolle ihm auf den Rücken gelegt wurde und er abmarschierte. Unserem Zug voran schritt Bobon mit dem Königsvogel von Quiché auf einem Stock. Nachdem wir die Ebene, auf der die Stadt lag, passiert hatten, überstiegen wir einen Berg, der uns eine prachtvolle Aussicht über die Ebene von Quiché bot, und erreichten nach zwei Leguas das Pueblo San Pedro. Die Kirche mit einem Strohdach und einem großen Kreuz vor ihr lag nahe der Straße, während die Hütten des Ortes ein wenig im Hintergrund standen. Dies war der Ort, wo die Indianer *muy malos*, sehr böse, sein sollten. Da wir deshalb hier nicht gern anhalten wollten, suchten wir unseren Führer zu bewegen, noch weiter mit uns zu gehen. Aber nein, obwohl er bei seiner Rückkehr wieder eingesperrt werden würde, warf er seine Ladung am Fuße des Kreuzes ab und rannte in solcher Hast zurück, daß er seine zerlumpte Chamarra zurückließ.

Der Justicia, der Richter des Ortes, war ein Mestize, der nach dem Alkalden schickte, worauf sogleich dieser würdige Mann mit sechs Alguacils, alle in einer Reihe marschierend, mit Stäben in der Hand und in schöne Tuchmäntel gekleidet, die ihre Staatstracht für die heilige Woche waren, dahergetrabt kam. Nachdem wir ihnen gesagt hatten, daß wir eines Führers bedürften, marschierten alle sechs ab, um einen zu suchen. Nach etwa zehn Minuten kehrten sie im Gänsemarsch und genau in demselben Trabe wie zuvor zurück und meldeten, daß sie keinen finden könnten, da die ganze Woche Feiertag wäre und niemand seinen Wohnort verlassen wolle. Ich zeigte ihnen Carreras Paß und sagte dem Justicia, er müßte entweder selbst mit uns gehen oder einen seiner Alguacils mitsenden, worauf sie abermals zum Aufsuchen eines Führers abmarschierten. Nachdem ich eine kleine Weile gewartet hatte, erstieg ich eine Anhöhe in der Nähe und sah sie sämtlich an deren Fuß sitzen. Wahrscheinlich warteten sie darauf, daß ich abziehen sollte. Sobald sie mich erblickten, kamen sie herbeigerannt und erklärten, daß sie keinen Führer ausfindig machen könnten. Ich bot ihnen den zweifachen Preis. Sie blieben unbeweglich. Da sprach ich endlich von Carreras Rache, der sie nicht bloß aus dem Amte jagen, sondern auch um einen Kopf kürzer machen würde. Dies half. Nach einer Beratung von wenigen Minuten standen sie alle ruhig auf. Einer von ihnen legte Amtsstab und Amtstracht ab. Die übrigen luden ihm das Gepäck auf seinen bloßen Rücken und legten ihm das Tragband über die Stirn. Rennend eilte

154

der Mann uns voran, und wir folgten ihm. Nach einer Weile erlöste an einem Kreuzweg ein anderer Alguacil den ersteren von seiner Last, und sie stürmten auf der über alle Beschreibung schlechten Straße uns so schnell voran, daß wir kaum Schritt mit ihnen halten konnten.

Bald erreichten wir eine gewaltige Schlucht, in die wir hinabstiegen und deren Ersteigen auf der anderen Seite uns drei Stunden Zeit kostete. Durch Waldlichtungen blickten wir in Abgründe von 1000—2000 Fuß Tiefe. Der ganze Berg war mit üppigem Grün bedeckt, und wenngleich die felsige, wilde Großartigkeit der Alpennatur fehlte, so war doch der Anblick erhaben. Beim Aufstieg begegneten wir einigen Indianern, die keine andere Sprache als ihre eigene sprechen konnten. Um 3 Uhr traten wir aus dem Wald heraus und erblickten Totonicapán, das noch in weiter Ferne und tief unter uns auf einer prachtvollen Ebene lag, mit einem hohen Tafelland dahinter, von dem sich eine Gebirgskette erhob, alles vom Vulkan von Quezaltenango überragt. Die Stadt breitete sich über eine weite Fläche aus, und die flachen Dächer der Häuser nahmen sich wie ein einziges ungeheures Dach aus, das nur von den Türmen der Kirche unterbrochen wurde. Wir stiegen den Berg hinab und gelangten an einen Fluß, wo indianische Frauen Wäsche wuschen. Seinen Ufern folgend zogen wir in die Stadt ein und ritten nach dem Hause des Corregidors Don José Azmitia. Unser Gepäck war wohlbehalten angelangt, und unsere Leute kamen zu unserem Empfang heraus.

Nachdem wir den ganzen Tag über furchtbare Berge geklettert waren und seit zwölf Stunden nichts genossen hatten, setzten wir uns nach zweistündigem Warten um sechs Uhr nach erfolgter Einladung mit gewa-

schenen Händen und Gesichtern und in unseren Gala-
kleidern beim Corregidor zu Tisch nieder. Die
Gerichte kamen in gehöriger Folge nacheinander.
Wohlgeschulte Diener warteten uns auf, und unser
Wirt machte die Honneurs auf eine Weise, als ob er
durch alltägliche Übung daran gewöhnt wäre.

Nachdem wir am nächsten Morgen mit dem Corregidor gefrühstückt hatten, brachen wir um 11 Uhr, als
eben eine Prozession sich auf dem Platz bildete, nach
Quezaltenango auf. Wir stiegen in eine Schlucht hinab,
die bei jedem Schritt eine herrliche Aussicht bot,
erklommen dann einen Berg, von dem wir noch einmal
die Stadt und deren Ebene sehen konnten, und gelangten schließlich auf der Höhe zu einer prachtvollen
Ebene, die mit Mais bebaut war und auf der zahlreiche
Schafherden, die ersten, die wir im Lande sahen, weideten. Die Straße war zu beiden Seiten mit Hecken rie-
sengroßer Aloen eingefaßt. In der Mitte der Ebene
überschritten wir auf einer Brücke aus rohen Baumstämmen einen breiten Fluß, der dadurch bekannt ist,
daß die in Alvarados Schlacht mit den Quiché-India-
nern Getöteten und Verwundeten hineingeworfen
wurden und daher der »Blutfluß« heißt. Nach zwei
Leguas kam Quezaltenango in Sicht. Es liegt am Fuße
einer großen Bergkette und wird von einem zerrissenen, ständig Rauch ausstoßenden Vulkan überragt, vor
dem ein Bergrücken aus Lava sich erhebt, die, wenn sie
ihren Lauf nach der Stadt genommen hätte, diese gleich
Herculaneum und Pompeji begraben haben würde.

DREIZEHNTES KAPITEL

Ostern in Quezaltenango

Quezaltenango — Das Äußere der Stadt — Die Kirche —
Karfreitag — Große Prozession — Die warmen Quellen
von Almolonga

Als wir uns Quezaltenango näherten, zeigten sieben hochgetürmte Kirchen, daß die so eilig angenommene Religion nicht ausgestorben war. Nach wenigen Minuten zogen wir in die Stadt ein. Die Straßen waren schön gepflastert und die Häuser von pittoresker Architektur. Das Rathaus hatte zwei Stockwerke und einen Korridor. Die Kathedrale mit ihrer reichgeschmückten Fassade war großartig und imponierend. Der Hauptplatz war mit Steinen gepflastert, hatte in der Mitte eine schöne Fontäne und gewährte eine herrliche Aussicht auf den Vulkan und die umliegenden Berge. Es war Gründonnerstag. Die Straßen und der Platz waren gedrängt voll von Menschen, die in ihren schönsten Feiertagskleidern erschienen waren, die Indianer in weiten schwarzen Mänteln und breitkrempigen Filzhüten, die Frauen in weißen Umhängen, die zugleich den Kopf mit Ausnahme eines ovalen Ausschnitts für das Gesicht verhüllten, einige auch in einer Art Turban, bestehend aus einer roten, ins Haar geflochtenen dicken Schnur. Den Glocken war Stillschweigen geboten, und

Die Plaza von Quezaltenango

hölzerne Klappern vertraten ihre Stelle. Als wir bis zu den Zähnen bewaffnet hindurchritten, machte uns die Menge schweigend Platz. Wir zogen an dem Portal der Kirche vorüber und ritten durch das weite Tor des Klosters. Der Pfarrer war im Augenblick abwesend, aber eine recht respektable Dienerin empfing uns auf eine Weise, die uns auf das freundliche Willkommen ihres Herrn rechnen ließ.

Nach eingenommener Schokolade gingen wir zum Corregidor, dem wir unsere Briefe von der Regierung und Carreras Paß aushändigten.

Bei unserer Rückkehr zum Kloster trafen wir den Pfarrer an, der uns persönlich den freundlichen Empfang zuteil werden ließ, dessen seine Haushälterin uns schon versichert hatte. Der Pfarrer war ein Mann von etwa 45 Jahren, groß, kräftig und von ungemein feinem Gesichtsausdruck. Er hatte verschiedene Pfarreien unter seiner Obhut, und nach dem Kanonikate war seine Stellung die höchste im Lande; aber sie hatte auch ihre Mühen; wie er denn eben jetzt mit den Feierlichkeiten der heiligen Woche vollauf zu tun hatte. Abends begleiteten wir ihn zur Kirche, deren Inneres auf einen ersten Blick von der Tür aus einen höchst wundersamen Eindruck auf uns machte. Sie war 250 Fuß lang, geräumig und hoch, reich dekoriert mit Gemälden und Skulpturen, von Lichtern strahlend und gedrängt voll von Indianern. Zu beiden Seiten des Eingangs war ein Gitter, hinter dem ein Indianer zum Empfang von Opfergaben stand. Der Boden war mit Fichtennadeln bestreut. Links sah man den toten Christus auf einer Bahre, auf die jede eintretende Frau eine Handvoll Rosen warf, während ein Indianer dabeistand, um Geld in Empfang zu nehmen. Gegenüber, hinter einem Eisengitter, war die Figur des kreuztragenden Christus mit verbundenen Augen und mit großen, den Armen und anderen Körperteilen angefügten und an den Stäben des Eisengitters befestigten silbernen Ketten. Auch hier war ein Indianer aufgestellt, um eine Kollekte anzunehmen. Der schön geformte Altar war reich verziert und bestand aus zwei Reihen übereinandergestellter und vergoldeter ionischer Säulen mit einer goldenen Glorie darüber und von zehn Fuß hohen Kerzen erleuchtet.

Gegen 10 Uhr bildete sich die Versammlung in der Kirche zu einer Prozession, und Herr Catherwood und ich gingen hinaus und stellten uns an einer Straßenecke auf, um sie vorüberziehen zu sehen. Die Prozession wurde von zwei nebeneinandergehenden Indianern eröffnet, von denen jeder eine lange brennende Kerze in der Hand trug, worauf, auf den Schultern von vier

Männern getragen, die Figur der Judith mit einem blutigen Schwert in der einen und des Holofernes bluttriefendem Haupte in der anderen Hand folgte. Dann, ebenfalls von vier Männern getragen, der Erzengel Gabriel, in rote Seide gekleidet und mit großen aufgeblähten Schwingen an den Seiten. Zunächst kamen Männer in wunderlichen Rüstungen aus schwarzem und silberfarbigem Papier, die Mohren darstellen sollten und wie alte Ritter Schilder und Speere trugen. Hierauf folgten vier kleine, in weiße Seide und Gaze gekleidete Mädchen, die wie kleine Engel aussahen und denen zur Seite Männer mit brennenden Kerzen gingen. Hiernach kam eine große Figur des kreuztragenden Christus, von vier Indianern getragen, zu beiden Seiten indianische Knaben mit langen, horizontal gehaltenen Stangen, um das Andrängen der Menge abzuhalten. Hieran schloß sich ein Zug von Bürgern. Dann kam ein Zug von Frauen mit Kindern auf den Armen, letztere zur Hälfte schlafend und phantastisch aufgeputzt mit silbernen Mützchen und Kopfschmuck. Den Schluß bildete endlich eine große Statue der Heiligen Jungfrau in sitzender Stellung und prachtvoll gekleidet, zu beiden Seiten indianische Knaben, die Stangen mit Kerzen trugen. Das Ganze war mit Musik von Trommeln und Violinen begleitet. Als der lange Zug sich die Straße hinabbewegte, kehrten wir zum Kloster zurück.

Die Nacht war kalt, und der Morgen glich einem heimischen Dezembermorgen. Es war der Karfreitag, und in ganz Guatemala traf man allerorten Vorbereitungen, um die Auferstehung des Herrn mit den größten kirchlichen Feierlichkeiten zu begehen. In Quezaltenango war schon früh am Morgen der Platz gedrängt voll von Indianern vom umliegenden Land.

Um 9 Uhr machte uns der Corregidor einen Besuch, und wir begleiteten ihn zur Eröffnung der Festlichkeiten zur Kirche. Auf der einen Seite des Kirchenschiffes, nahe dem Hochaltar und der Kanzel gegenüber, waren hohe gepolsterte Stühle für den Corregidor und die Mitglieder der Munizipalität aufgestellt, auf denen wir mit ihnen Platz nahmen. Die Kirche war übervoll von Indianern, deren Zahl man auf mehr als dreitausend schätzte. Früher wurden zu dieser Feier keine Frauen und Kinder zugelassen. Jetzt aber war der Fußboden der Kirche voll von knienden, mit roten Schnüren im Haar aufgeputzten Indianerinnen, von denen fast ein Drittel Kinder auf dem Rücken hatten. Außer uns und dem Padre war kein Weißer in der Kirche, daher aller Augen auf uns gerichtet waren.

An den Stufen des Hauptaltars stand ein großes Kreuz, anscheinend aus massivem Silber, reich geschnitzt und verziert, darüber eine hohe Laube von Fichten- und Zypressenzweigen. Am Fuße des Kreuzes sahen wir eine Figur der weinenden Maria Magdalena mit einer verschwenderischen Fülle von Löckchen und mit im Nacken tief ausgeschnittenem Kleid, überhaupt ziemlich unanständig angeputzt. Ihr zur Rechten stand die pomphaft angekleidete Figur der Heiligen Jungfrau und im Schiff der Kirche Johannes der Täufer, der, wie es schien, bloß deshalb aufgestellt war, weil seine Figur nun einmal vorrätig war.

Alsbald erscholl vom anderen Ende der Kirche her eine wilde Indianermusik, und eine Prozession schritt heran, angeführt von Indianern mit breitkrempigen Filzhüten, dunklen Mänteln und brennenden Wachskerzen. Ihnen folgte auf einer von dem Pfarrer und den assistierenden Padres getragenen Bahre der Leib des

Herrn, begleitet von Indianern mit Wachskerzen. Am Fuße des Kreuzes wurde die Bahre abgesetzt. Von hinten wurden Leitern an das Kreuz gestellt. Der Gobernador in seinem langen schwarzen Mantel und breitkrempigen Filzhut stieg zur Rechten hinauf und bog sich, einen silbernen Hammer und einen langen silbernen Nagel in der Hand, herüber. Ein anderer indianischer Würdenträger stieg auf der anderen Seite hinauf, während die Priester die Figur Christi von vorn hinaufhoben. Der Anblick der Figur war grauenvoll: Blut tropfte von den Wangen herab, ihre Arme und Beine waren beweglich und an der Seite war eine klaffende Wunde mit einem langsam ausfließenden Blutstrom zu sehen. Sie ward mit dem Rücken ans Kreuz geschlagen, ihre Arme ausgestreckt, durch die Hände und Füße Nägel getrieben, die Leitern hinweggenommen, und so hing die Figur Christi nun am Kreuze.

Als dies vorüber war, verließen wir die Kirche und verbrachten zwei oder drei Stunden mit Besuchen. Am Nachmittag nahmen wir abermals mit der Munizipalität in der Kirche Platz, um die Abnahme vom Kreuze mit anzusehen. Der weite Raum war bis zum Ersticken voll und der Fußboden mit einer dichten Masse knieender Frauen in turbanartigem Kopfschmuck und mit Kindern auf dem Rücken bedeckt, deren Phantasie durch das Anschauen der blutenden Gestalt erhitzt wurde. Ein Priester bestieg die Kanzel, ein hagerer, totenbleicher Mann, der mit einer Stimme, die jeden Teil des gewaltigen Gebäudes durchhallte, eine feurige Passionsrede hielt. Wenige von den Indianern verstanden die Sprache, und manchmal machte das Schreien der Kinder seine Worte unvernehmlich; aber der durchdringende Klang seiner Stimme berührte jede

Saite ihrer Herzen. Mütter saßen, ohne Rücksichtnahme auf ihrer Kinder Schreien, regungslos da, und
ihren Zügen war ihre hohe und ernste Begeisterung
aufgeprägt. Von Augenblick zu Augenblick wurden die
Gemüter der Versammlung tiefer erregt. Der Priester
riß seine schwarze Mütze ab, bog sich über die Kanzel,
streckte beide Arme vor und hielt in dieser Attitüde
und voll wahnsinniger Leidenschaft eine Anrede an die
blutige Kreuzesgestalt. Ein schauerliches Stöhnen, das
das Blut erstarren ließ, durchlief die Kirche. In diesem
Augenblick sprangen auf ein Signal des Pfarrers die
Indianer auf und stürzten sich auf die aus Fichtenzweigen erbaute Laube, rissen sie auseinander, balgten sich
um den Altar herum um die geweihten Zweige und
zerbrachen sie mit einem Lärmen, der dem Knattern
eines großen Brandes glich, in Stücke, um sie als heilige
Reliquien aufzuheben. Zwei Indianer mit breitkrempigen Hüten erstiegen dann die Leitern zu beiden Seiten
des Kreuzes und zogen, ihre Hände mit gesticktem
Tuch bedeckt, mit großen silbernen Kneifzangen die
Nägel aus den Händen der Figur. Die Gefühle der
Frauen machten sich Luft in Tränen, Seufzen, Stöhnen
und Klagegeschrei und zwar so laut und tief, daß, je
unerwarteter es über uns kam, unsere eigenen Gefühle
in Verwirrung gerieten und selbst bei Männern von
gesunden Sinnen die Vernunft zu wanken begann. Nie
hörte ich solch einen Angstschrei durch menschliches
Leiden hervorgerufen, und als der blutbefleckte Leich-
nam unter der Kanzel in die Höhe gehalten wurde und
der Priester, sich über die Kanzel lehnend, ihn in wahn-
witziger glühender Inbrunst anredete, während die
Masse der Frauen mit wild aufgeregter Phantasie auf-
und niederwogte gleich einer hochgehenden See, da

war die ganze Szene so erschütternd und so schauerlich düster und schmerzlich, daß, ohne daß wir wußten
warum, Tränen aus unseren Augen hervorbrachen. Allmählich legte sich der Sturm, das Knicken der Fichten-
zweige hörte auf, die ganze Laube war abgebrochen
und verteilt, und es währte nicht lange, so begannen die
Vorbereitungen zu der großartigen Prozession.

Wir gingen mit dem Corregidor und den Munizipal-
beamten hinaus und nahmen unsere Plätze auf dem
Balkon des Cabildo ein. Der Anführer der Prozession
war ein Mann zu Roß, *Centurion* genannt, mit Helm
und Küraß von mit Blattsilber belegter Pappe, einer
schwarzen Kreppmaske, kurzen Beinkleidern aus
schwarzem Samt, weißen Strümpfen, einer roten Leib-
binde, blauen und roten Bändern an den Armen, einem
Schwert mit silberner Scheide und einer Lanze, mit der
er von Zeit zu Zeit sich umdrehend der Prozession ein
Zeichen gab und sie heranwinkte. Dann kam ein
Handpferd, das auf seinem Rücken einen alten, reich
mit Silber plattierten mexikanischen Sattel hatte. Hierauf folgten zwei Männer in langen blauen Schlepp-
röcken mit runden Kappen, die ihre Köpfe ganz verhüllten und nur Öffnungen für die Augen hatten. Sie
führten zwei Maultiere nebeneinander, mit schwarzen
Tuchgewändern überhangen, die ihren ganzen Leib bis
zu den Füßen bedeckten und deren lange Schleppen
von Männern in gleichem Anzug wie die anderen zwei
getragen wurden. Hierauf erschien, von vier Männern
in langen schwarzen Gewändern getragen, das große
silberne Kreuz der Kreuzigung mit einem reich verzier-
ten silbernen Piedestal und mit Verzierungen, die von
den Armen des Kreuzes herabhingen und wie Laternen
aussahen. Im Anschluß daran kam ein Zug von India-

nern zu zweien, in langen schwarzen Mänteln, schwarzen Filzhüten mit sechs bis acht Zoll breiten Krempen, alle mit brennenden Kerzen in der Hand, und dann vier Indianer in derselben Tracht, aber mit Dornenkronen auf dem Kopf, die eine lange niedrige Bahre schleppten, die mit Fichtenzweigen bedeckt war und an deren einem Ende ein nackter Schädel stand. In auffälligem Kontrast zu diesem Emblem der Sterblichkeit folgte ein auf den Schultern von sechs Männern getragener Engel in der Stellung einer Operntänzerin in einem weitbauschigen, unten mit Spitzen besetzten purpurnen Atlasgewand, Gaze-Fittichen und einer Wolke von Gaze über dem Haupt, mit einem Paar silbernen Zangen in der Rechten, einem kleinen hölzernen Kreuz in der Linken und mit einer zehn Ellen langen, von hübschen kleinen, phantastisch gekleideten Mädchen getragenen weißen Musselinschleppe hinter sich. Nach einem Zug von Indianern mit brennenden Kerzen und einer Gruppe gruselig maskierter Teufel folgte ein weiterer Engel, wiederum einer Operntänzerin gleichend, in himmelblauem Atlas, mit reich verbrämten Fittichen und flatternden Bändern, mit einer Leiter in der rechten, einem silbernen Hammer in der linken Hand und mit einer wie zuvor getragenen Schleppe. Nach ihm kam noch ein Engel, gelb gekleidet, in der Rechten ein kleines Holzkreuz tragend, in der Linken etwas, was ich nicht erkennen konnte. Ein schönes, etwa zehnjähriges Mädchen folgte mit silbernem Küraß und Helm, ebenfalls *Centurion* genannt, das sich nach der Musik in einem langsamen, anmutigen Tanz fortbewegte, sich umdrehte, stehenblieb, auf seinem Schwert sich ausruhte und eine Gruppe heranwinkte, die einer solchen Führerin würdig war, nämlich zwölf schöne, phantastisch gekleidete Kinder, die die zwölf Apostel vorstellen sollten, von denen eines in seinen Armen einen silbernen Hahn, das Emblem des heiligen Petrus trug.

Schließlich kam der Hauptgegenstand der Verehrung, die Figur des gekreuzigten Christus auf einer Bahre und in ihrer ganzen Länge in ein Spiegelglasgehäuse eingeschlossen, das innen und außen mit Rosen bestreut und von einem Trauerbaldachin überschirmt war, die Männer in langen schwarzen Gewändern und Kapuzen, die nur die Augen frei ließen, trugen. Ihr folgten der Pfarrer und die Priester, barhäuptig und in ihren reichsten Gewändern, dann eine gedämpfte Trommel und Soldaten mit umgekehrten Gewehren. Den Schluß der Prozession bildete die Jungfrau Maria in einem langen schwarzen Trauerkleid.

Die Prozession hielt einen Umzug durch die ganze Stadt. Wir begegneten ihr zweimal und gingen dann zur Kirche El Calvario, die auf einer Anhöhe am äußersten Ende einer langen Straße steht. Ihre Treppe war bereits angefüllt mit Frauen, die vom Kopf bis zu den Füßen weiß gekleidet waren und nur für das Gesicht einen schmalen, ovalen Ausschnitt hatten. Als die Prozession am jenseitigen Ende der Straße erschien, war es schon dunkel, aber bei dem Glanze zahlloser brennender Kerzen trat jeder Gegenstand um so deutlicher hervor, und auf den Gesichtern der Indianer schien der Fanatismus mit feurigen Lettern geschrieben zu stehen. Der Centurion machte auf den Stufen zur Kirche den Weg frei, und die Prozession zog unter lautem Gesang in die Kirche. Wir aber gingen von dannen.

Am nächsten Tag beabsichtigten wir, den Vulkan von Quezaltenango zu ersteigen, sahen uns aber von unserem Führer im Stich gelassen. Während des Morgens machten wir verschiedene Einkäufe und trafen Vorkehrungen für unsere Weiterreise. Da der Rücken eines unserer Maultiere böse aufgerieben war, ersuchten wir den Gobernador, uns indianische Träger zu verschaffen.

Am Nachmittag ritten wir in Gesellschaft des Corregidor zu den warmen Quellen bei Almolonga. Die Straße führt über einen Ausläufer des Vulkans in ein tiefes Tal, in dem der Ort mit seinen heißen Quellen liegt. Hier findet man ein gutes Badehaus, wo man durchaus keine Zahlung von uns annahm, weil wir als Gäste der Stadt betrachtet wurden. Außerhalb desselben badeten in einem schönen natürlichen Reservoir indianische Männer, Frauen und Kinder bunt durcheinander.

Wir kehrten auf einem anderen Weg durch ein Tal von außerordentlicher Schönheit zurück. Gegen Abend, als wir den Ausläufer des Vulkans herabstiegen, begegneten wir mehreren hundert Indianern, die von den Feierlichkeiten der heiligen Woche zurückkamen und die alle Musterstückchen von Trunkenheit, die wir bis jetzt gesehen, hinter sich zurückließen. Einmal taumelten ein Mann und eine Frau, die letztere mit einem Kind auf dem Rücken, so hart am Rande des Abgrunds hin, daß der Corregidor abstieg, ihnen das Kind abnahm und sie vor uns her in die Stadt gehen ließ.

Den Abend verbrachte ich mit Schreiben und mit dem Verpacken der nach Guatemala zu sendenden Dinge, unter anderen meines Quetzals, der indessen dort niemals angelangt ist.

VIERZEHNTES KAPITEL

Über die Sierra Madre

Eine Hochebene — Verlorene Führer — Aguas Calientes
— Eine prachtvolle Aussicht — Huehuetenango — Erstei-
gung der Sierra Madre — Buena Vista — Todos Santos —
San Martín — Ein Waldbrand — Die Leiden der Maul-
tiere unter Fliegenschwärmen — San Antonio de Huista

Früh am Morgen wurden unsere Maultiere zur Reise
gesattelt. Da die für uns gemieteten Indianer nichts von
sich sehen ließen und wir doch den Tag zu nutzen
wünschten, so beluden wir unsere Maultiere und sandten Juan und Bobon mit dem Reisegepäck einstweilen
voraus. Nach einem Weilchen kamen zwei Frauen und
meldeten uns, daß unsere Indianer im Gefängnis steckten. Ich begleitete sie zu zwei oder drei Alguacils und
fand erst nach viel Mühe und Zeitverlust den Mann,
der die Obhut über sie hatte und der uns sagte, daß er,
da er gesehen hatte, daß wir ihnen einen Teil ihrer Löh-
nung im voraus bezahlt hätten, in Sorge gewesen wäre,
sie könnten dafür Aguardiente kaufen und ausbleiben.
Deshalb hätte er sie während der Nacht eingesperrt,
worüber er uns durch eine von des Pfarrers Dienerin-
nen hätte Meldung machen lassen. Ich ging mit ihm
zum Gefängnis, bezahlte einen Schilling pro Mann für
das Nachtquartier und nahm sie zum Kloster mit. Die
armen Kerle hatten seit ihrer Einsperrung nichts gegessen und wollten nach Hause gehen, um sich Tortillas

für die Reise zu holen. Wir ließen sie jedoch nicht fort, gaben ihnen aber Geld, damit sie auf dem Markt sich welche kaufen könnten, und behielten die Frau und ihre Mäntel als Unterpfand für ihre Rückkehr zurück. Aber wir wurden des Wartens müde, so daß Herr Catherwood ihre Chamarras über seinen Sattel warf und wir unseren Marsch antraten. Wir waren mittlerweile ganz auf zentralamerikanische Weise ausstaffiert. Zu unserer sonstigen Reiseausrüstung waren noch *armas de agua*, Wasserschützer, gekommen aus ungegerbtem Ziegenfell mit rotlederner Verbrämung, die vom Sattelbogen herabhängen und dazu bestimmt sind, die Beine gegen Regen zu schützen.

Der Morgen war winterlich kalt. Wir ritten zunächst über eine Hochebene, und nach einer Legua stiegen wir zu einem Dorf hinab, wo wir erfuhren, daß Juan und Bobon es kurz zuvor passiert hatten. Jenseits des Dorfes ging es einen hohen Berg hinauf, auf dessen Höhe wir eine prachtvolle Ebene erreichten. Wir ritten in tüchtigem Trab, so daß es bereits 1 Uhr war, ehe unsere eingesperrt gewesenen Indianer uns einholten. Allmählich wurden wir unruhig, daß wir unsere Leute mit dem Gepäck noch immer nicht erreichten. Unmöglich konnten wir an ihnen vorübergeritten sein, da es ja nur eine einzige Straße gab. Bisher waren wir noch keinem Menschen begegnet. Endlich um 2 Uhr trafen wir auf einen Mann mit einem beladenen Maultier, der von Aguas Calientes, dem Endziel unserer heutigen Reise, kam und unseren Leuten nicht begegnet war. Herr Catherwood war beunruhigt, weil er fürchtete, daß sie uns bestohlen hätten und davongelaufen wären. Ich hatte mir bisher um mein Gepäck keine Sorgen gemacht und hatte nie etwas verloren. Nach einer halben Stunde kam uns ein anderer Mann entgegen, der uns sagte, daß er sie nicht gesehen habe und daß es keine andere Straße gäbe als die, auf welcher er eben daherkäme. Trotz unserer Befürchtungen ritten wir doch weiter bis zwei Leguas vor unserem Ruheplatz, wo wir haltmachten und eine der ängstlichsten Beratungen hielten, die auf unserer ganzen Reise vorgekommen waren. Was unsere Leute anbelangt, so wußten wir von ihnen nur wenig, außer daß Juan tagtäglich bei den kleinen Einkäufen unterwegs uns betrog und sogar die Abscheulichkeit begangen hatte, einen Teil des zum Ankauf von Mais und Sacate von uns erhaltenen Geldes für sich zu behalten und die Maultiere hungern zu lassen. So kamen wir denn zu dem Schluß unserer unglückseligen Beratung, daß sie die Koffer erbrochen, das Geld herausgenommen, den übrigen Inhalt in eine Schlucht geworfen, die Maultiere bestiegen hätten und davongeritten wären. Außer dem Geld, Betten und Bettzeug enthielten diese Koffer auch Herrn Catherwoods sämtliche Zeichnungen sowie die kostbaren Notizbücher, denen der Leser diese Reisebeschreibung zu verdanken hat. Die Früchte all unserer Arbeit und Mühe waren dahin. Niemals in allen unseren Schwierigkeiten und Verlegenheiten hatten wir einen kritischeren Augenblick erlebt.

Wir waren noch zwei Leguas von Aguas Calientes entfernt. Weiterzugehen, den Ort zu alarmieren, frische Pferde zu nehmen und zurückzukehren war unser erster Gedanke. Aber wir bedachten, daß wir dadurch nur noch weiter von unseren Leuten uns entfernen und wohl auch nicht imstande sein würden, Pferde zu bekommen. So kehrten wir schweren Herzens und mit der schwachen Hoffnung, unsere Leute vielleicht bei der Teilung des Geldes zu ertappen, um. Es war 4 Uhr nachmittags. Weder unsere Maultiere noch wir hatten seit dem frühen Morgen etwas gegessen. Es fiel uns ein, daß die Nacht hereinbrechen würde und daß es noch zweifelhaft wäre, ob unsere Maultiere durchhalten würden. Unsere Indianer sagten, es wäre von uns sehr unklug gewesen, die Leute allein aufbrechen zu lassen, und sahen es für ausgemacht an, daß sie sich die günstige Gelegenheit, uns zu berauben, nicht hätten entschlüpfen lassen. Aber − o Jubel! Als wir die Höhe eines Berges erreichten, sahen wir unsere Leute eine tiefe Schlucht heraufklimmen. Wir sagten ihnen kein Wort von unseren durchlittenen Sorgen und Ängsten, waren aber noch nicht weit zusammen gegangen, als die Indianer ihnen die ganze Geschichte erzählten, ohne daß sie indes davon überrascht oder beleidigt worden wären. Auf welche Weise wir aneinander vorbeigeritten sein mochten, wußte keiner zu sagen. Um aber nicht noch einmal eine solche Todesangst zu erleben, beschlossen wir, von nun an, wie lästig es uns auch sein oder welche Verlockungen sich auch bieten möchten, immer bei unserem Gepäck zu bleiben.

In der Dämmerung erreichten wir den Gipfel eines hohen Berges und stiegen von ihm auf einem jener langen, steilen und schwierigen Abhänge, von denen es unmöglich ist, dem Leser eine Vorstellung zu geben, zu dem Flecken Aguas Calientes hinab. Er war ausschließlich von Indianern bewohnt, die sich auf dem Marktplatz um uns scharten und beim Schein von Fackeln Carreras Paß besahen. Keiner konnte ihn lesen, aber es genügte schon den Namen auszusprechen, und der ganze Ort erbot sich, uns mit Essen zu versorgen. Der Alkalde verteilte das Geld, das wir ihm zum Ankauf gaben, und so brachte dann einer Eier, ein anderer Bohnen, ein dritter Tortillas, ein vierter Speck, ein fünfter Lichter und ein Dutzend Menschen oder mehr noch Sacate. Jedoch nicht einer wollte eher etwas bringen, als bis er das Geld in Händen hatte. Auf dem Platz wurde ein Feuer angemacht und unser Abendessen zubereitet. Unser gewohntes Souper von gebratenen Eiern, Bohnen, Tortillas und Schokolade, von denen jedes für sich hinreichte, die Verdauung im Zustand der Ruhe zu stören, machte mich infolge der Aufregung und des Ärgers über unseren vermeintlichen Verlust krank. Der Cabildo, in dem wir übernachteten, war ein elender Schuppen voller Flöhe, mit einer zolldicken Staubschicht, um den harten Erdboden damit weicher zu machen. Zum Schlafen im Freien war es zu kalt, und zum Aufhängen von Hängematten fehlte es an Pflöcken, da in diesem Landstrich Hängematten nicht gebräuchlich waren. Wir ließen herumfragen, ob wir von den Einwohnern Bettstellen für die Nacht mieten könnten, aber es gab im ganzen Ort nicht eine. Alle schliefen auf der nackten Erde, und so teilten auch wir das allgemeine Bett. Zum Glück befanden sich die Maultiere ganz wohl, und das war für uns das Wichtigste.

Am frühen Morgen setzten wir unsere Reise fort. Hinter dem Dorf überquerten wir einen Fluß und begannen dann einen Berg zu ersteigen. Auf seiner Höhe kamen wir auf ein schmales Plateau mit prachtvoller Waldung auf beiden Seiten tief unter uns. Der Wind brauste über diese luftige Höhe mit solcher Gewalt, daß wir mit unseren Ponchos, die der Kälte wegen nötig waren, Mühe hatten, uns im Sattel zu halten. Die Straße war rauh und steinig und die Wegspur kaum sichtbar. Kein Reisender begegnete uns. Nach vier Stunden sahen wir zur Linken in weiter Ferne unter uns eine einzelne Hacienda, umgeben von einer angebauten Waldlichtung, die aussah, als wäre sie zu einer köstlichen Einsiedelei und Zufluchtsstätte vor den Revolutionen und Kämpfen eines wildzerrissenen Landes ausgewählt worden. Der Bergrücken war durch Wildwasser ausgehöhlt und von Schluchten durchschnitten. Über eine von ihnen waren zwei mächtige Fichtenstämme als Brücke gelegt. Mein Macho zog rückwärts, als ich ihn darüber zu führen versuchte. Ich blieb daher auf ihm sitzen und wurde fest und sicher hinübergetragen. Aber am Ende der Schlucht wurden wir durch ein Gepolter hinter uns in Schrecken versetzt. Unser bestes Lasttier war gestürzt, hatte sich überschlagen und hing nun mit den Beinen in der Luft am Rande des Abgrunds, nur durch einige Büsche, in die es sich verwickelt hatte, vom Sturz in die Tiefe zurückgehalten. Im Nu kletterten wir zu ihm hinab, wendeten es mit dem Kopf nach oben und zogen es mit starken Stricken herauf. Leider hatte es einige Quetschungen davongetragen und vermochte unter seiner Ladung nur noch hinkend und taumelnd sich fortzubewegen.

Nachdem wir eine Weile auf dem von heftigen Windstößen bestrichenen Bergrücken gezogen waren, stiegen wir wieder zu einem Fluß hinab, ritten eine Strecke an seinem Ufer entlang und kamen an einer Wegspur vorbei, die den Abhang eines Berges hinaufführte und so steil war, daß es mir nicht einfiel, sie für unsere Straße zu halten. So ritt ich an ihr vorüber, wurde aber zurückgerufen. Es war der schroffste Aufstieg, der uns bis jetzt im Lande vorgekommen war. Es

war grausam, meinen wackeren Macho hier hinaufzutreiben, aber ich war den ganzen Tag mit so heftigen
Kopfschmerzen geplagt, daß ich zu gehen nicht
imstande war. So galoppierte ich denn hinauf, lavierte
auf die bestmögliche Weise und machte bei jeder Wen-
dung halt. Oben auf der Höhe angelangt, wurden wir
von einer jener großartigen und prachtvollen Aussichten überrascht, die uns stets für unsere Anstrengung
entschädigten. Es war das höchstgelegene Land, auf
dem wir bis jetzt gestanden hatten. Rings um uns lag
ein Meer von Bergen, und über sie, so klein, daß sie
unserer eigenen gewaltigen Höhe die volle Wirkung
ließen, schauten die konischen Spitzen von zwei Vulkanen hinweg. Die Oberfläche bestand aus Kalkstein-
felsen mit Quarz durchsetzt, worin wir einmal ein
Äderchen Gold entdeckten.

Auf dem Bergrücken weiterziehend, stießen wir auf
einen Ausläufer des Gebirges, der eine Aussicht über
ein bebautes Tal tief unter uns und auf den Flecken San
Sebastián bot. Wir stiegen in das Tal hinab und erblickten das Endziel unserer Tagesreise, die Stadt Huehuetenango, auf einer ausgedehnten Ebene gelegen, mit
einem milden Klima, überreich an tropischen Produk-
ten und eingerahmt von ungeheuren Bergen. Vor uns
lag Zentralamerikas natürliches Bollwerk, die Sierra
Madre, deren großartiger und herrlicher Anblick nur
durch den traurigen Gedanken, daß wir sie zu überschreiten hätten, getrübt wurde.

Unsere Tagereise betrug nur 27 Meilen, aber sie war
für Mann und Tier anstrengender gewesen als 60 Meilen. Endlich ritten wir durch eines der Stadttore Hue-
huetenangos, der Hauptstadt des letzten Distrikts von
Zentralamerika. Sie war wohlgebaut, hatte eine ansehn-

liche Kirche auf dem öffentlichen Platz, wo wieder
Scharen von Mestizen an ihrer Lieblingsunterhaltung,
den Hahnenkämpfen, sich ergötzten. Als wir über den
Platz hinwegritten, läuteten die Glocken zur *oracion,*
dem Vespergebet. Das Volk fiel auf die Knie, und wir
zogen unsere Hüte. Am Haus des Don Joaquín Mon,
eines Altspaniers von hohem Ansehen, machten wir
halt und wurden gastfreundlich aufgenommen.

Wir erreichten Huehuetenango übel zugerichtet.
Unsere Lasttiere waren auf dem Rücken so aufgerieben, daß es uns jammerte, uns ihrer zu bedienen. Nicht
besser war es um das Sattelpferd bestellt, und Bobon
hatte sich, weil er auf der steinigen Straße barfuß gegangen war, den Ballen des einen Fußes derartig ver-
letzt, daß er zum Gehen unfähig war. Hinzu kam noch,
daß ihm an diesem Abend das enorme Abendgericht
Juans den Magen verdorben hatte. Er war ein furchtbarer Esser, und unterwegs war nichts Eßbares vor ihm
sicher. Wir hatten einen Groll gegen ihn, weil er uns
unser Brot mauste und uns zu Tortillas zwang. Daher
waren wir gar nicht traurig, ihn auf der Nase liegen zu
sehen. Aber er wälzte sich auf dem Boden des Korridors herum und schrie aus Leibeskräften: *»Voy a morir!
Voy a morir!«* — »Ich sterbe! Ich sterbe!«, so daß er das
ganze Haus in Alarm versetzte. Es war auf den Kerl mit
Medizin schwer einzuwirken. Indes wir gingen ihm
derb zu Leibe und entleerten ihn.

Am nächsten Morgen wurde, noch ehe wir aufgestanden waren, unsere Tür aufgestoßen, und wir wurden zu unserer Überraschung auf englisch begrüßt.
Der Fremde trug die Landestracht. Sein Bart war lang,
und er sah aus, als hätte er schon einen anstrengenden
Morgenritt gemacht. Zu meiner großen Überraschung

und Freude erkannte ich Pawling in ihm, den ich als Inspektor einer Cochenillepflanzung in Amatitán besucht hatte. Nachdem er von unserer Reise nach Mexiko erfahren hatte, hatte er, seiner Beschäftigung und des Landes überdrüssig, sein Pferd bestiegen, sein ganzes Hab und Gut hinter seinen Sattel geschnallt und war uns nachgeeilt. Unterwegs hatte er ein schönes Maultier gekauft und uns nach einem viertägigen tüchtigen Ritt auf immer gewechselten Tieren eingeholt. Er war wegen eines Passes in Verlegenheit und wünschte den meinigen mit benutzen zu dürfen, um nur aus dem Lande herauszukommen. Zum Glück war mein Paß breit genug, um auch seinen Namen noch aufnehmen zu können, und ich machte ihn auf der Stelle zum Generalgeschäftsführer der Expedition.

Mittlerweile hatte unser Gastgeber Don Joaquín die nötigen Arrangements für uns getroffen, und wir setzten unsere Reise am nächsten Morgen fort. Wir ließen ein Pferd, ein Maultier und Bobon zurück, wurden aber dafür verstärkt durch Pawling, der gut beritten und mit ein Paar Pistolen und einer kurzen, doppelläufigen, am Sattelbogen hängenden Flinte bewaffnet war. Juan saß als Invalide auf einem Maultier, und der ganze Zug stand unter dem Geleit eines respektablen alten Arriero, der mit leeren Maultieren reiste, um eine Ladung Zucker zurückzubringen. Ferner hatte sich uns ein flüchtiger Soldat aus Mexiko angeschlossen. Gleich nach der Stadt begannen wir die Sierra Madre zu ersteigen. Die erste Gebirgsterrasse war steinig und hatte eine bebaute Fläche auf ihrer Höhe. Die zweite Terrasse war mit dichtem Eichenwald bestanden. Auf ihrer höchsten Stelle stand ein Kreuz. Dieser Punkt hieß *Buena Vista*, das heißt schöne Aussicht, und bot dem

Blick ein prachtvolles Panorama von Gebirgen und Ebenen, von fünf Seen und zwei Vulkanen. In einiger Entfernung erhob sich eine dritte Terrasse. Weiter aufwärts kamen wir zu einem indianischen Rancho, wo ein kleiner Knabe sein hübsches Gesicht durch eine Hecke steckte und jeden von uns beim Vorbeigehen mit einem *a Dios* begrüßte.

Auf der Schneide der Gebirgskette standen wir beinahe in gleicher Höhe mit den Spitzen der Vulkane. Die Temperatur ward allmählich kälter, so daß wir gezwungen waren, unsere Ponchos umzuhängen. Um halb 3 Uhr erreichten wir den Gipfel der Sierra Madre, der Grenzscheide der Flußgebiete. Nachdem wir etwa eine halbe Stunde neben einem klaren Gewässer, das dem Stillen Ozean zuströmte, geritten waren, kamen wir zu einem elenden Rancho, wo der Arriero unseren Lagerplatz zu nehmen vorschlug, weil es unmöglich sein würde, die nächste Ortschaft zu erreichen. Im ersten Augenblick dünkte es uns ein prachtvoller Gedanke, auf dem Kamm der Sierra Madre zu schlafen, und die Szene war wild genug für die romantische Phantasie. Da wir aber gegen die Kälte nur ärmlich versorgt waren, so hätten wir doch den Ort mit Freuden gegen ein Indianerdorf vertauscht.

Die Bewohner der Hütte waren ein Mann und eine Frau, die hier mietfrei wohnten. Dem Adler gleich hatten sie ihre Behausung da aufgeschlagen, wo sie glaubten, nicht leicht gestört zu werden. Während die Leute das Gepäck abluden, bat Juan, der Invalide, um die Erlaubnis, seinen kolossalen Leib vor dem Feuer ausstrecken zu dürfen. Die Frau wies ihn aber hinaus vor die Tür, wo mehr Platz wäre. Es gelang mir indessen doch, ihm im Innern ein Plätzchen zu verschaffen.

Indianerhütte im Hochland

An die bewohnte Hütte grenzte eine andere an, die gegen zehn Quadratfuß groß, auf kleinen aufrechtstehenden Pfählen erbaut, mit Zypressenzweigen überdeckt und auf allen Seiten dem Winde zugänglich war. Wir lasen eine Menge Holz zusammen, zündeten in der Mitte der Hütte ein Feuer an, setzten uns zum Essen nieder und verbrachten einen recht geselligen Abend. Die Arrieros hatten sich außerhalb der Hütte ein großes Feuer angemacht und sich mit ihren Packsätteln und Ladungen eine schützende Mauer gegen den Wind errichtet. Die Phantasie zauberte ein fernes Bild herauf: einen trauten Freundeskreis daheim, der vielleicht in diesem Augenblick unser gedachte. Um die Wahrheit zu sagen, wir wünschten, bei ihnen zu sein, und als wir auf unsere Schlafsäcke blickten, da gedachten wir der heimischen Behaglichkeiten. Trotzdem versanken wir gar bald in Schlaf.

Gegen Morgen wurden wir sehr nachdrücklich an

unsere hohe Region gemahnt, denn die Erde war mit Rauhreif überdeckt und das Wasser einen Viertelzoll gefroren. Unser Führer sagte uns, dies geschehe bei hellem Himmel regelmäßig jede Nacht. Es war das erste Eis, das wir im Lande sahen. Die Leute saßen fröstelnd um ein großes Feuer, und sobald es hell genug war, gingen sie hinaus, um nach den Maultieren zu sehen, von denen eines fortgelaufen war. Während sie es suchten, frühstückten wir, und erst spät gegen 8 Uhr brachen wir auf. Unser Weg führte über den Rücken der Sierra hinweg, der zum großen Teil aus großen vertikalen Lagen roten Schiefers und blauen Kalksteins oder Kreidefelsens bestand. Um 10 Uhr ging es bergab. Der Abstieg übertraf an Großartigkeit alles, was wir bis jetzt gesehen. Es war ein breiter Weg mit senkrecht abstürzenden Bergmauern, die sich zu wilden Piks erhoben und immer höher und höher wurden, je tiefer wir kamen, und aus denen gigantische Zypressen mit abgestorbenen Stämmen und Ästen hervorwuchsen. Vor uns, zwischen diesen ungeheuren Wänden, bot sich eine schmale Fernsicht, die bis zu dem 24 Meilen entfernten San Andrés reichte. Ein Gewässer stürzte über Felsgestein dahin und eilte dem Atlantischen Ozean zu. Wir überschritten es wohl fünfzigmal auf Brücken, die so wild und roh waren wie das Gewässer selbst und die Berge, zwischen denen es dahintobte. Als wir tiefer kamen, wurde die Temperatur milder. Um 12 Uhr weitete sich die Schlucht zu einem reichen, eine Meile breiten Tal aus, und in einer halben Stunde erreichten wir den Flecken Todos Santos. Wir hatten nun wieder die *tierra templada*, die gemäßigte Region, erreicht. Der Ort bot, von blühenden und früchtebeladenen Apfel- und Pfirsichbäumen umgeben, einen Anblick von sol-

179

cher Schönheit, daß er in Europa oder Nordamerika von Dichtern besungen werden würde.

Nachdem wir die Kirche und das Kloster passiert hatten, erstiegen wir einen Bergrücken, durchzogen wiederum ein herrliches Tal und erreichten endlich das indianische Dorf San Martín, das von ebenso lieblicher wie großartiger Natur umgeben war. Wir ritten zum Cabildo und dann zur Hütte des Alkalden. Die Leute waren lauter Indianer. Der Sekretär war ein barfüßiger Bursche, der zwar jedes Wort im Paß zu entziffern wußte, nur aber unsere Namen nicht. Es genügte indes, um für uns ein Abendessen, für die Maultiere Futter zu bekommen.

Früh am Morgen setzten wir unsere Reise fort. Eine Strecke ritten wir auf einem hohen Bergrücken. Zu beiden Seiten war eine jäh abfallende Schlucht. Einmal war der Weg so schmal, daß man, wie unser Arriero uns sagte, bei starkem Wind Gefahr liefe, hinabgeblasen zu werden. Es ging immer weiter bergab, und um Viertel 1 Uhr erreichten wir San Andrés Petapán, das mit blühenden Orangen, Sapotes und anderen Fruchtbäumen überschüttet war.

Plötzlich wurden wir von einem Waldbrand aufgehalten. Wir gingen zurück und versuchten auf einem anderen Wege vorbeizukommen. Es gelang uns jedoch nicht. Ehe wir wieder zu der Stelle, die wir verlassen hatten, kamen, hatte das Feuer sie schon erreicht. Es wuchs mit solcher Schnelligkeit, daß wir uns um unsere Gepäckmaultiere Sorgen machten und sie mit den Leuten zum Dorfe zurücktrieben. Die Flammen kamen kriechend und prasselnd auf uns zugelaufen, bald von Windstößen aufwärts gejagt und wirbelnd umhergetrieben, bald, von dürren und brennbaren

Stoffen genährt, aufprasselnd und am Boden hinschie-
ßend gleich gestreutem Laufpulver. Wir wichen
zurück, während das Feuer aus der Tiefe einer
Schlucht kam, die Straße überschritt und sich aufwärts
bewegte. Die Rauch- und Aschenwolken, das Rauschen
und Wogen des Sturmes und der Flammen, das Knattern der brennenden Äste, die von Flammen umwickel-
ten Bäume und die reißende Fortbewegung des verhee-
renden Elements — alles zusammen bot ein so wildes
und grauenvolles Schauspiel, daß wir uns nicht davon
losreißen konnten. Da sahen wir die Flammen die Seite
der Schlucht heraufstürzen und den Weg vor uns ver-
sperren. Rasch trieben wir unsere Pferde an und schossen vorbei, und im Nu war alles ein Flammenmeer. Das
Feuer breitete sich jetzt so rasend schnell aus, daß uns
ängstlich zumute ward und wir eilends zur Kirche
zurückwichen, die sich auf einer Anhöhe scharf von
einem gewaltigen Berg im Hintergrund abhob. Jetzt
wurden die Bewohner des Dorfes alarmiert, und Männer und Frauen eilten auf die Höhe, um den Fortschritt
der Flammen zu überwachen. Das Dorf schwebte in
Gefahr, von den Flammen verzehrt zu werden.

Wir jagten hinab zu unseren Maultieren, und da es
uns unmöglich schien, sie beladen hinaufzutreiben,
beschlossen wir, das Gepäck in der Kirche niederzule-
gen und die Tiere leer hinaufzujagen. Es war wiederum
eine jener wilden Szenen, deren Wirkung in Worten
nicht wiederzugeben ist.

Am oberen Rande des Hügels vor der Kirche machten wir halt, und während wir von hier das Feuer beob-
achteten, wälzten sich die schwarzen Rauchwolken
und Flammenmassen an der Seite des Berges hinauf
und verschonten das Dorf. Von unseren Sorgen erlöst,

setzten wir uns vor der Kirche unter einen Baum, um das furchtbare Schauspiel in Ruhe zu genießen und kalten Geflügelbraten zu essen. Kohlenstückchen und Asche fielen ringsumher nieder, und das verwüstende Element stürzte weiter und verschonte das Dorf vor uns, um vielleicht ein anderes in Asche zu legen.

Wir sahen uns genötigt, zwei ganze Stunden zu warten. Vom Fuße des Hügels an, auf welchem das Dorf stand, war der Boden heiß und mit einer leichten Ascheschicht überdeckt. Gebüsch und Unterholz waren verbrannt. An manchen Stellen lagen Bäume, in glühende Kohlenmassen verwandelt, und andere standen mit ihren Stämmen und sämtlichen Ästen noch im vollen Feuer. An einer Stelle kamen wir an einem viereckigen Fleck weißer Asche vorüber. Es waren die Überreste einer Indianerhütte. Unsere Gesichter und Hände waren versengt und unsere Körper erhitzt, als wir aus dem heißen Wald heraustraten. Einige Augenblicke lang war uns die freie Luft ein wahres Labsal.

Kaum aber waren wir aus der einen Not heraus, als wir schon wieder in eine neue gerieten. Schwärme ungemein großer Fliegen, die das Feuer wohl aus dem Wald getrieben hatte und die um den Rand des niedergebrannten Waldstrichs umherschwirrten, fielen über unsere Maultiere her. Jeder ihrer Bisse war blutig, und die Quälgeister hingen sich, so fest an die leidenden Tiere, daß wir sie mit Reisern abkehren mußten. Eine ganze Stunde lang hatten wir unsere Not mit ihnen. Die armen Tiere waren ganz außer sich und trotz aller unserer Anstrengungen bluteten ihnen der Hals, die Innenseiten der Beine, die Schnauze, die Ohren, die Nüstern und alle zarten Teile der Haut.

Rasch vorwärtseilend erblickten wir nach drei Stun-

den die Kirche von Antonio de Huista und kamen in
wenigen Minuten in dem Ort an, der schön auf einem
ebenen Vorsprung eines Gebirgsabhanges lag. Nun hatten wir den Schauplatz des Krieges hinter uns und
waren frei von aller Besorgnis. Mit Pawlings Pistolen
und doppelläufiger Flinte, einem treuen Arriero, Santiago und Juan, der wieder auf den Beinen war, fühlten
wir uns so stark, daß wir hätten ein Indianerdorf erstür-
men und einen widerspenstigen Alkalden in seinem
eigenen Cabildo einsperren können. Vom Kloster aus
hatte man eine Aussicht auf ein herrliches, von gewaltigen Bergen eingerahmtes Tal und auf hoch in die Wolken aufstrebende Gebirgszüge. Der Padre war nicht zu
Hause, was sein Glück war, denn dann hätten wir alle
nicht genügend Raum gehabt. Überhaupt schien alles
ganz für uns bestimmt zu sein. Es waren drei Betten
vorhanden, gerade so viele, wie wir bequem einnehmen
konnten. Diese Betten waren übrigens von einer ganz
neuen Form. Sie bestanden aus Reisern, die oben und
unten mit Baumrinde zusammengebunden waren und
auf etwa zwei Fuß hohen, in den Erdboden eingetriebe-
nen Stützen ruhten.

Der Alkalde und sein Sekretär hatten den ganzen
Ort in Trab gesetzt. Nach wenigen Augenblicken
ward ein Vorrat an Lebensmitteln für uns herbeige-
schafft, der beinahe den Verheißungen des türki-
schen Paradieses gleichkam. Zwanzig bis dreißig
Frauen erschienen im Kloster auf einmal mit Körben
voll Mais, Tortillas, Dulces, Pisangs, Jocotes, Sapotes
und allerlei anderen Köstlichkeiten, jede in einem
Wert von drei Cents. Unter den Tortillas war eine
besondere Art, dünn und hart gebacken, gegen zwölf
Zoll im Durchmesser, 120 Stück für sechs Cents,

wovon wir, da sie nicht viel Raum einnahmen, eine große Menge kauften.

An diesem Ort mußte unser Maultiertreiber uns verlassen. Da wir nur ein einziges Lasttier hatten, wandten wir uns an den Alkalden wegen zweier Träger, die über die Grenze bis Comitán mit uns gehen sollten. Er ging hinaus, um, wie er sagte, mit den Leuten sich zu beraten, und sagte dann, sie verlangten pro Mann sechs Dollar. Nachdem wir ihm aber viel von »unserem Freund« Carrera erzählt hatten, fand eine zweite Beratung statt, in der die Forderung auf zwei Drittel reduziert wurde.

Wir mußten Verpflegung für drei Tage und selbst Mais für die Maultiere mitnehmen, und Juan und Santiago hatten eine geschäftige Nacht mit dem Kochen von Geflügel und Eiern.

FÜNFZEHNTES KAPITEL

In Mexiko

*Behagliche Wohnung — Eine Hängebrücke — Der Fluß
Lagertero — Abgekühlter Enthusiasmus — Eintritt in
Mexiko — Ein Bad — Comitán — Wieder ein Lands-
mann — Weitere Verlegenheiten — Schmuggel*

Am nächsten Morgen fanden wir das Kloster so wohn-
lich und behaglich, die Beköstigung war, da der Alkalde
oder sein Sekretär mit dem Stabe in der Hand beständig
darauf achtgaben, so reichlich und die Lage so köstlich,
daß wir uns mit unserer Weiterreise gar nicht beeilten.
Der Alkalde aber sagte uns, daß alles fertig wäre. Wir
sahen jedoch nichts von unseren Trägern und entdeckten jetzt, daß er selbst und sein Sekretär die Leute gewesen waren, mit denen er beraten hatte. Die zwei Dollar
pro Mann konnten sie sich unmöglich entgehen lassen,
und so legten sie Amtsstab und Würde ab, entblößten
ihre Rücken, legten die Riemen über die Stirn, sackten
die Ladung auf und trabten davon.

Wir brachen fünf Minuten vor 8 Uhr auf. Das Wetter war schön, aber neblig. Alsbald erreichten wir das
Ufer eines Flusses, der zu beiden Seiten von gewaltigen
Bäumen gesäumt war, deren Zweige quer herüber-
reichten und deren Wurzeln vom Wasser bespült wurden. Während wir am Fluß entlangritten, kamen wir zu
einer Hängebrücke von der primitivsten Form und

Konstruktion, die bei den Einheimischen *La Hamaca*, die Hängematte, hieß und seit undenklicher Zeit hier existiert hatte. Sie bestand aus zu Seilen geflochtenen, gegen drei Fuß auseinanderliegenden, mit einem Rankengewirr überdeckten und über den Fluß gespannten Weidenruten, deren Enden an den Stämmen von zwei sich gegenüberstehenden Bäumen befestigt waren. Die Brücke hing etwa 25 Fuß hoch über dem Fluß, der hier einige 80 Fuß breit war, und wurde an verschiedenen Stellen durch an die Bäume gebundene Ranken gehalten. Der Zugang erfolgte über eine einfache Leiter zu einer Plattform in der Gabel des Baumes. Auf dem Boden der Hamaca lagen zwei oder drei Bretter, um darauf zu gehen. Die Brücke schwankte, wenn der Wind ging, und war ein wankelmütiges und ziemlich unsicheres Transportmittel. Von der Mitte aus bot sich nach beiden Seiten hin eine schöne Aussicht unter dem gewölbten Laubdach der Bäume den Fluß hinauf und hinab, und die Hamaca selbst nahm sich von allen Seiten höchst pittoresk aus. Wir zogen weiter und erreichten nach einem steilen und steinigen Aufstieg eine hochgelegene Ebene. Hier stiegen wir ab, streiften unseren Maultieren die Zäume ab und setzten uns, um auf unsere indianischen Träger zu warten. Vor uns lag ein tiefes Tal, hinter uns die großartige Kette der Kordilleren, aus denen die Sierra Madre wie ein weltentrennender Bergwall aufstieg.

Frei von aller Besorgnis konnten wir nunmehr das wilde Land und die wilde Reiseweise in vollen Zügen genießen. Anders aber mochte es wohl unseren armen Indianern zumute sein. Zwar ist die gewöhnliche Ladung drei bis vier Arrobas oder 75 bis 100 Pfund, während unsere Leute nicht mehr als 50 trugen; aber dennoch rollte ihnen der Schweiß in Strömen über ihre nackten Leiber, und alle Glieder zitterten ihnen. Nach einer kurzen Rast brachen sie wieder auf. Der Tag war heiß und schwül. Die Straße war so wenig bereist, daß es, wie man uns sagte, keine regelmäßige Grenzwache hier gab, sondern Pickets die ganze Grenzlinie durchstreiften, um Schmuggel zu verhüten, und diese konnten uns leicht für verdächtiges Volk ansehen. Unsere Pässe waren zwar gut, um Zentralamerika zu verlassen, zum Eintritt in Mexiko aber war der Paß der mexikanischen Behörden in Ciudad Real, vier Tagesreisen rückwärts, nötig. »Umkehren« aber stand nicht in unserem Wörterbuch.

In einer halben Stunde erreichten wir den Río Lagertero, die Grenzlinie zwischen Guatemala und Mexiko mit einer Umgebung von wilder und unvergleichlicher Schönheit. Die edelsten Bäume der tropischen Wälder beschatteten die Ufer des Flusses. Sein Wasser war klar wie Kristall, und fußlange Fische spielten in ihm so ruhig, als ob es keine Angeln gäbe. Von Soldaten war nichts zu sehen. Alles war so öde und verlassen, als ob nie ein menschliches Wesen die Grenze überschritten hätte. Wir beratschlagten sogleich, auf welcher Seite wir uns lagern wollten, und entschieden uns für die mexikanische. Ich saß auf Pawlings Pferd und spornte es in meinem Feuereifer, der erste zu sein, der mexikanischen Boden betrat, ins Wasser. Plumps, sanken seine Vorderfüße hinunter, ohne Boden zu finden, und meine Beine steckten im Wasser. Ich war einen Augenblick unschlüssig. Als aber das Wasser bis zu meinen Pistolenhalftern stieg, da sank mein Enthusiasmus, und ich schwenkte rasch nach Zentralamerika zurück. Wie wir nachher fanden, war hier das Wasser zehn bis zwölf Fuß tief.

Wir warteten auf die Indianer und zweifelten, ob es wohl möglich sein würde, mit Sack und Pack hinüberzukommen.

Deshalb gingen wir ein kleines Stück weiter hinauf zu einem Felsenriff, das hier eine Stromschnelle bildete, über die früher eine Brücke mit einem hölzernen Bogen und steinernen Widerlagern geführt hatte, von denen die letzteren noch standen, während die Brücke selbst sieben Jahre zuvor vom Hochwasser mit fortgerissen worden war. Da wir uns am Ende der trockenen Jahreszeit befanden, so lagen die Felsen teilweise trocken, das Wasser ergoß sich in Kanälen zu beiden Seiten herab, und über den Raum zwischen ihnen und den Widerlagern war ein Baumstamm gelegt. Wir nahmen den Maultieren Sättel und Zäume ab und trugen vorsichtig jedes Stück hinüber, während wir die Maultiere danach hinüberschwimmen ließen, womit wir eine volle Stunde verbrachten. So kamen wir denn samt und sonders unversehrt in Mexiko an. Ein mehrstündiger Regen in den Gebirgen hätte diese Stelle unpassierbar gemacht.

Am Ufer, gegenüber der Stelle, wo wir hindurchzureiten versucht hatten, war eine halbkreisförmige Lichtung, deren einzige Öffnung der Weg war, der in die mexikanischen Provinzen führte. Diesen Weg verrammelten wir und ließen dann unsere Maultiere frei herumlaufen, hängten das Geschirr an den Bäumen auf und nahmen unser Biwak in der Mitte des Platzes. Die Leute machten ein Feuer an, und während sie das Essen bereiteten, nahmen wir ein Bad im Fluß. Die Stromschnelle lag oberhalb unserer Badestelle. Die Wildheit der Umgebung, die Abgeschiedenheit und Einsamkeit des Ortes, die Klarheit des Wassers, das Bewußtsein, einen bedeutenden Teil unserer Reise geschafft zu haben, alles wirkte anregend und kräftigend auf unser physisches und geistiges Sein. Frische Wäsche, die wir anlegten, setzte dem Bade die Krone auf. Waren unsere Verdauungsorgane seit mehreren Tagen in Unordnung gewesen, so fühlten sie sich jetzt, als wir uns zum Abendessen niedersetzten, so gekräftigt, daß sie sich an das Riemenzeug der Maultiere hätten wagen können, und was meinen braven Macho anbelangt, so war es ein wahres Vergnügen, ihn seinen Mais schnorpsen zu hören. Wir waren aus Zentralamerika heraus, waren geborgen vor den Gefahren der Revolution und standen an Mexikos wilden Grenzen in guter Gesundheit, mit gutem Appetit und gutem Lebensmittelvorrat. Wohl lag noch eine furchtbare Reise vor uns, aber sie erschien uns wie ein Nichts.

Wir schritten auf dem kleinen abgeholzten Raum so stolz wie die Eroberer Mexikos einher, und in unserem Übermut beschlossen wir, uns ein Fischgericht zum Frühstück zu verschaffen. Zwar hatten wir keine Angeln, auch nicht eine Stecknadel in unserem Reisegerät, wohl aber Nähnadeln und Zwirn. Pawling, dem die Erfahrung eines siebenjährigen Herumtummelns zur Seite stand, wußte Mittel und Wege. Er hielt eine Nähnadel ins Feuer, so daß sie sich zu einem Haken biegen ließ. Ruten bot uns jeder Baum. Wir stellten uns nun mit unseren Stegreif-Angelruten auf die Lauer und brauchten weiter nichts, als daß die dummen Dinger die Mäuler aufsperrten und sich an die Nadel hakten; aber das wollten sie nicht tun, und aus diesem Grunde fingen wir nichts. Wir kehrten zurück.

Unsere Leute schnitten einige Stangen zu, legten sie in die Gabel eines Baumes und überdeckten sie mit

Zweigen. Darunter breiteten wir unsere Matten aus. Unser Dach und unsere Betten waren fertig und unser Schlaf gesund und prächtig.

Bei Tagesanbruch waren wir schon wieder im Wasser. Unser Bad war jetzt noch köstlicher als den Abend zuvor. Als ich aufsaß, fühlte ich mich imstande, durch ganz Mexiko und Texas bis vor die Tür meines Hauses zu reiten. Wir brachen um ½ 8 Uhr auf. In sehr kurzer Entfernung liefen drei Bären über unseren Weg, alle innerhalb Schußweite; aber die Flinten wurden von unseren Leuten getragen, und nach wenigen Augenblicken war es zu spät. Wir betraten eine traurige, steinige Fläche, und als wir mehrere Stunden geritten waren, sahen wir die Straße über einen kahlen Berg zu unserer Rechten laufen und machten, aus Besorgnis, daß wir den Weg verloren haben könnten, unter dem niedrigen Dach eines Baumes halt, um auf unsere Leute zu warten. Die Maultiere ließen wir frei umherlaufen.

Nachdem wir einige Zeit gewartet hatten, schickten wir Santiago ab, um nach den Leuten zu sehen. Der Wind fegte über die Ebene. Die Nacht war nahe, und wir hatten seit dem Morgen nichts gegessen. Indes, einige Zeit nach Einbruch der Dunkelheit kam Santiago mit den Lebensmittelalforjas auf dem Rücken an. Er war bereits sechs Meilen zurückgelaufen, als er den Eindruck von Juans Fuß entdeckte und ihn bis zu einer elenden Hütte im Walde verfolgte, in der wir eigentlich hatten halten wollen. Wir aßen, bauten unsere Koffer zum Schutz gegen den Wind auf, breiteten unsere Matten aus, legten uns nieder, schauten noch einige Augenblicke nach den Sternen und versanken in Schlaf. Während der Nacht schlug der Wind um, und wir wurden beinahe von ihm fortgeblasen.

Am nächsten Morgen machten wir, weil wir wieder einmal in bewohnte Gegenden kommen sollten, unsere Toilette, das heißt, wir hingen einen Spiegel am Ast eines Baumes auf und barbierten den Stutz- und ein Stückchen Kinnbart. Um ¼ 8 Uhr setzten wir uns wieder in Marsch. Seit Huista hatten wir kein menschliches Wesen zu sehen bekommen. Auch hier noch lag das Land verödet und traurig da. Kein Lüftchen regte sich. Alle Hügel, Berge und Ebenen waren kahl und steinig, und doch gaben, als die Sonne über den Horizont heraufkam, ihre Strahlen selbst dieser Wüste ein freundliches Aussehen.

Um ½ 11 Uhr erreichten wir die Höhe eines Berges und erblickten vor uns die Kirche von Zapolouta, dem ersten mexikanischen Ort. Da wir keinen mexikanischen Paß besaßen, erwachte hier unsere Besorgnis von neuem. Unser Hauptziel war, Comitán zu erreichen. Wir suchten daher so unbemerkt wie möglich durch Zapolouta zu kommen. Als wir uns dem Ort näherten, vermieden wir die Straße, die über den Marktplatz führte, jagten durch die Vorstadt, wo wir einige Frauen und Kinder in Schrecken versetzten, und waren zur Stadt hinaus, ehe noch unsere Ankunft im Cabildo bekanntgeworden war.

Ein vierstündiger Ritt über eine dürre, sandige Ebene brachte uns nach Comitán, wo Santiago, der aus der mexikanischen Armee desertiert war und gefaßt zu werden fürchtete, uns verließ und durch die von uns passierte Wildnis einsam zurückkehrte. Wir ritten auf den Marktplatz. Hier wohnte in einem der größten Häuser ein Amerikaner. Einen Teil der Vorderseite nahm ein Laden ein, in dem hinter dem Ladentisch ein Mann stand, dessen Züge in mir die Erinnerung an meine Heimat weckten. Ich fragte ihn auf englisch, ob sein Name M'Kinney wäre, und er antwortete: »*Si, Señor.*« Ich richtete noch mehrere Fragen auf englisch an ihn, die er alle auf spanisch erwiderte. Die Klänge waren ihm wohlbekannt, aber es bedurfte einiger Zeit, ehe er es völlig begreifen konnte, daß er seine Muttersprache hörte. Dann aber und als er verstand, daß ich ein Landsmann von ihm war, erwachten Gefühle in ihm, denen er längst entfremdet war, und er nahm uns wie ein Mann auf, in dem die Abwesenheit und Ferne die Bande, die ihn an seine Heimat fesselten, nur noch verstärkt hatten.

Dr. James M'Kinney, dessen anspruchsloser Name sich in Comitán in den imponierenden Don Santiago Maquini verwandelt hatte, war aus Westmoreland in Virginia gebürtig und ging nach Tabasco, um dort zur Stärkung seiner Gesundheit einen Winter zuzubringen und als Arzt zu praktizieren. Umstände veranlaßten ihn, eine Reise ins Innere zu machen, und er ließ sich in Ciudad Real nieder. Zur Zeit der Cholera in Zentralamerika ging er nach Quezaltenango. Später kehrte er nach Comitán zurück und heiratete eine Dame aus einer einst reichen und mächtigen Familie, die aber durch eine Revolution zwei Jahre zuvor eines Teiles ihres Reichtums beraubt worden war. Bei der Teilung des noch vorhandenen Vermögens fiel das Haus am Marktplatz zu Comitán ihm zu. Da ihm seine ärztliche Praxis nicht mehr zusagte, gab er sie auf und fing einen Warenhandel an.

Dr. M'Kinney schilderte uns die Straße nach Palenque als furchtbarer denn irgendeine, die wir bis jetzt bereist hatten. Dazu gesellte sich noch eine andere Schwierigkeit. Wir kamen nämlich wiederum in den Bereich des Krieges, da, während es im ganzen übrigen

Mexiko ruhig war, in Tabasco und Yucatán, dem Ziel unserer Reise, ein revolutionärer Zustand herrschte. Dies allein schon hätte uns sehr stören können, wenn nicht noch eine neue Schwierigkeit hinzugekommen wäre. Es war notwendig, persönlich in Ciudad Real, das drei Tagesreisen entfernt lag, zu erscheinen, um einen Paß zu erlangen, ohne den wir keinen Teil der mexikanischen Republik bereisen konnten. So bedenklich aber auch alle diese Dinge waren, so gingen sie doch in einem dritten gänzlich unter, nämlich dem peremtorischen Befehl der mexikanischen Regierung, daß kein Fremder die Ruinen von Palenque besuchen dürfe.

Auf M'Kinneys Rat stellten wir uns sofort dem Kommandanten vor, der eine kleine Garnison von etwa dreißig Mann befehligte, die gut uniformiert und ausgerüstet waren und im Vergleich mit den Soldaten Zentralamerikas mir eine hohe Meinung von der mexikanischen Armee beibrachten. Auf des Kommandanten Empfehlung warteten wir auch dem Präfekten auf, der uns mit gleicher Höflichkeit empfing. Er war wahrhaft besorgt uns zu dienen, erklärte sich bereit, einige Verantwortung auf sich zu nehmen, und wollte sich mit dem Kommandanten beraten. Wir verließen ihn mit einer warmen Lobrede auf die Höflichkeit und Gefälligkeit der mexikanischen Beamten.

Am nächsten Morgen sandte der Präfekt den Paß zurück mit der höflichen Meldung, daß sie mich in demselben Lichte betrachteten, als ob ich bei ihrer Regierung akkreditiert angekommen wäre, daß sie sich glücklich schätzen würden, mir jede in ihrer Macht stehende Erleichterung zu gewähren, und daß mir Mexiko nach jeder beliebigen Richtung offenstände. So war denn eine große Schwierigkeit behoben.

Es ist kaum möglich, das behagliche Gefühl zu fassen, sich an einem so fernen Ort im Hause eines Landsmannes zu wissen. In der Kleidung, im Äußeren, im Benehmen, in den Gewohnheiten und Gefühlen war der Doktor so ganz Amerikaner, wie er es nur hätte sein können, wenn ich ihm in der Heimat begegnet wäre. Der einzige Unterschied war seine Sprache, die er nicht zusammenhängend sprechen konnte, sondern mit spanischen Ausdrücken spickte.

Comitán, die Grenzstadt von Chiapas, hat eine Bevölkerung von 10 000 Seelen. Es ist ein ansehnlicher Handelsort, in den die meisten in diesem Landstrich verbrauchten europäischen Artikel von Belize und Guatemala her eingeschmuggelt werden. Die Prozente an den Konfiskationen und die Nebeneinkünfte der Beamten bilden ein so bedeutendes Einkommen, daß diese Zollbeamten sich als sehr wachsam erweisen. Wie denn am Tage vor unserer Ankunft zwanzig oder dreißig Maultierladungen, die man weggenommen hatte, nach Comitán gebracht wurden. Allein die dabei zu machenden Gewinne sind so groß, daß das Schmuggeln ein regelmäßiges Geschäft ist, indem die Gefahr der Beschlagnahme in keinem Verhältnis zu den zu machenden Gewinnen steht. Die ganze Stadt, die Zollbeamten nicht ausgenommen, beteiligt sich dabei, und kläglich ist der Einfluß auf die öffentliche Moral.

Pawling hatte nun den schwersten Teil seiner Reise überstanden, denn vor ihm lag die glatte Straße nach Mexiko-Stadt. Schon hatte ich ihm seinen besonderen Paß erwirkt, und unsere Trennung war nahe, als mit einem Male ihm der Gedanke, uns zu verlassen, zuwider war und er sich nach langem Hin und Her entschloß, mit uns nach Palenque zu ziehen.

SECHZEHNTES KAPITEL

An den Ufern des Río Grande

*Abreise — Ocosingo — Beginn der Regenzeit — Eine Füh-
rerin — Ankunft bei den Ruinen — Eine merkwürdige
Höhle — Der Río Grande — Eine Reihe von Ortschaften
— Indianische Träger — San Pedro*

Am 1. Mai 1840 verließen wir Dr. M'Kinneys Haus,
stiegen auf und nahmen von unserem gastlichen Wirt
Abschied. Die erste Tagesreise führte durch eine weniger bergige, aber nicht weniger einsame Gegend als die
bereits durchwanderten. Den ersten Nachmittag machten wir in der Hacienda Sotaná halt, die einem Schwa-
ger Dr. M'Kinneys gehörte, in einem sanften und lieb-
lichen Tal lag und eine Kapelle hatte, deren Glöcklein
des Abends die indianischen Arbeiter, Frauen und Kinder zum Vespergebet zusammenrief. Den folgenden
Tag machten wir Mittag in der schönen Hacienda des
Padre Solís, eines alten, reichen, kleinen und dicken
Pfarrers, und aßen hier von massiven silbernen Tellern,
tranken aus silbernen Tassen und wuschen uns in
einem silbernen Becken. Er hatte in Palenque gelebt
und erzählte uns von den Candones oder ungetauften
Indianern. Da ihm mein Macho in die Augen stach,
wünschte er ihn zu kaufen und versprach, ihn zeitle-
bens zu behalten. Ich gab ihn aber nicht her, und das
einzige, was mich tröstet, wenn ich mir darüber Vor-

Ceibabaum

würfe mache, daß ich dem guten Tier das prächtige Weideland des Padre vorenthalten habe, ist der Gedanke an des Padre unförmiges Gewicht.

Um 4 Uhr des dritten Tages erreichten wir Ocosingo, das ebenfalls schön gelegen und von Bergen umschlossen war und eine große Kirche hatte, in deren Hofmauer wir zwei ausgehauene Figuren aus den Ruinen, die wir zu besuchen beabsichtigten, bemerkten. In der Mitte des Vorplatzes stand ein prächtiger Ceibabaum. Wir ritten zum Hause des Präfekten Don Manuel Pasada, das wir ganz allein mit einer alten Dienerin teilten, da die Familie auf ihrer Hacienda war. Das Haus war ein langes Gebäude mit einem Schuppen

davor und versehen mit Bettstellen, die aus zerspalte-
nem Rohr gemacht waren und auf im Boden steckenden Hölzern ruhten.

Der Alkalde des Ortes war ein Mestize, ein sehr
zuvorkommender Mann, der erfreut war, uns zu sehen,
und von den nahen Ruinen in den exzentrischsten Ausdrücken sprach, aber sagte, sie wären so ganz und gar in
»El Monte«, im Walde, vergraben, daß eine Menge Leute
zwei bis drei Tage nötig sein würden, um nur einen Weg
zu ihnen frei zu machen. Besonderen Nachdruck legte
er auf eine Höhle, deren Öffnung vollständig von Steinen versperrt wäre und die durch einen unterirdischen
Gang mit der alten, gegen 150 Meilen entfernten Stadt
Palenque in Verbindung stände. Er fügte noch hinzu,
daß, wenn wir einige Tage warten wollten, um Vorbereitungen zu treffen, er und der ganze Ort uns begleiten
und eine gründliche Durchforschung vornehmen wollten. Wir sagten ihm aber, daß wir nur vorläufige Beobachtungen machen wollten, und er versprach uns einen
Führer für den nächsten Morgen.

In der Nacht trat plötzlich das die Regenzeit eröff-
nende Sturmwetter ein. Das Krachen eines betäuben-
den Donners widerhallte von den Bergen. Blitze
erleuchteten mit grauenvollen Feuermassen das Dunkel der Nacht. Der Regen stürzte gleich einer Sintflut
auf unser Strohdach nieder, und wir hatten die
schlimmsten Gebirge noch zu überschreiten.

Am Morgen verdüsterte noch immer schwarzes
Gewölk den Himmel, das sich aber bald vor den Strahlen der aufsteigenden Sonne verkroch. Das Gras und
die Bäume, durch eine sechsmonatige Dürre versengt
und verschmachtet, nahmen plötzlich ein tiefes Grün
an, und die Hügel und Berge schienen sich zu freuen.

Der Alkalde war, ich glaube aus Ärger darüber, daß wir nicht gewillt waren, die Untersuchung der Ruinen sofort vorzunehmen, den ganzen Tag ausgegangen, ohne uns einen Führer zu schicken, und hatte uns sagen lassen, daß sämtliche Leute mit der Reparatur der Kirche beschäftigt wären. Wir versuchten einen von ihnen wegzulocken, aber ohne Erfolg. Bei der Rückkehr in unsere Unterkunft sahen wir unseren Korridor in die Schule des Dorfes verwandelt. Auf einer Bank saßen ein halbes Dutzend Kinder, die der halbbetrunkene Schulmeister unterrichtete, das heißt, sie die formellen Teile des Kirchendienstes auswendig lernen ließ. Wir baten ihn, uns behilflich zu sein, worauf er uns erwiderte, daß wir dann ein oder zwei Tage warten müßten, da hierzulande nichts mit Eile zu erlangen wäre. Die Aussicht, einen Tag zu verlieren, war uns im höchsten Grade unangenehm.

Im gleichen Augenblick aber, als wir dachten, es bliebe uns nichts weiter übrig, als uns zu fügen, kam ein kleines Mädchen, um uns zu sagen, daß eine Frau, auf deren Hacienda die Ruinen liegen, soeben im Begriff stände, die Hacienda zu besuchen, und sich erböte, uns dorthin zu geleiten. Ihr Pferd stand schon vor ihrer Tür, und ehe noch unsere Maultiere bereit waren, kam sie herübergeritten, um uns abzuholen. Wir begrüßten sie, gaben ihr eine Zigarre, brannten uns selbst welche an und setzten uns in Marsch. Die Frau war eine angenehme Mestizin und hatte einen Sohn bei sich, einen schönen Burschen von etwa fünfzehn Jahren. Es war ½ 10 Uhr, als wir fortritten, und 20 Minuten nach 11 Uhr erreichten wir nach einem heißen und schwülen Ritt ihren Rancho. Er war eine einfache Hütte aus Pfählen und mit Lehm beworfen, aber seine Lage war derart, daß er uns für das Landleben begeisterte. Unsere gütige Führerin gab uns ihren Sohn und einen Indianer mit einer Machete mit, und nach einer halben Stunde waren wir bei den Ruinen.

Bald nachdem wir den Rancho verlassen hatten, erblickten wir nach etwa einer Meile auf einer Anhöhe eine *tonila*. Dies ist in dieser Gegend der indianische Name für steinerne Häuser. Als wir näher kamen, stießen wir noch in der Ebene auf steinerne Figuren, die mit den Gesichtern nach oben auf dem Boden lagen. Sie waren schön gemeißelt, aber ihre Züge hatten durch die lange Einwirkung der Elemente ein wenig gelitten, obwohl sie noch immer deutlich zu erkennen waren. Wir ritten weiter bis zum Fuße eines hohen Bauwerkes, das sich pyramidenförmig mit fünf geräumigen Terrassen erhob. Alle Terrassen waren mit Stein belegt und mit Stuckarbeiten verziert. An vielen Stellen waren sie zerbrochen und von Gras und Gesträuch überwachsen. Die zerfallenden Teile nutzend, ritten wir die erste Terrasse hinauf und stiegen an zertrümmerten Stellen zur zweiten und dritten hinauf. Hier banden wir unsere Pferde an und klommen zu Fuß weiter. Ganz oben stand ein pyramidenförmiger, von Bäumen überwachsener Bau, der das Gebäude trug, das wir von der Ebene aus gesehen hatten. Unter den Bäumen gab es mehrere wilde Limonen mit Früchten von sehr feinem Geschmack.

Die Vorderfront des Gebäudes ist 50 Fuß lang, die Tiefe beträgt 35 Fuß. Es ist aus Stein und Kalk gebaut. Die ganze Vorderseite war einst mit Stuckarbeiten bedeckt, wovon noch ein Teil am Karnies und Simswerk zu sehen ist. Den Eingang bildet ein 10 Fuß weites Portal, das in eine Art Vorzimmer führt, und durch eine kleinere Tür gelangt man wiederum in ein 10 Quadratfuß großes Gemach. Die Wände dieser Gemächer waren einst mit Stuck verkleidet, der jetzt abgefallen war. Auch ein Teil des Daches war zusammengesunken und daher der Boden mit Trümmern bedeckt.

In der hinteren Wand des Mittelzimmers war eine Tür von derselben Größe wie die an der Vorderseite, die zu einem Gemach ohne Scheidewände führte, in dessen Mitte sich aber ein eingeschlossener 18 Fuß langer und 11 Fuß breiter rechteckiger Raum befand, der offensichtlich der wichtigste Teil des Gebäudes war. Die Tür war, bis auf wenige Fuß oberhalb, mit Trümmern verstopft. Über ihr und längs der ganzen Front des Gebäudes lief eine große Stuckverzierung, die uns auf den ersten Blick durch ihre auffallende Ähnlichkeit unwillkürlich an die geflügelte Erdkugel über den Portalen der ägyptischen Tempel erinnerte. Ein Teil dieser Verzierung war abgefallen und über die Schutthaufen hinweg bis über die Eingangstür herausgerutscht. Wir versuchten sie zurückzuschieben, um sie wieder an ihrem Platz aufzustellen, aber sie war für die Kraft von vier Männern und einem Knaben zu schwer. Unter der Tür war eine Öffnung, die nach des Alkalden Aussage der Eingang zu der nach Palenque führenden Höhle war und von welcher er gesagt hatte, daß sie so ganz und gar im Walde vergraben läge, daß es eines zweitägigen Grabens und Lichtens bedürfe, um zu ihr zu gelangen. Der Führer lachte über die im Dorf herrschende Unwissenheit betreffs der Schwierigkeit sie zu erreichen, behauptete aber steif und fest die Geschichte, daß sie nach Palenque führe. Wir konnten ihn jedoch nicht bewegen hineinzugehen. Ein kurzer Weg nach Palenque war aber gerade das, was wir brauchten. Ich machte daher selbst einen Versuch, zog meinen Rock aus, legte mich auf die Brust und begann hineinzukriechen. Als ich aber etwa mit dem halben Leibe drin war, hörte ich ein abscheuliches zischendes Geräusch und sah zurückfahrend ein Paar kleine Augen, die im Dunkeln wie Feuerkugeln leuchteten. Ich brauche wohl nicht zu erwähnen, wieviel Zeit ich brauchte, um wieder herauszukommen. Meine Reisegefährten hatten das Geräusch ebenfalls gehört, und nach des Führers Behauptung war das Tier ein Jaguar. Ich hielt es für eine wilde Katze; aber was es auch sein mochte, wir beschlossen, ihm einen Schuß zu verpassen. Im Nu waren unsere Flinten und Pistolen, Schwerter und Macheten bereit, und wir nahmen unsere Stellungen ein. Pawling, dicht und fest an der Wand stehend, stieß mit einem langen Pfahl hinunter. Mit furchtbarem Lärmen flatterte darauf ein gewaltiger brasilianischer Geier heraus, bewegte sich mit schwerem Flügelschlag durch das Gebäude und suchte in einem anderen Gemach Zuflucht.

Als die Gefahr vorüber war, erneuerte ich meinen Versuch und entdeckte mit einem Licht in der Hand den ganzen Umfang der vermeintlich nach Palenque führenden Höhle. Es war lediglich eine Kammer. Der Boden war zwei bis drei Fuß hoch mit Schutt bedeckt und die Wände mit Stuckfiguren geschmückt, unter denen die Gestalt eines Affen deutlich zu erkennen war. An der hinteren Mauer sah man mitten unter merkwürdigen und interessanten Verzierungen zwei Männergestalten im Profil, mit den Gesichtern einander zugekehrt, von guter Zeichnung und in Lebensgröße, mit den Füßen aber unter dem Schutt am Boden vergraben. Herr Catherwood kroch hinein, um eine

Zeichnung davon zu machen, aber infolge des Qualms durch die Lichter und der entsetzlichen Hitze in dem engen Raum war es ihm unmöglich, lange genug darin zu bleiben.

Ich kletterte mit Hilfe eines dicht an der Mauer dieses Gebäudes wachsenden Baumes auf dessen Dach und erblickte von hier aus ein anderes Gebäude ganz in der Nähe, das auf einem noch höheren Bauwerk ruhte. Wir klommen zu ihm hinauf und fanden es im gleichen Stil erbaut, aber in einem noch zerfalleneren Zustand. Es war beinahe dunkel, als wir zum Dorfe zurückkehrten.

Wir verließen Ocosingo um ¼ 9 Uhr. Jeder unserer Indianer trug außer seiner Ladung noch einen gestrickten Sack, der seinen Mundvorrat für die Reise enthielt, das heißt einige Tortillas und große Kugeln aus zerstoßenem Mais, in Blätter gewickelt. Manchmal trug er noch ein Trinkgefäß auf dem Kopf, das ein halber Flaschenkürbis war. Dieses Gefäß füllte er bei jedem fließenden Wasser voll, rührte etwas von seinem Mais hinein und bereitete sich so eine Art kalte Mehlsuppe. Dieses Gericht macht für einen Indianer auf Reisen das tagtägliche Brot aus.

Um 9 Uhr überschritten wir den Río Grande oder Huacachahoul, ritten eine Weile an seinem Ufer entlang und kamen an drei wunderschönen Wasserfällen vorüber, die die ganze Breite seines Felsenbettes einnahmen. Die Straße war bergig, und wir begegneten keiner menschlichen Seele auf ihr. Um 3 Uhr erreichten wir das Dorf Huacachahoul, das in einer von Bergen umgebenen Ebene lag und ausschließlich von Indianern bewohnt war, die wilder aussahen als alle bis jetzt von uns gesehenen. Die Männer trugen keine Hüte, und ihr langes schwarzes Haar reichte bis auf die Schultern herab. Sie würdigten uns keines Grußes, so daß es uns fast unheimlich zumute wurde. Wir lagerten für eine Stunde an einem Gewässer und langten um ½ 7 Uhr in Chilon an, wo wir zu unserer Überraschung und Freude einen Unterpräfekten fanden, einen verständigen Mann, der bis San Salvador gereist war.

Am nächsten Morgen brachen wir mit einem neuen Trupp von Indianern wieder auf. Die Straße war bis Yahalón gut, das wir um 10 Uhr erreichten. Vor diesem Ort begegneten wir einem jungen Indianermädchen mit seinem Vater, das von außerordentlicher Schönheit war. Yahalón hatte, wie jedes Dorf, durch das wir kamen, eine höchst pittoreske Lage und eine höchst imponierende Kirche.

Hier waren wir genötigt, wieder neue Indianer zu nehmen, und würden vielleicht den Tag verloren haben, wenn nicht der Padre einige Leute von der Arbeit an der Kirche, mit deren Reparatur man beschäftigt war, abgerufen hätte. Um ¼ 12 Uhr ging die Reise weiter. Bald kamen wir zu den Ufern des Flusses Yahalón, wo wir haltmachten und, da es so entsetzlich heiß und der Fluß so rein war, wie Wasser nur sein kann, ein köstliches Bad nahmen. Durch hohe Felsen reitend, gelangten wir an den Saum eines senkrecht abfallenden, mehrere tausend Fuß hohen Hochplateaus, auf dem das Städtchen Tumbala lag. Der Marktplatz war voll von Indianern, die sich zu einer Fiesta vorbereiteten. Am Rande des Abgrunds erhob sich ein hoher konischer Hügel, den die Trümmer einer Kirche krönten. Es war der wildeste und außerordentlichste Ort, den wir bis jetzt gesehen.

Es gehörte zu den Eigentümlichkeiten unserer Reise in diesem Lande, daß jeder Tag und jede Stunde etwas Neues brachte. Das Gemeindehaus nahm eine Ecke des

Plateaus ein. Der Justicia war der Bruder unseres Freundes, des Padre Solís mit den silbernen Tellern, und so arm und tätig als der Padre reich und träge. Im letzten Dorf hatte man uns gesagt, daß es wegen des Festes unmöglich sein würde, uns Indianer für den nächsten Tag zu verschaffen, und wir hatten uns daher zum Bleiben schon vorbereitet. Allein die Briefe der mexikanischen Behörden waren von solcher Wirkung, daß sich der Justicia auf Knall und Fall mit vierzig bis fünfzig Indianern besprach.

Noch vor Tagesanbruch wurden wir durch die indianischen Träger aus dem Schlaf geweckt, die mit brennenden Fackeln hereinstürzten und, während wir noch im Bett lagen, unsere Koffer fortzuschaffen begannen. Im ganzen Ort gab es keinen einzigen Strick. Die Umschnürung der Koffer und die Gurte, womit diese getragen wurden, waren alle aus Baumrinde. Wer über die Gebirge gehen will, bedient sich in der Regel dazu der *hamacas* oder der *sillas*. Die *hamaca* ist ein gepolsterter Stuhl mit einer langen Stange an jedem Ende, an denen sie von vier Indianern vorn und hinten getragen wird, wobei der Reisende seitwärts sitzt. Die *silla* ist dagegen ein Armsessel, der auf dem Rücken eines Indianers getragen wird. Des ersten Reisemittels pflegen sich, wie uns der Justicia sagte, nur sehr schwere und unbeholfene Männer, namentlich die Padres, zu bedienen. Dem zweiten Beförderungsmittel aber waren wir abgeneigt, weil, wenn ein Indianer mit einem Mann auf seinem Rücken die Gebirge erklimmen kann, wir ebensogut allein dazu imstande waren, und so reisten wir ohne *silla* und *hamaca* ab.

Unmittelbar hinter dem Dorf kamen wir zu einem Knüppelweg, der einer Treppe glich und so steil war, daß es gefährlich war, ihn hinabzureiten. Ohne diese Knüppel wäre in der Regenzeit die Straße völlig ungangbar. Ständig abwärts steigend erreichten wir kurz vor 12 Uhr ein Flüßchen, wo die Indianer ihre schweißtriefenden Leiber wuschen.

Vom Flußufer begann der Aufstieg des steilsten Berges, der mir je vorgekommen. Da vom Reiten gar keine Rede sein konnte, führten wir unsere Maultiere. Da uns unsere Schwerter und Sporen im Wege waren und die Maultiere bald rückwärts zerrten, bald auf uns lossprangen, war die Anstrengung ganz außerordentlich. Nach wenigen Minuten mußten wir stehenbleiben und uns an einen Baum lehnen oder niedersetzen. Weil die Indianer kein Wort aus einer anderen Sprache als der ihrigen sprachen und verstanden, so war jedwede Mitteilung unsererseits unmöglich, und wir konnten daher nicht erfahren, wie weit wir noch zur Höhe des Berges hätten. Endlich erblickten wir oberhalb eines vor uns liegenden abschüssigen Absatzes ein rohes Kreuz, dessen Standort wir als den Rücken des Berges begrüßten. Er war es auch. Wir klommen zu ihm hinauf, ruhten oben eine Weile aus und bestiegen dann wieder unsere Maultiere, waren aber noch keine hundert Schritte geritten, als wir wiederum absteigen mußten. Der Abstieg war noch steiler als der Aufstieg. Unsere Maultiere kamen taumelnd hinter uns her gestürzt.

An einem mit Blättern und Insekten bedeckten Fluß ·verließen uns zwei von unseren Indianern, um noch diesen Abend nach Tumbala zurückzukehren. Wenn schon unsere Anstrengung bei Tage ganz entsetzlich gewesen war, wie groß mußte erst die ihrige in der Finsternis sein. Es war der heißeste Tag, den wir im Lande bis jetzt erlebt hatten. Nachdem wir einen Wald von fast undurchdringlicher Dichtigkeit durchquert hatten, langten wir um ¾4 Uhr in San Pedro an.

Fast der ganze Ort war zum Fest nach Tumbala gezogen. Nicht einmal der Alkalde und seine Alguacils waren anwesend. Wenn wir einen Blick in die Hütten warfen, rannten die Frauen davon, wahrscheinlich vor Schrecken darüber, Männer in unserer Kleidung zu sehen. Den Cabildo hatte eine Reisegesellschaft mit Zuckerladungen für Tabasco eingenommen. Ihre Anführer waren zwei Mestizen, die stark bewaffnete Diener bei sich hatten. Mit ihnen machten wir uns bekannt. Da wir eines der besten Häuser leer fanden, weil sein Besitzer mit seiner Familie zum Fest nach Tumbala gegangen war und seinen ganzen Hausrat mit sich genommen hatte, die Bettstellen aus Rohrschilf aber zum Glück zurückgelassen hatte, nahmen wir Besitz davon und stapelten unser Gepäck im Innern auf.

Ohne uns nur ein Sterbenswort davon zu sagen, hatten unsere Leute uns verlassen, um nach Tumbala zurückzukehren, und so waren wir nun allein gelassen und konnten, da wir die Sprache nicht zu sprechen vermochten, weder für die Maultiere noch für uns selbst etwas zu essen bekommen. Wir erfuhren indes durch den Anführer der besagten Reisegesellschaft, daß am nächsten Morgen neue Leute erscheinen und uns weiterbringen würden. Da ich mir durch die Hitze und Strapazen ein heftiges Kopfweh zugezogen hatte und da das uns den folgenden Tag bevorstehende Gebirge noch schlimmer sein sollte und ich mich vor der Anstrengung und vor der Gefahr, unterwegs liegen zu bleiben, fürchtete, hatten Herr Catherwood und Pawling sich bemüht, eine Hamaca oder Silla herbeizuschaffen, die denn auch für den Morgen versprochen ward.

SIEBZEHNTES KAPITEL

Über hohe Berge, durch tiefe Schluchten

Aufstieg ins Gebirge — Reise in einer Silla — Eine kitzlige Situation — Der Abstieg — Der Rancho Nopa — Angriffe von Moskitos — Ein mürrischer Beamter — Mangel an Lebensmitteln — Die Ruinen von Palenque

Am nächsten Morgen brachen wir beizeiten auf. Das Land, durch welches wir jetzt reisten, befand sich noch in demselben Zustand wie vor der spanischen Erobe-rung, und bis Palenque trafen wir auf kein Dorf.

Wir begegneten drei Indianern, die Keulen in der Hand trugen und bis auf ein kleines Stück Stoff um die Lenden, das zwischen den Beinen hindurchging, nackt waren. Der eine, ein junger, hochgewachsener Mann von wunderbar ebenmäßigen Formen, sah aus wie der freigeborene Herr der Wälder. Kurz danach kamen wir an einem Fluß vorüber, wo nackte Indianer grob ge-knüpfte Fischnetze auswarfen.

Zwanzig Minuten nach zehn begann bei großer Hitze der Aufstieg ins Gebirge. Ich bin nicht imstande, auch nur annähernd die Anstrengungen wiederzuge-ben, die das Reisen in diesen Bergen erfordert. Unsere Maultiere konnten nur mit ihren Sätteln beladen hin-aufklettern. Wir entledigten uns unserer Degen, Spo-ren und allen unnützen Zubehörs bis auf Hemd und Hosen, so daß wir der Kleidung der Indianer sehr nahe

207

kamen. Auf dem Broadway hätte unser Aufzug ein wahres Schauspiel ergeben. Voran schritten vier Indianer, jeder eine rohe, mit Ochsenhaut überzogene, von einer eisernen Kette umschlungene und mit einem Vorlegeschloß versehene Kiste auf dem Rücken; hierauf folgte Juan, bekleidet nur mit einem Hut und einer dünnen, baumwollenen, weiten Hose, der zwei Maultiere vor sich hertrieb und auf seinen nackten Schultern eine doppelläufige Flinte trug; dann kamen wir, jeder sein Maultier vor sich hertreibend oder es führend; hiernach ein Indianer, der die Silla, den Tragsessel, trug, dann Reserveträger und mehrere Knaben mit kleinen Säcken voll Lebensmittel.

Der Indianer mit der Silla war sehr verwundert, daß wir uns ihrer trotz des Vertrages und des im voraus bezahlten Lohnes nicht bedienten. Es kam uns aber wie entwürdigend vor, uns auf den Schultern eines Mannes tragen zu lassen, und wir hatten die Silla bloß aus Vorsicht mitgenommen, für den Fall, daß wir genötigt sein würden, von ihr Gebrauch zu machen. Dieser Fall trat jetzt ein. Schon am Abend zuvor in San Pedro hatte ich mich, ohne etwas genossen zu haben, niedergelegt, was bei uns immer ein sicheres Zeichen von schlechtem Befinden war. Dieser Zustand hatte sich durch die übermäßige Anstrengung bedeutend verschlimmert, so daß mir schon beim bloßen Denken an den Aufstieg der Kopf beinahe zerspringen wollte. Und so nahm ich zum erstenmal zur Silla meine Zuflucht. Es war ein großer, plumper, von Holznägeln und Bast zusammengehaltener Lehnstuhl.

Der Indianer, der mich tragen sollte, war, wie die anderen Indianer, klein von Gestalt, sehr schmächtig, aber gut gebaut. Um die Arme des Stuhls ward ein

Bastgurt gebunden, worauf der Mann sich mit dem Rücken gegen die Lehne des Stuhls niedersetzte, den Gurt zurechtmachte und ihn mit einem kleinen Polster zur Milderung des Drucks über die Stirn legte. Mit Hilfe zweier Indianer erhob er sich, stand einen Augenblick still, rückte mich ein- oder zweimal auf seinen Schultern zurecht, und der Marsch wurde fortgesetzt.

Es war mir eine große Erleichterung, aber ich fühlte doch jede Bewegung, selbst das Heben seines Brustkastens. Der Aufstieg war einer der steilsten der ganzen Reise. Nach wenigen Minuten blieb der Träger stehen und stieß, wie es die indianischen Träger immer tun, einen Laut aus, der die Mitte zwischen Pfeifen und Blasen hielt und meinen Ohren jederzeit, jetzt aber besonders peinlich und unangenehm klang. Mein Gesicht war von ihm abgekehrt, und ich konnte daher nicht sehen, wo er ging, bemerkte aber, daß er nach links herüberwankte. Um die Anstrengung des Tragens nicht zu vermehren, saß ich so still wie möglich. Als ich aber nach einigen Minuten über meine Schulter blickte, sah ich, daß wir uns am Rande eines Abgrundes von mehr als tausend Fuß befanden. Ich wollte durchaus absteigen; aber ich vermochte mich nicht verständlich zu machen, und die Indianer konnten oder wollten meine Zeichen nicht verstehen. Mein Führer bewegte sich behutsam weiter, fühlte erst mit dem einen Fuß, ob der Stein, auf welchen er ihn niedersetzte, fest und sicher war, hob dann den anderen und brachte so allmählich und immer mit äußerster Vorsicht die Füße in die Höhe, bis er auf einen halben Schritt dem Rande des Abgrunds nahe war. Hier blieb er stehen und stieß einen furchtbaren pfeifenden und blasenden Ton aus. Ich hob mich und sank mit jedem Atemzug und fühlte

seinen Leib unter mir erzittern; es war, als ob seine Knie zusammenbrächen. Der Abgrund war grauenvoll, und die geringste ungewöhnliche Bewegung meinerseits hätte uns beide zusammen in die Tiefe stürzen können. Gern hätte ich ihn für den Rest der Reise von aller Qual erlöst und wäre von seinem Rücken herabgestiegen; aber er ging von neuem vorwärts und machte mit derselben Vorsicht einige weitere Schritte und zwar so dicht am Rande des Abgrunds, daß es einem selbst auf dem Rücken eines Maultieres sehr unbehaglich zumute geworden wäre. Ich hatte schreckliche Angst, daß er niederstürzen oder straucheln würde. Zu meiner unbeschreiblichen Freude nahm der Weg eine andere Richtung. Kaum aber hatte ich mir Glück gewünscht, der Gefahr entronnen zu sein, als der Mann einige Schritte abwärts tat. Dies war bei weitem schlimmer noch als das Aufwärtssteigen. Fiel er, so konnte mich nichts vor dem Sturz über ihn hinweg retten; ich hielt aber aus, bis er mich endlich freiwillig niedersetzte.

Der arme Mensch troff von Schweiß und zitterte an allen Gliedern. Schon stand ein anderer bereit, um mich aufzuhocken; allein ich hatte genug. Es war schon schlimm genug, einen Indianer mit einer gewöhnlichen Last auf seinem Rücken sich abarbeiten zu sehen; aber sein Zittern unter sich zu fühlen, seinen schweren Atem zu hören, den Schweiß an seinem Leibe herabströmen zu sehen und dabei die Unsicherheit seiner eigenen Lage zu empfinden machte dies zu einer Reiseart, die nur natürliche Faulheit und Gefühllosigkeit ertragen können.

Wir konnten nicht erfahren, wie weit es bis Nopa, unserem heutigen Reiseziel, wäre. Auf jede Frage antworteten die Indianer: »*Una legua.*« In der Meinung, daß es bis dahin nicht mehr weit sein könnte, setzten wir den Marsch fort. Wiederum hatten wir einen sehr steilen Aufstieg zu bewältigen, worauf es abermals furchtbar abwärts ging. Die Sonne war jetzt verschwunden. Finstere Wolken hingen über dem Wald, und ein schwerer Donner rollte auf dem Gebirge. Als wir uns abwärts bewegten, durchbrauste ein Sturm den Wald. Die Luft war mit dürren Blättern angefüllt. Zweige und Äste wurden abgerissen und zerknickt, Bäume niedergebeugt, und es hatte ganz den Anschein, als wolle sich der Sturm zu einem gewaltigen Orkan entwickeln. Unsere Sorge, daß uns auf dem Berg ein Orkan und eine Regenflut erwischen könnte, war so groß, daß wir unsere Tiere anspornten, den steinigen, sehr stark abfallenden Abhang hinabzueilen. Sehr oft wollten die Maultiere vor Angst nicht weiter, und einmal stürzten zwei lieber in das Walddickicht hinein, um nur nicht vorwärts zu müssen. Es war dies unser letzter Berg und zugleich der schlimmste, der mir jemals in diesem oder in irgendeinem anderen Land vorgekommen ist.

Gegen fünf Uhr erreichten wir die Ebene. Der Berg war in Wolken gehüllt, und der Sturm raste jetzt über uns. Wir durchritten einen Fluß und einen dichten Wald und gelangten schließlich in dem Rancho Nopa an.

Der Rancho lag in einer kreisrunden Lichtung von etwa 100 Fuß Durchmesser. Er bestand lediglich aus einem mit Palmblättern bedeckten, von vier Baumstämmen getragenen Dach. Ringsherum lagen Haufen von Schneckenhäusern, und der Boden des Rancho war mehrere Zoll hoch mit Asche bedeckt, dem Rückstande des zum Kochen der Schnecken gemachten Feuers. Kaum hatten wir uns zu unserer Ankunft an einem so schönen Plätzchen Glück gewünscht, als wir einen solchen Angriff von Moskitos aushalten mußten, wie wir ihn noch nie erlebt hatten. Wir machten ein Feuer an und setzten uns ins Gras, um mit einem durch die harte Tagesarbeit verstärkten Appetit ein Huhn aus San Pedro zu verschmausen. Kaum aber hatten wir damit begonnen, als wir uns genötigt sahen, wieder aufzustehen, um mit der einen Hand die Quälgeister abzustreifen, während wir in der anderen Hand das Essen hielten. Wir merkten bald, daß uns eine schlimme Nacht bevorstand. Deshalb zündeten wir rings um den Rancho Feuer an und rauchten übermäßig. Auch beeilten wir uns nicht mit dem Niederlegen, sondern saßen bis zur späten Stunde auf. Feuerfliegen von ungemeiner Größe und außerordentlichem Glanz erleuchteten den dunklen Waldsaum. Sie schossen zwischen den Bäumen hindurch. Ihr Licht blitzte nicht kurz auf, sondern leuchtete stetig, so daß sie Sternschnuppen glichen.

Endlich trafen wir Anstalten zum Schlafengehen. Da uns die Hängematten den schonungslosen Angriffen der Moskitos von allen Seiten preisgegeben hätten, breiteten wir unsere Matten auf dem Boden aus; auch entkleideten wir uns nicht. Pawling machte aus seinen Bettüchern mit großer Mühe ein Moskitonetz; aber es war so heiß darunter, daß er nicht atmen konnte, und so trieb er sich die ganze Nacht unstet umher oder steckte im nahen Fluß. Die Indianer, die Schnecken gesammelt hatten, um sie zum Abendessen zu kochen, legten sich am Flußufer zum Schlafen nieder. Als aber um Mitternacht der Regen unter gewaltigem Blitzen und Donnern sich in eine Sintflut verwandelte, kamen sie allesamt unter den Schuppen geeilt, legten sich hier vollkommen nackt hin und schlugen mechanisch und scheinbar ohne sich dadurch im Schlaf zu stören ihre Leiber mit den Händen. Das ununterbrochene Gesumse und Beißen der Insekten hielt uns in einem beständigen Zustand des Wachens und der Gereiztheit. Unsere Leiber konnten wir schützen, aber mit einer Decke über dem Gesicht war die Hitze unerträglich.

Vor Tagesanbruch ging ich zum Fluß, der breit und seicht war, und streckte mich auf seinem sandigen Grund aus, wo das Wasser bloß so tief war, daß es über meinen Körper hinweglief. Es war der erste behagliche Augenblick, den ich genoß. Mein erhitzter und von den Stichen entflammter Leib ward abgekühlt, und ich lag hier bis zum Tagesanbruch. Als ich mich erhob, um mich anzukleiden, überfielen mich die Ungetüme mit einem Appetit, den der Geist der Rache noch verschärfte. War unser Tageswerk furchtbar und beschwerlich gewesen, so erwies sich die Nacht als noch schlimmer. Die Morgenluft war indes frisch, und als der Tag heraufdämmerte, verschwanden unsere Peiniger.

Herr Catherwood hatte am wenigsten gelitten, aber bei seiner Unruhe einen kostbaren Smaragdring verloren. Nachdem wir einige Zeit nach ihm gesucht hatten, stiegen wir auf und traten unseren letzten Tagesmarsch nach Palenque an. Die Straße war eben, aber der Wald noch ebenso dicht wie auf dem Gebirge. Später kamen wir in eine Gegend mit schönen Triften, auf denen Viehherden weideten. Sorglos und heiter gestimmt, zogen wir weiter und blieben von Zeit zu Zeit stehen, um den freundlichen Anblick ringsum zu genießen. Von einem unbedeutenden Höhenzug erblickten wir vor uns Palenque, das wir alsbald erreichten.

Das Städtchen bestand aus einer mit Gras überwachsenen Straße mit wenigen zerstreuten weißen Häusern zu beiden Seiten und einer strohbedachten Kirche.

Wir gingen zum Alkalden, einem Weißen von etwa sechzig Jahren, in weiten weißen baumwollenen Hosen mit einem Hemd darüber, zwar ein bißchen bucklig, aber doch ein Mann von respektabler Erscheinung, der uns indes ein sehr zweideutiges Gesicht schnitt. Ich reichte ihm meinen Paß als das Mittelchen, womit ich ihn am ersten zu gewinnen meinte, aber wir hatten ihn unglücklicherweise in seiner Siesta gestört, und er war mit der unrechten Seite zuerst aufgestanden. Er sah mir lange und fest ins Gesicht und fragte mich dann, was ihn denn mein Paß anginge. Worauf ich freilich nichts antworten konnte.

Dieses Willkommen am Ende einer schweren Tagesreise war allerdings nicht erbaulich. Es lag uns aber daran, uns mit diesem Murrkopf nicht zu überwerfen. In unserem Bemühen, einen verwundbaren Punkt an ihm zu finden, sagten wir ihm, wir wünschten einige Tage hier zu bleiben und auszuruhen, und würden daher genötigt sein, mancherlei zu kaufen. Wir fragten ihn, ob es Brot im Orte gäbe, worauf er mit einem »*no hay*« (das gibt es nicht) antwortete. Mais? »*no hay*«. Kaffee? »*no hay*«. Schokolade? »*no hay*«. Seine innerliche Freude schien sich zu vermehren, solange er noch imstande war zu antworten »*no hay*«. Aber unsere unglückselige Frage nach Brot hatte seinen Zorn erweckt. In aller Unschuld und ohne damit eine Beleidigung zu beabsichtigen, verrieten wir unsere Enttäuschung und unseren Ärger. Juan murmelte vor sich hin: »So können wir keine Tortillas essen.« Dies griff er auf, wiederholte es verschiedene Male für sich und rief auch jedem Neueintretenden mit besonderem Nachdruck zu, sie könnten keine Tortillas essen. Daran anknüpfend sagte er, einen Backofen gäbe es wohl, aber kein Mehl, und der Bäcker wäre vor sieben Jahren fortgezogen.

Da ich es für unmöglich fand, am Alkalden einen schwachen Punkt zu entdecken, ritt ich, während die Leute das Gepäck aufstapelten, zum Präfekten, dessen Empfang in diesem kritischen Moment sehr tröstend und erfreulich war.

Was den alten Alkalden anbelangt, war ich entschlossen, nichts zu fordern, was mir mit Recht gebührte, und mich nichts Ungebührlichem zu unterwerfen. In diesem Sinne stellten wir keck die Forderung nach etwas Mais. Des Alkalden »no hay« war nur zu wahr. Die Maisernte war mißraten, und es herrschte daher eine wirkliche Hungersnot im Ort. Aus Mangel an Futter waren die Leute genötigt, ihr Geflügel und ihre Schweine zu schlachten. Der Alkalde, welcher außer seinen anderen Fehlern auch noch reich war, war der einzige Mann im Ort, der etwas zu erübrigen hatte, hielt aber für eine größere Notlage damit zurück. In Tumbala hatten wir guten dreißigjährigen Mais für Sixpence gekauft. Hier vermochten wir mit großer Mühe den Alkalden uns eine Kleinigkeit achtjährigen zu einem Schilling abzulassen, und dieser war so muffig und von Würmern zerfressen, daß die Maultiere ihn kaum berühren wollten.

Die Hungersnot traf uns und unsere armen Maultiere hart. Zum Glück indessen fand sich gute Weide und zwar nicht weitab — auf der Gasse. Wir nahmen daher den Maultieren die Zügel ab und ließen sie frei umherstreifen. Nachdem sie aber eine Runde gemacht hatten, kamen sie zurückgetrabt, steckten die Köpfe zur Tür herein und baten mit flehendem Blick um Mais.

Unsere Aussichten waren somit nicht brillant. Wir hatten jedoch Palenque erreicht, und als gegen Abend Sturm und Unwetter unter schrecklichem Blitzen und Donnern herangezogen kamen, da fühlten wir uns überglücklich, daß unsere Reise überstanden war. Das uns vom Alkalden angewiesene Haus stieß an das seinige an und war sein Eigentum. Daran war eine Küche angebaut und von zwei indianischen Frauen bewohnt, die ohne des Alkalden Erlaubnis uns nicht anzusehen wagten. Der Fußboden unseres Hauses war die bloße Erde. Es hatte drei Betten aus Schilfrohr und ein Strohdach, das zwar sehr gut war, nur daß es über zwei der Betten ein Loch hatte. Unter dem spitzen Dach bildeten quer über die Lehmmauer gelegte Stangen eine Tenne, die als Speicher für das schimmlige Korn des Alkalden diente und von betriebsamen Mäusen bewohnt war, die die ganze Nacht hindurch über unseren Köpfen scharrten, knabberten und quiekten und Staubwölkchen auf uns warfen. Indes — wir hatten ja nun Palenque erreicht und schliefen daher gut.

Der nächste Tag war ein Sonntag, und wir begrüßten ihn als einen Tag der Ruhe. Palenque war so friedlich und still, daß, als der alte Alkalde an unserer Tür vorüberging, wir ihm einen guten Morgen zu wünschen wagten; aber er war wiederum verkehrt aufgestanden, und ohne unseren Gruß zu erwidern, blieb er stehen, um uns zu sagen, daß unsere Maultiere vermißt würden, und fügte, als uns dies in unserer Ruhe noch nicht genug zu stören schien, hinzu, sie wären wahrscheinlich gestohlen. Erst als er uns völlig aus dem Bett herausgetrieben hatte und wir eben im Begriff waren auszugehen und nach ihnen zu suchen, sagte er, es wäre keine Gefahr, sie wären bloß zur Tränke gegangen und würden schon von selbst zurückkommen.

Die Stadt Palenque war, wie wir vom Präfekten hörten, früher einmal ein bedeutender Ort gewesen. Alle für Guatemala bestimmten Güter waren über diese Stadt gegangen; aber Belize hatte diesen Speditionshandel an sich gezogen.

Erst wenige Jahre zuvor war mehr als die Hälfte der Bevölkerung von der Cholera hingerafft worden, so daß ganze Familien ausgestorben waren, deren Häuser nun verlassen standen und zerfielen. Auf jeder Seite des Platzes um die Kirche herum standen verlassene und eingestürzte Häuser. Ein Dutzend Häuser waren von weißen Familien bewohnt, mit denen ich auf meinem einstündigen Gang durch die Stadt Bekanntschaft machte. Ich brauchte nur vor der Tür stehenzubleiben, so erhielt ich sogleich die freundliche Einladung: »*Pase adelante, capitan*« − »Treten Sie herein, Kapitän«, welchen Titel ich dem Adler auf meinem Hute zu verdanken hatte. Innerhalb einer Stunde wußte ich alles, was in Palenque vor sich ging, das heißt, ich wußte, daß nichts vor sich ging.

Die Ruinen liegen gegen acht Meilen von der Stadt entfernt in völliger Wildnis. Die Straße zu ihnen war von so schlechter Beschaffenheit, daß wir, um die Reise anzutreten, in der Stadt bleiben und uns vorerst den nötigen Vorrat verschaffen mußten. Es gab drei Läden im Ort, deren ganzes Lager zusammengenommen nicht 75 Dollar wert war. In einem fanden wir anderthalb Pfund Kaffee, den wir auf der Stelle kauften.

ACHTZEHNTES KAPITEL

Quartier im Urwald

Vorbereitungen zum Besuch der Ruinen — Unser Abmarsch — Ankunft bei den Ruinen — Der Palast — Unsere Quartiere im Palast — Erstes Mittagsmahl in den Ruinen — Kolossale Feuerfliegen — Unsere Schlafgemächer — Hindernisse bei der Erforschung der Ruinen — Leiden durch Moskitos

Am nächsten Morgen in der Frühe rüsteten wir uns zu unserem Marsch zu den Ruinen. Für unseren Haushalt mußten wir umfangreiche Vorkehrungen treffen. Unser Küchengerät war einfaches Töpferzeug, und unsere Tassen bestanden aus einigen harten runden Fruchtschalen. Einen Wasserkrug konnten wir uns im Ort nicht verschaffen, aber der Alkalde lieh uns einen unentgeltlich, den Fall ausgenommen, daß er zerbräche. Da er nun aber bereits einen Sprung hatte, so betrachtete er ihn wahrscheinlich als verkauft. Er war ein argwöhnischer alter Knicker, der sein Geld in einem Koffer in einem inneren Zimmer hatte und nie das Haus verließ, ohne die Straßentür abzuschließen und den Schlüssel mit sich zu nehmen. Er ließ sich alles, was wir brauchten, im voraus bezahlen und würde uns unter allen Umständen keinen halben Dollar anvertraut haben.

Alles, was wir brauchten, mußten wir aus der Stadt mitnehmen. Vor allem war eine Frau nötig, aber keine wollte sich allein uns anvertrauen. Eine Frau war durchaus wünschenswert, nicht etwa, wie der Leser vielleicht denken mag, zur Verschönerung unseres Lebens, sondern zum Backen der Tortillas. Sollen diese einigermaßen genießbar sein, so müssen sie frisch von der Pfanne weg gegessen werden. So sahen wir uns denn genötigt, mit dem Alkalden ein Übereinkommen dahin zu treffen, uns täglich Tortillas herauszuschicken.

Unser Abmarsch glich allen anderen unserer Reise. Ein Indianer schritt voran mit einem von einem Bastriemen gehaltenen Kuhhautkoffer auf dem Rücken, von dem an jeder Seite ein in Pisangblätter eingeschlagenes Huhn, von dem nur Kopf und Schwanz zu sehen waren, herabhing. Ein anderer hatte oben auf seinem Koffer einen lebendigen Truthahn mit festgebundenen Beinen und ausgespannten Flügeln, so daß er einem gespreizten Adler glich. Wieder ein anderer hatte zu beiden Seiten seiner Ladung eine Reihe Eier hängen, jedes Ei sorgfältig in eine Maishülse eingewickelt und alle wie Zwiebeln an einem Bastriemen festgemacht. Die Kochgeräte und der Wasserkrug wurden anderen Indianern aufgehockt und enthielten Reis, Bohnen, Zucker, Schokolade und andere Dinge. Ihnen zur Seite hingen Streifen von Schweinefleisch und Bündel Pisangs herab, und Juan endlich trug unsere dünne blecherne Reisekaffeebüchse unterm Arm, nicht mit Kaffee sondern mit Speck angefüllt, der in diesem Lande allezeit in flüssigem Zustand ist.

Um ½ 8 Uhr verließen wir Palenque. Bald kamen wir in einen Wald, der sich ununterbrochen bis zu den Ruinen hinzog und wahrscheinlich noch viele Meilen weiter. Die Straße war weiter nichts als ein indianischer Fußpfad, auf den die Äste und Zweige der Bäume, vom

Regen niedergedrückt, so tief herabhingen, daß wir uns beständig bücken mußten.

Nach zwei Stunden erreichten wir den Fluß Micol und nach einer weiteren halben Stunde den Otula, der tief im Schatten des Waldes lag und schön über ein steiniges Bett dahinsprudelte. Nachdem wir ihn durchritten hatten, trafen wir bald auf einen Steinhaufen und dann auf einen runden, mit Skulpturen versehenen Stein. Wir trieben unsere Maultiere einen steilen, von ihnen kaum zu erklimmenden Abhang eines Trümmerhaufens hinauf zu einer Terrasse, die, wie die ganze Straße, dergestalt von Bäumen bestanden war, daß es uns unmöglich war, ihre Form zu bestimmen. Am Fuße einer zweiten Terrasse machten wir halt, wo unsere Führer uns zuriefen: »el palacio!« – »Der Palast!«

Als wir durch die Bäume sahen, erblickten wir die Vorderfront eines großen Gebäudes, an den Wandpfeilern reich verziert mit ebenso sorgfältig wie zierlich gearbeiteten Stuckfiguren und dicht von Bäumen umwachsen, deren Äste in die Türen eindrangen, in Stil und Effekt einzig, außerordentlich und melancholisch schön. Wir banden unsere Maultiere an die Bäume, stiegen eine Reihe steinerner, von den Bäumen mit Gewalt beiseite geschobener und herabgestürzter Stufen hinauf, traten in den Palast ein, gingen rasch den Korridor entlang und in den Hof, um nur die erste feurige Neugier zu befriedigen, und kehrten dann zum Eingang zurück, wo wir eine Freudensalve, jeder mit vier Schüssen, abfeuerten. Lieber hätten wir das Gewölbe des altersgrauen Palastes von einem Hurra widerhallen lassen; allein es war zugleich unsere Absicht, damit auf die Indianer Eindruck zu machen, die wahrscheinlich nie zuvor in ihrem Leben eine solche Kanonade gehört hatten und wie ihre Vorfahren zu Cortés' Zeit unsere Waffen als blitzspeiende Werkzeuge betrachten mochten. Wie sich denken ließ, werden sie in der Stadt darüber berichten, um damit jeden von einem nächtlichen Besuch bei uns abzuhalten.

So hatten wir denn das Ende unserer langen und mühevollen Reise erreicht, und sogleich der erste Blick gewährte uns Entschädigung für unsere ausgestandenen Mühseligkeiten. Zum ersten Mal betraten wir ein von den Ureinwohnern des Landes errichtetes Gebäudes, welches stand, ehe die Europäer von dem Dasein dieses Kontinents etwas wußten. Wir trafen Anstalten, unter seinem Dache unsere Wohnung aufzuschlagen, und wählten den vorderen Korridor dazu. Den Truthahn und die Hühner ließen wir im Hof, der derartig von Bäumen überwachsen war, daß wir kaum über ihn hinwegsehen konnten, frei herumlaufen. Da für die Maultiere außer den Blättern der Bäume kein Futter vorhanden war und wir sie doch nicht in den Wald laufen lassen konnten, so brachten wir sie die Treppe herauf und durch den Palast in den Hof, wo wir ihnen nun ebenfalls freien Lauf gönnten. Am Ende des Korridors baute Juan eine Küche. Er legte drei Steine mit den Ecken aneinander, deren innerer Raum als Feuerstätte diente. Unser Gepäck wurde an einer Korridorwand aufgestapelt oder auch an Stangen, die quer über den Korridor reichten, aufgehängt. Pawling hob zur Errichtung eines Tisches einen Stein von etwa vier Fuß Länge auf steinerne Beine, und für unsere Betten schnitt er mit den Indianern eine Anzahl Stangen zu, die sie mit Bast zusammenbanden und mit beiden Enden auf Steine legten. Nachdem wir die in den Palast eindringenden Äste und Zweige abgeschnitten hatten, über-

Rast bei den Ruinen von Palenque

blickten wir vom Flur des Palastes aus einen unermeß-
lichen Wald, der sich weithin bis zum Golf von Mexiko
erstreckte.

Da eine abergläubische Furcht die Indianer nicht zur
Nachtzeit in den Ruinen bleiben ließ, waren wir des
Nachts die einzigen Bewohner dieses Palastes unbe-
kannter Könige. Sie, die ihn erbauten, dachten wohl
nicht daran, daß in wenigen Jahren ihr Königsge-
schlecht ausgestorben, ihr Volksstamm ausgerottet,
ihre Stadt ein Trümmerhaufen und Herr Catherwood,
Pawling, ich und Juan ihre einzigen Bewohner sein
würden.

Um 4 Uhr setzten wir uns zum ersten Mittagsmahl
nieder. Das Tischtuch bestand aus zwei Blättern, jedes
gegen zwei Fuß lang, die wir von einem Baum auf der
Terrasse vor der Tür abgepflückt hatten. Juan fühlte
sich so selig, als hätte er das Essen ganz allein für seinen

eigenen Magen zubereitet, und es ging so lustig her wie bei einem Hochzeitsschmause. Mit einem Male überzog sich der Himmel, und ein heftiger Donnerschlag kündigte das Nachmittagsunwetter an. Von der Höhe der Terrasse aus blickten wir über die Waldeswipfel und konnten sehen, wie die Bäume von der Gewalt des Sturmes niedergebeugt wurden. Bald sauste ein grimmiger Windstoß durch die offenen Türen, dem augenblicklich ein schwerer Regen folgte. Unser Tisch ward vom Wind abgeräumt und war, ehe wir noch zu flüchten imstande waren, schon vom Regen überschwemmt. Wir ergriffen unsere Schüsseln und beendeten unser Mahl, so gut wir konnten.

Der Regen hielt, von einem schweren Gewitter begleitet, den ganzen Nachmittag an. Des Nachts konnten wir kein Licht brennen, dafür wurde aber der finstere Palast von Feuerfliegen von außerordentlicher Größe und ungemeinem Glanze erhellt, die teils durch die Korridore schossen, teils ständig an den Mauern schwebten und ein schönes und wundersames Schauspiel boten. Sie waren von der gleichen Art wie jene, die wir in Nopa gesehen hatten. Wir fingen einige mit unseren Hüten. Sie sind über einen halben Zoll lang und haben ein spitzes und bewegliches Fühlhorn am Kopf. Werden sie auf den Rücken gelegt, so können sie sich nur dadurch wieder aufhelfen, daß sie dieses Fühlhorn gegen ein Häutchen auf der Stirn drücken. Hinter den Augen sind zwei runde durchscheinende Häutchen voll leuchtender Substanz, etwa von der Größe einer Stecknadelkuppe, und darunter befindet sich eine größere Membrane mit derselben Leuchtsubstanz. Vier dieser Tierchen zusammen strahlten auf mehrere Ellen im Umkreis ein glänzendes Licht aus, und bei dem Lichte eines einzigen konnten wir den feinen Druck einer amerikanischen Zeitung deutlich lesen.

Unsere Betten hatten wir im hinteren Korridor aufgeschlagen. Dieser Korridor bestand aus offenen Türen und Pilastern. Der Wind sauste hindurch, und der Regen schlug hinein. Wir hatten keine überflüssigen Gegenstände, die wir als Schutz hätten aufstellen können. Zum Glück aber waren zwei Regenschirme, mit Meßruten zusammengebunden und von einem Stück Matte umwickelt, der Zerstörung auf den wilden Gebirgsstraßen entgangen, und diese machten Herr Catherwood und ich am Kopfende unserer Betten fest. Pawling lag so hoch in einer Hängematte im Korridor, daß er vom Regen nur am Fuß gestreift wurde. Und so verbrachten wir unsere erste Nacht in Palenque.

Am Morgen zeigte sich, daß Regenschirme, Bettücher, Kleidungsstücke und Hängematten durch und durch naß waren und daß es keine trockene Stelle gab, wohin man hätte treten können. Wir betrachteten uns schon mit Sicherheit als dem Rheumatismus verfallen. So brachte uns diese Nacht eine recht unerquickliche Enttäuschung, da wir in Palenque das Ende aller Beschwerden und eine Fülle von Behaglichkeit zu finden erwartet hatten. Alles, was wir tun konnten, war, unsere Betten an einer Stelle aufzustellen, die einen besseren Schutz für die nächste Nacht versprach.

Ein gutes Frühstück hätte zur Wiederherstellung unseres Gleichmuts viel beigetragen. Zum Unglück aber fanden wir, daß die Tortillas, die wir den Tag zuvor mit herausgebracht hatten, teils infolge des halbvermoderten Korns, das man vermutlich dazu genommen hatte, teils infolge der außerordentlichen Feuchtigkeit zusammengekleistert, sauer und verdorben waren. Wir verzehrten unsere Bohnen, Eier und Schokolade der Reihe nach ohne Brot, und wie oft zuvor in Zeiten der Not brachte uns eine Zigarre wieder Gleichmut und Zufriedenheit. Gegen 10 Uhr kamen die Indianer mit frischen Tortillas und Milch.

Nun ein Wort über den Umfang dieser Ruinen. Das ganze Land ringsum ist meilenweit von einem dichten Wald gigantischer Bäume bedeckt, mit einem Wuchs von Gebüsch und Unterholz, wie er in den Waldeswildnissen unseres Landes unbekannt ist, und nach allen Richtungen hin undurchdringlich, wenn man sich nicht mittels der Machete den Weg bahnt. Was in diesem Wald begraben liegt, ist mir aus eigener Kenntnis unmöglich zu sagen. Ohne einen Führer wären wir an den in der Nähe liegenden Gebäuden vorübergegangen, ohne eines derselben zu entdecken.

Palenque bildete das Hauptziel unserer Reise, und es war unser Wunsch und unsere Absicht, hier eine ganz gründliche Nachforschung vorzunehmen. Aber es traten Schwierigkeiten ein, die unüberwindlich waren. Erstens standen wir in der Regenzeit. Zweitens gab es keine Axt und keinen Spaten am Ort, und das einzige Instrument war, wie gewöhnlich, die Machete. Ferner war die Schwierigkeit, uns Indianer zur Arbeit zu verschaffen, hier größer als an irgendeinem anderen Ort, den wir besucht hatten. Denn es war die Zeit des Maispflanzens, und die Indianer, von unmittelbarer Hungersnot bedrängt, waren alle auf ihren Milpas beschäftigt. Die Leute wollten nicht in den Ruinen schlafen, kamen spät und gingen frühzeitig wieder fort. Manchmal erschienen ihrer nur zwei oder drei, und selten kamen dieselben Leute zweimal wieder, so daß während unseres Aufenthaltes die gesamten Indianer der

Stadt die Runde bei uns gemacht hatten. Trotz dieser geschilderten Schwierigkeiten ist es mein Wunsch, andere nicht zu entmutigen.

Ich kehre nun wieder zu unserem Tagewerk zurück. Unter der Leitung unseres Führers hatten wir zwar einen anstrengenden, aber höchst interessanten Tag. Was wir hier sahen, bedarf keiner Übertreibung. Es erweckte unsere Bewunderung, unser Staunen. Am Nachmittag kam das regelmäßige Unwetter. Wir hatten indes unsere Betten längs der Korridore unter dem Schutz der äußeren Mauer aufgestellt und waren zwar nunmehr besser geschützt, hatten aber furchtbar unter den Moskitos zu leiden, deren Summen und deren Stiche uns den Schlaf raubten. Mitten in der Nacht nahm ich meine Matte, um diesen Ruhemördern zu entfliehen. Der Regen hatte aufgehört, und der Mond, durch die schweren Wolken brechend, goß ein bleiches Licht in den verfallenen Korridor. Ich kletterte über einen Steinhaufen hinweg, stolperte an der Außenseite des Palastes hin, tappte einen niedrigen, feuchten Gang entlang und breitete meine Matte vor einer niedrigen Tür am innersten Ende des Ganges aus. Zwar flatterten und schwirrten Fledermäuse lärmend und schaurig durch den Gang, aber die häßlichen Geschöpfe trieben doch die Moskitos fort. Die dumpfe Feuchtigkeit war kühlend und erfrischend, und trotz einiger unbehaglicher Gedanken an Schlangen, Eidechsen und Skorpione, die in diesen Ruinen hausen, schlief ich ein.

NEUNZEHNTES KAPITEL

Gefährliche Insekten

Vorkehrungen gegen die Angriffe der Moskitos — Schilderung des Palastes — Pfeiler — Hieroglyphen — Eingänge — Figuren — Korridore — Wirkung der Insektenstiche — Rückkehr zu der Stadt Palenque

Bei Tagesanbruch kehrte ich von meiner dumpfen Schlafstätte zurück und fand Herrn Catherwood und Pawling halb angekleidet und verdrießlich auf den Steinen sitzen. Sie hatten die Nacht schlechter als ich verbracht. Unsere Lage und unsere Aussichten waren sehr trübe. Der Regen, die schwere Arbeit, das schlechte Essen — das alles war nichts, aber ohne Schlaf, ohne Schlaf konnten wir nicht länger bestehen. In der folgenden Nacht war es mit den Moskitos nicht mehr auszuhalten. Der kleinste Körperteil, die Spitze eines Fingers, wurde, wenn er unbedeckt war, von ihnen gestochen. Bedeckten wir den Kopf, so war die Hitze zum Ersticken, und am Morgen waren unsere Gesichter voller Hitzebläschen. Fanden wir kein Gegenmittel, so waren wir verloren. Bei solchen Gelegenheiten entfaltet sich die schöpferische Macht des Genius.

Unsere Betten bestanden, wie man sich erinnern wird, aus nebeneinandergelegten auf aufgeschichteten Steinen ruhenden Stangen. Über diese legten wir unsere *pellones* und *armas de aguas*, unseren ledernen

Regenschutz, und auf diese unsere Strohmatten. Dies verhinderte, daß unsere Feinde uns von unten, durch die Zwischenräume der Stangen, angriffen. Unsere Bettücher waren bereits zu Säcken zusammengenäht. Nun trennten wir die eine Seite auf, schnitten Ruten ab und krümmten sie zu Bogen, die über der Bettunterlage etwa zwei Fuß Höhe hatten. Über die gekrümmten Ruten wurden die Bettücher gespannt und diese, mit Ausnahme eines kleinen Stücks am Kopfe, das offenblieb, ringsum zugenäht, so daß sie fast wie Totenladen aussahen. In diese Säcke krochen wir des Nachts hinein. Schon lauerten die Feindesscharen drinnen auf diesen Augenblick. Wir aber hielten vor die offenen Stellen einen brennenden Kerzenstumpf, lockten sie damit heraus, machten Jagd auf sie, schlugen wacker drauf los und legten uns dann mit trotziger Herausforderung zum Schlafen nieder.

Mittlerweile ging unsere Arbeit voran. Wie in Copán, so war auch hier meine Aufgabe, die verschiedenen Gegenstände für Herrn Catherwood zum Zeichnen vorzubereiten. Viele der Steine mußten abgekratzt und gereinigt werden, und da wir in den Zeichnungen eine höchstmögliche Genauigkeit anstrebten, waren an vielen Stellen Gerüste aufzurichten, um die Camera lucida darauf zu stellen.

Um dem Leser einen Eindruck von den uns interessierenden Gegenständen zu geben, so komme ich nun zu einer Schilderung des Gebäudes, in dem wir wohnten, des sogenannten »Palastes«.

Die Vorderfront des Gebäudes ist nach Osten gerichtet. Es hat eine Länge von 228 Fuß und eine Tiefe von 180 Fuß. Seine Höhe beträgt nur 25 Fuß. Es war aus Stein erbaut und dieser durch einen Mörtel von

Der Palast von Palenque

Kalk und Sand verbunden. Die ganze Front war mit
Stuck verkleidet und bemalt. Die Pfeiler waren durch
geistvolle Figuren in Basrelief verziert. Der Haupteingang zeichnet sich weder durch seine Größe noch
durch hervorstechende Verzierungen aus, sondern
wird lediglich durch eine Reihe breiter steinerner Stufen, die auf der Terrasse zu ihm hinaufführen, ange-
kündigt. Die Eingänge haben keine Türen, auch sind
keine Spuren davon zu sehen. Die Giebel der Eingänge
waren alle eingestürzt. Sie waren offenbar viereckig
gewesen, und über jedem befanden sich auf jeder Seite
große Vertiefungen in der Mauer, in denen die Ober-
schwellen gelegen hatten.

Das Gebäude hat zwei parallele Korridore, die der
Länge nach auf allen seinen vier Seiten verlaufen. Die
Fußböden sind von Zement, der so hart ist wie der
beste, den man in den Überresten römischer Bäder und
Zisternen gefunden hat. Die Wände sind gegen 10 Fuß
hoch, verputzt und auf jeder Seite des Haupteingangs
mit Medaillons geschmückt, von denen nur noch die
Ränder übrig sind.

Steinfiguren im Basrelief am Palast von Palenque

Von der Mitteltür des vorderen Korridors, den Juan für uns als Küche benutzte, führt eine Reihe 30 Fuß langer steinerner Stufen zu einem rechtwinkligen, 80 Fuß langen und 70 Fuß breiten Hof. Auf jeder Seite der Stufen sind grimmig aussehende gigantische, 9 bis 10 Fuß hohe Figuren in Stein und in Basrelief eingehauen. Sie sind verziert mit reichem Kopfschmuck und Halsschnuren, ihre Stellung aber verrät Schmerz und Unruhe. Als wir Besitz vom Palast nahmen, war dieser Hof von Bäumen überwachsen, so daß wir kaum über ihn hinwegsehen konnten, und so mit Schutt angefüllt, daß wir genötigt waren, erst einmal den mehrere Fuß tiefen Schutt beiseite zu schaffen, ehe diese Figuren gezeichnet werden konnten. Auf der hinteren Seite des Hofes war eine Flucht steinerner Treppen, entsprechend den vorderen, zu deren beiden Seiten Figuren eingehauen und auf der glatten Fläche zwischen ihnen Kartuschen von Hieroglyphen waren.

Ostwärts eines in die Augen springenden Turmes, der aber bei näherer Prüfung uninteressant war, liegt ein anderes Gebäude mit zwei Korridoren, von denen der eine reich mit Stuckgemälden geschmückt war und in der Mitte eine elliptische Tafel enthielt. Sie ist 4 Fuß lang und 3 Fuß breit, von hartem, in die Mauer gefügtem Gestein und die Skulptur in Basrelief. Die Hauptfigur sitzt mit übereinandergeschlagenen Beinen auf einem Ruhebett, das mit zwei Jaguarköpfen geschmückt ist. Die Stellung ist bequem, die Physiognomie gleicht der der anderen Personen, und ihr Ausdruck ist ruhig und wohlwollend. Um den Hals trägt sie eine Perlenschnur, woran ein kleines Medaillon mit einem Gesicht hängt, das vielleicht ein Bild der Sonne sein sollte. Gleich allen anderen Skulpturen, die wir im Lande sahen, trug die Person Ohrringe, Armbänder am Handgelenk und einen Gürtel um die Lenden. Der Kopfschmuck unterscheidet sich von den meisten anderen in Palenque dadurch, daß ihm der Federbusch fehlt. Nahe dem Kopf befinden sich drei Hieroglyphen.

Die andere Figur auf der elliptischen Tafel, die eine weibliche zu sein scheint, sitzt mit untergeschlagenen Beinen auf dem Boden, ist reich bekleidet und scheinbar im Begriff, ein Opfer zu bringen.

Mit Hilfe dieser Angaben wird der Leser sich von der Palastruine von Palenque eine Vorstellung machen können, von der verschwenderischen Fülle ihrer Ornamente, ihrem einzigartigen Charakter und ihrem melancholischen Eindruck in dem düsteren Waldesdunkel.

Wir hatten hier von Wild zu leben erwartet, sahen uns aber getäuscht. Wilden Truthahn konnten wir zwar zu jeder Zeit vom Portal des Palastes aus schießen, nachdem wir es aber mit einem versucht hatten, wagten wir es nicht, unsere Zähne an einem zweiten zu verderben. Außer diesem gab es nichts als Papageien,

Affen und Eidechsen, durchweg ein recht gutes Mahl, das wir aber für Zeiten dringender Not in Reserve hielten. Übrigens hätten die Dichte des Waldes und die schweren Regengüsse das Jagen unmöglich gemacht.

Einmal ging ich allein auf eine Entdeckung aus. Von der Tür des Palastes aus erhob sich fast in gleicher Linie mit der Vorderfront ein hoher steiler Berg, von dem wir meinten, er müsse einen Überblick über die alte Stadt in ihrem ganzen Umfange gewähren und vielleicht selbst auch Ruinen enthalten. Mit meinem Kompaß in der Hand ließ ich von einem Indianer mit seiner Machete eine gerade Linie in ostnordöstlicher Richtung zum Gipfel hinauf aushauen. Der Aufstieg war so steil, daß ich genötigt war, mich an den Zweigen hinaufzuziehen. Auf der Spitze des Berges stieß ich auf einen hohen Steinhügel mit einer noch vorhandenen Grundmauer. Vermutlich hatte ein Turm oder ein Tempel hier gestanden; aber der Wald war so dicht wie unten und daher von der Ruinenstadt gar nichts, nicht einmal der Palast zu sehen. Ich kletterte auf einen der Bäume, die auf der Spitze des Steinhügels hervorgewachsen waren, konnte aber auch von hier aus weder den Palast noch irgendein anderes Gebäude gewahren. Hinter uns war nichts als Wald, vor uns blickten wir durch eine Öffnung der Bäume auf eine große bewaldete Ebene, die sich bis Tabasco und bis zum Golf von Mexiko ausdehnte. Der Indianer stand am Fuße des Baumes, und wie er durch die Zweige guckte, wandte er plötzlich sein freudestrahlendes Gesicht zu mir herauf, zeigte mir ein Fleckchen auf der Ebene, das ihm die Welt war, und rief: »*alli está el pueblo*« — »Dort liegt mein Pueblo.«

Außer den Moskitos und den Garrapatas, den Zecken, hatten wir auch noch unter einem anderen schlimmeren Insekt, von den Einheimischen *nigua* genannt, zu leiden. Diese *niguas* sollen eine große Plage für die ersten Spanier in diesem Land gewesen sein. Ein spanischer Geschichtsschreiber sagt von ihnen, »daß sie sich unter den Nägeln der Zehen einfraßen, daselbst unter der Haut ihre Eier legten und sich in solcher Weise vermehrten, daß man ihrer nicht anders loswerden konnte als durch Ätzmittel, wodurch manche ihre Zehen, manche gar ihre Füße verloren, während sie gleich anfangs hätten herausgezogen werden sollen. Da sie aber mit dem Übel noch unbekannt waren, so wußten sie das rechte Mittel nicht anzuwenden.«

Diese Schilderung ist bis zum letzten Satz wahr. Wir waren diesen Niguas bisher glücklich entgangen, und da uns das Übel unbekannt war, so wußten wir auch nicht das richtige Mittel anzuwenden. Mehrere Tage lang trug ich eine Nigua in meinem Fuß. Ich fühlte wohl, daß mir etwas fehlte, ohne aber zu wissen, was, bis die Eier gelegt waren und sich vermehrt hatten. Pawling machte sich daran, sie mit dem Federmesser herauszuholen. Es blieb ein großes Loch im Fleisch, und teils dadurch, teils durch die Stiche anderer Insekten entzündete sich mein Fuß, so daß ich keinen Schuh und keinen Strumpf anziehen konnte und ich einen ganzen Tag ruhen und meinen Fuß in horizontaler Lage halten mußte. Doch die Entzündung nahm in solchem Grade zu, daß ich beschloß, in die Stadt zurückzukehren. Ich schickte nach einem Maultier, und am zehnten Tag nach meiner Ankunft in den Ruinen hinkte ich die Terrasse hinab und stieg auf, wobei mein unglücklicher Fuß auf einem über den Sattelbogen gelegten Kissen ruhte.

Als ich das Plateau, auf dem die Stadt liegt, hinaufritt, bemerkte ich eine ungewöhnliche Lebhaftigkeit und eine Menge Menschen in der grasüberwachsenen Straße, die sich bei meinem Anblick in Bewegung zu setzen schien. Sogleich kamen drei oder vier Männer auf mich zugeritten. Irrtümlicherweise wurden meine Gefährten und ich für drei Padres gehalten, die an diesem Morgen aus Tumbala erwartet wurden. Hätte das Mißverständnis länger fortgedauert, so würde ich ein Mahl, das für mindestens sechs Personen ausgereicht hätte, für mich gehabt haben. Leider aber ward der Irrtum bald entdeckt, und so ritt ich weiter zu unserem alten Hause.

ZWANZIGSTES KAPITEL

In fröhlicher Gesellschaft

Ankunft der Padres — Der Pfarrer von Palenque — Kartenspiel — Eine Tischgesellschaft — Rückkehr zu den Ruinen — Auffallende Veränderungen hier

Nachdem die Padres drei Tage lang die Stadt in Aufregung gehalten hatten, hielten sie endlich ihren triumphalen Einzug, von Bürgern eskortiert und mit einem Gefolge von mehr als hundert Indianern mit Hamacas, Sillas und Reisegepäck. Zwei von ihnen waren die Pfarrer von Tumbala und Ayalon, die wir auf unserer Reise schon kennengelernt hatten, und der dritte war ein Franziskanermönch aus Ciudad Real. Sie hatten unterwegs schwer zu leiden gehabt. Der Padre von Tumbala war ein vielversprechender junger Mann von 28 Jahren und wog damals an die 12 Steine oder 240 Pfund. Das ist eine schwere Last, wenn man sie auf solchen Straßen, wie sie sie bereist hatten, mit sich herumschleppen soll. Am meisten hatte der Franziskanermönch zu leiden, der seitwärts in einer Hängematte saß, die Weste offen hatte und sich beständig den Schweiß von der Brust wischte. Alle drei waren kenntnisreiche Männer, was allein schon der Umstand zeigte, daß sie die Reise nur gemacht hatten, um die Ruinen zu besuchen. Sie waren entsetzt über die Geschichten, die sie von den

Moskitos, Insekten und Reptilien in den Ruinen hatten erzählen hören und insbesondere über das, was sie über den Zustand meines Fußes vernommen hatten.

Während wir bei der Schokolade saßen, trat der Pfarrer von Palenque ein, den ich noch gar nicht gesehen hatte, weil er, als wir hier anlangten, gerade in einer ihm unterstehenden Ortschaft war. Seine äußere Erscheinung war origineller als die der anderen. Er war ein hochgewachsener Mann mit langem schwarzem Haar und indianischen Gesichtszügen. Seine Kleidung war so ungeistlich wie seine Person und bestand aus einem alten Strohhut mit vorn, hinten und an den Seiten aufgeschlagenem Rand, so daß er vier regelmäßige Ecken bildete, mit einem breiten blauen Samtband statt des Hutbandes verziert, beide von Wind und Regen hart mitgenommen; ferner einem karierten Hemd, einem alten blauseidenen gelbgestreiften Halstuch, einer gestreiften Jacke, einer schwarzen Weste, langen, aus Bettüberzügen gemachten Beinkleidern und endlich gelben Buckskinschuhen. Aber diese frappierende Hülle verbarg eine bezaubernde Herzenseinfalt und Feinheit des Wesens, und wenn er sprach, strahlte sein Gesicht von Güte. Auch bewies der Empfang, der ihm von seiten der Padres zuteil ward, wie wert er ihnen war.

Nachdem wir uns eine Weile unterhalten hatten, wurden die Schokoladentassen fortgetragen, und einer der Padres holte aus seinem Reisekoffer ein Kartenspiel hervor und legte es auf den Tisch. Er führte es, wie er sagte, stets bei sich, und es wäre recht angenehm, in Gesellschaft zu reisen, weil man dann abends ein Spielchen machen könnte. Die Karten hatten, wie man ihnen ansah, schon viele Dienste geleistet. Eine alte Dienerin legte eine Handvoll Maiskörner und ein neues Paket Papierzigarren auf den Tisch. Da ich es ablehnte mitzuspielen, enthielt sich einer der ehrwürdigen Väter des Spiels und unterhielt mich, während die anderen drei sich zum Monte niedersetzten, aber dabei weiterhin an der Unterhaltung teilnahmen. Bald aber vertieften sie sich mehr und mehr in das Spiel, und als ich von ihnen ging, spielten sie mit einem Ernst und Eifer, als ob es sich dabei um die Seelen unbekehrter Indianer handelte. Ich hatte oft von Ausländern die hämische Bemerkung gehört, daß in diesem Land nicht zwei Padres zusammenkommen könnten, ohne Karten zu spielen. Es war das erstemal, daß ich sie bestätigt fand.

Der nächste Tag war ein Sonntag. Das Gewitter der Nacht war fortgezogen, die Luft war mild, und das Gras prangte in frischem Grün. Um 12 Uhr waren wir zu Don Santiago zum Diner eingeladen. Die meisten Gäste, darunter auch die drei Padres, waren schon versammelt. Der Padre von Tumbala, jener Mann mit dem Gewicht von 240 Pfund und seiner für jenes Land etwas stutzermäßigen Kleidung, hatte seine Violine mitgebracht und unterhielt sich und die Gesellschaft mit mehreren Liedern des Landes.

Unterdessen war der Pfarrer von Palenque noch immer nicht da und erschien nicht eher, als nachdem man zweimal nach ihm geschickt hatte. Sowie er eintrat, fingen die anderen Padres an, ihn mit seiner Vergeßlichkeit aufzuziehen, die sie durchaus für rein erheuchelt ansehen wollten. Sie meinten, sie hätten ihm den Abend zuvor sechzehn Dollar abgewonnen, und deshalb hätte er sich gefürchtet zu kommen. Er antwortete in demselben Ton, daß er ein ruinierter Mann wäre. Darauf boten sie ihm Revanche an, und

sofort ward der Tisch herbeigerückt, Karten und Maiskörner darauf ausgebreitet und von den drei Padres das
Montespiel begonnen, während der Pfarrer von Tumbala die Violine spielte.

Da am nächsten Morgen mein Fuß wieder einigermaßen hergestellt war, ritt ich zum Hause der Padres,
um sie zu den Ruinen zu begleiten. Wiederum war der
Padre von Palenque der Ausbleibende. Wir ritten zu
ihm hinüber und warteten, bis er auf dem Rücken eines
hohen Pferdes erschien. Vor ihm saß, sorgfältig gehalten, ein Knäblein, das ihm so wunderbar ähnlich sah,
daß aus zarter Rücksicht auf seine Verpflichtung zum
Zölibat die Leute nicht fragten, wessen Sohn es wäre.
Er band ein Reservepaar Schuhe hinter seinen Sattel,
und wir zogen unter den »a Dios« des ganzen Städt-
chens ab.

Da die Padres die Nacht in den Ruinen zuzubringen
beabsichtigten, so folgte ihnen ein Troß von fünfzig bis
sechzig Indianern, beladen mit Betten, Bettzeug,
Lebensmitteln, Sacate für die Maultiere und Gegenständen aller Art. Selbst ein irdenes weißes Waschbecken fehlte nicht. Außerdem hatten sie auch noch,
begünstigter als wir, vier oder fünf Frauen bei sich.

Die Padres hatten zwar schöne Tiere, waren aber
schlechte Reiter, die oft abgeworfen wurden. Endlich
um 11 Uhr erreichte zur großen Freude aller unser langer, seltsam aussehender Zug die Ruinen.

Seit ich den Palast verlassen hatte, war eine merk-
liche Veränderung eingetreten. Die Wände waren
feucht und die Räume naß. Der ununterbrochene
Regen arbeitete sich durch alle Risse und Spalten hindurch und machte sich im Dach Öffnungen. Sättel,
Zäume, Stiefel und Schuhe sahen grün und schimmlig

aus, und die Flinten und Pistolen hatten einen Rostüberzug. Herr Catherwoods Anblick erschreckte mich. Er sah siech und eingefallen aus, ging infolge von Insektenstichen lahm, sein Gesicht war geschwollen, und sein linker Arm hing durch Rheumatismus wie gelähmt herab.

Wir schickten die Indianer über den Hof in den gegenüberliegenden Korridor, wo sie einen geeigneten Platz aussuchten, sofort die Catres aufstellten und die Padres mit aller häuslichen Bequemlichkeit sich zu einer einstündigen Ruhe niederlegten. Aus lauter Wohlwollen und um die Honneurs im Palast zu tun, lud ich die Wohlehrwürdigen bei uns zu Tische ein. Catherwood und Pawling machten Einwände, und die Padres wären freilich besser weggekommen, wenn sie für sich gegessen hätten, allein sie verstanden den Sinn der Einladung und sagten uns in verbindlicher Weise ihr »muchas gracias«. Nach ihrer gehaltenen Siesta geleitete ich sie durch den Palast und verließ sie dann in ihrem Gemach. Seltsamerweise fiel diese Nacht kein Regen, so daß wir mit dem vor das Licht gehaltenen Hut über den Hof gehen konnten, um ihnen einen Besuch zu machen. Wir sahen die drei ehrwürdigen Herren auf einer Matte auf dem Boden sitzend und den Tag mit einem gemütlichen Kartenspiel beschließend, die Indianer aber rings um sie schliefen.

Am nächsten Morgen führte ich sie mit Hilfe Pawlings und der Indianer, die sie beim Klettern heben und ziehen sollten, zu den anderen Gebäuden, wo ich sie manche wunderliche Hypothese äußern hörte. Um 2 Uhr kehrten sie unter vielen Ausdrücken des Wohlwollens und unter dringenden Einladungen in ihre verschiedenen Klöster in die Stadt zurück.

Spät am Nachmittag trat das Sturmwetter mit furchtbarem Donner ein, der des Nachts mit grauenvollem Getöse sich an den alten Gemäuern brach, während feurige Blitze die Korridore durchzuckten.

Rätselhafte Urwaldruinen

Ein Gebäude — Stuckornamente — Menschliche Figuren — Tafeln — Merkwürdige Hieroglyphen — Eine Steinstatue — Das Oratorio — Noch andere pyramidenförmige Bauten und Gebäude — Diese Ruinen sind die Überbleibsel eines zivilisierten und ureigenen Volkes — Palenques Alter

Vom Palast aus ist kein anderes Gebäude sichtbar. Steigt man die südwestliche Ecke der Terrasse hinab, so erhebt sich unmittelbar an deren Fuße ein zerfallener pyramidenförmiger Bau, der einstmals auf allen Seiten Stufen gehabt zu haben scheint. Diese Stufen sind von den Bäumen herabgeworfen worden, so daß man über Steine klettern und sich an den Zweigen in die Höhe ziehen muß. Etwa auf halbem Wege sieht man zwischen den Bäumen hindurch ein Gebäude, das wir als »Casa No. 1« bezeichneten. Es ist 76 Fuß lang und 25 Fuß breit. Es hat 5 Türen und 6 Pfeiler. Die ganze Fassade war reich mit Stuck verziert. Die Eckpfeiler sind mit Hieroglyphen bedeckt, wovon jeder 96 Felder enthält. Die vier anderen Pfeiler sind mit menschlichen Figuren verziert, zwei auf jeder Seite.

Die erste Figur zeigt eine Frau mit einem Kind in den Armen. Wir vermuten wenigstens aus der Kleidung, daß es eine Frau ist. Sie ist von einem sorgfältig gearbeiteten Rahmen umschlossen und steht auf einem reichen Ornament. Der Kopf ist zerstört. Über dem

Die Casa No. 1 in Palenque

Scheitel sind drei Hieroglyphen, und auch in der rechten Ecke sind Spuren von Hieroglyphen. Die anderen drei Figuren haben im allgemeinen dasselbe Gepräge; wahrscheinlich hatte jede ein Kind in den Armen, und über jeder sind Hieroglyphen zu sehen.

Am Fuße der zwei Mittelpfeiler sind zwei Steintafeln mit anscheinend interessanten Figuren. Sie steckten aber so tief in Trümmermassen vergraben, daß es unmöglich war, sie zu zeichnen.

Das Innere des Gebäudes ist in zwei Korridore geteilt. Der vordere Korridor ist 7 Fuß breit. Die Scheidemauer ist sehr massiv und hat drei Türen, eine große in der Mitte und eine kleinere an jeder Seite. In diesem Korridor befindet sich an jeder Seite der Haupttür eine große Hieroglyphentafel, jede 13 Fuß lang, 8 Fuß hoch und in 240 Felder mit Charakteren oder Symbolen eingeteilt. Beide sind so in die Mauer eingefügt, daß sie um 3 bis 4 Zoll vorstehen.

Auf der ersten Tafel ist eine Linie vom Wasser verwischt, das Gott weiß wie lange herabgesickert ist und eine Art Stalaktit gebildet hat, der sich mit dem Stein innig verbunden hat und den wir nicht zu entfernen vermochten, obwohl er vielleicht auf chemischem Wege zu beseitigen sein dürfte. Auf der anderen Tafel ist beinahe die eine Hälfte der Hieroglyphen durch die Einwirkung des Wassers und Zersetzung des Steins verschwunden. Als wir sie zum ersten Male sahen, waren beide Tafeln mit einer dicken grünen Moosschicht überdeckt, und es war nötig, sie erst abzuwaschen und abzukratzen, die Linien mit einem Stückchen Holz zu reinigen und alles vollständig abzubürsten. Außerdem mußten wir wegen der Dunkelheit des Korridors, infolge der davor wachsenden dichtschattigen Bäume, Lichter oder Fackeln anbrennen, um, während Herr Catherwood zeichnete, ein starkes Licht auf die Steine zu werfen.

Die unteren und oberen Teile dieses Gebäudes haben keine Treppe oder irgendwelche sichtbare Verbindung miteinander. Wir konnten daher nur dadurch nach oben gelangen, daß wir an einem Baum, der dicht an der Mauer wuchs und dessen Zweige sich über das Dach ausbreiteten, hinaufkletterten. Das Dach ist geneigt, und die Seiten sind mit Stuckverzierungen bedeckt, die, den Elementen und den Angriffen der Bäume und Zweige ausgesetzt, matt und zerstört sind, so daß ihre Zeichnung nicht möglich war. Aber es war doch noch genug davon übrig, um uns zu überzeugen, daß sie in ihrem unversehrten Zustande und in ihrer Farbenpracht reich und imposant gewesen sein müssen.

Vor diesem Gebäude, am Fuße der Pyramide, fließt

ein kleines Gewässer. Wir überquerten es und kamen zu einer zertrümmerten Steinterrasse von etwa 60 Fuß Höhe, von welcher aus sich ein zweiter, jetzt zerstörter und von Bäumen überwachsener Pyramidenbau erhebt. Auf seiner Spitze steht das von uns als »Casa No. 2« bezeichnete Gebäude.

Dieses Gebäude ist 50 Fuß lang und hat eine Tiefe von 31 Fuß. Es hat drei Eingänge. Die ganze Vorderseite war mit Stuckverzierungen bedeckt. Die zwei äußeren Pfeiler enthalten Hieroglyphen.

In der Nähe dieses Gebäudes war ein anderes interessantes Monument. Als wir das erste Mal mit unserem Führer daran vorübergingen, lag es auf seinem Gesicht, mit dem Kopf nach unten und durch Stein- und Erdmassen halb vergraben. Die Indianer schnitten einige junge Bäume als Hebestangen ab und wälzten es herum. Es ist die einzige Statue, die je in Palenque gefunden worden ist. Wir waren frappiert von dem Ausdruck ernster Ruhe und durch die auffallende Ähnlichkeit mit ägyptischen Statuen. Seine Höhe beträgt 10 Fuß 6 Zoll, wovon 2 Fuß 6 Zoll unter der Erde lagen. Der Kopfschmuck ist hoch und breit. Anstelle der Ohren sind Löcher, die vielleicht mit Ohrringen von Gold und Perlen geschmückt waren. Um den Hals trägt sie eine Halsschnur, und mit der rechten Hand drückt sie ein Instrument, scheinbar mit Zähnen versehen, an die Brust. Die linke Hand ruht auf einer Hieroglyphe, von der ein symbolischer Zierat herabläuft. Die Figur steht auf etwas, was wir stets als eine Hieroglyphe betrachtet haben, analog der Sitte, wie man in Ägypten den Namen und das Amt des dargestellten Helden oder einer anderen Person zu bezeichnen pflegte.

Vorderer Korridor der Casa No. 3

Unmittelbar neben dem letzterwähnten Gebäude erhebt sich ein anderer Pyramidalbau von etwa gleicher Höhe. Auf seiner Spitze steht das mit »Casa No. 3« bezeichnete Gebäude. Die Dichte des Waldes ist so groß, daß man kein Gebäude vom anderen aus sehen kann, obwohl sie nur in geringer Entfernung voneinander stehen. Es hat eine Länge von 38 Fuß und eine Tiefe von 28 Fuß und hat drei Türen. Das Innere bilden wiederum zwei mit Stein gepflasterte Korridore. Der hintere Korridor ist in drei Räume geteilt. Im mittleren, der Haupteingangstür gegenüber, ist eine Kammer, die wir Betkapelle oder Altar nannten. Der Türgiebel hat prachtvolle Stuckverzierungen, und auf den Pfeilern zu beiden Seiten waren Steintafeln in Basrelief. Das Innere der Kammer war 4 Fuß 7 Zoll tief und 9 Fuß breit. Es hatte keine Stuckverzierungen oder Malereien, wohl aber eine in die hintere Wand eingesetzte, die ganze Breite des Zimmers bedeckende Steintafel von 9 Fuß Breite und 8 Fuß Höhe. Diese Tafel ist das vollkommenste und interessanteste Überbleibsel in Palenque. Sie ist aus drei Steinen zusammengesetzt. Die Skulptur ist vollkommen, und die Charaktere und Figuren stehen deutlich auf dem Stein. Auf jeder Seite sind Hieroglyphenreihen. Die Hauptpersonen scheinen Opfergaben darzubringen. Beide Personen stehen auf dem Rücken menschlicher Wesen, von denen eines sich auf die Hände und Knie stützt, während das andere durch die Wucht zu Boden gedrückt zu werden scheint. Zwischen ihnen, am Fuße der Tafel, sitzen zwei Figuren mit übereinandergeschlagenen Beinen, von denen die eine sich mit der Rechten auf den Boden stützt und mit der Linken eine viereckige Tafel hält. Ihre verzerrten Gesichter können vielleicht als Aus-

Zentrales Relief am Sonnentempel von Palenque

druck von Schmerz und Leiden betrachtet werden. Sie sind beide in Jaguarfelle gekleidet.

Der Pfeiler zu jeder Seite des Eingangs enthielt eine Steintafel mit Figuren in Basrelief. Diese Tafeln sind jedoch in die Stadt geschafft worden, wo man sie als Schmuck in die Mauer eines Hauses eingefügt hat. Das Haus gehörte zwei Schwestern, die eine übertriebene Vorstellung von dem Wert dieser Tafeln hatten und, obwohl stets erfreut, wenn wir sie betrachten kamen, doch gegen ein Abzeichnen Einwendungen machten. Wir erhielten die Erlaubnis dazu nur durch das Versprechen, daß auch sie eine Kopie bekommen sollten. Als ich die Tafeln das erstemal sah, faßte ich sogleich den Entschluß, sie zu kaufen und sie als ein Muster-stück aus Palenque mit in die Heimat zu nehmen. Es währte jedoch einige Zeit, ehe ich mich getraute, mit der Sache herauszurücken. Sie konnten nicht ohne das

Haus gekauft werden. Dies war indes kein Hindernis, da mir auch das Haus gefiel. Hiermit verknüpften sich später, wie wir noch sehen werden, ganz andere Verhandlungen.

Zwei Figuren stehen einander gegenüber. Nase und Augen der rechten Figur sind stark markiert, aber die Züge im ganzen nicht so auffallend. Der Kopfschmuck ist seltsam und besteht hauptsächlich aus Pflanzenblättern und einer herabhängenden großen Blume. Unter den Ornamenten zeichnen sich der Schnabel und die Augen eines Vogels und eine Schildkröte aus. Der Mantel ist ein Jaguarfell, und um die Handgelenke und Knöchel hat die Figur Krausen.

Der Kopfschmuck der zweiten Figur besteht aus einem Federstrauß, in welchem ein Vogel einen Fisch im Schnabel hält, und an drei verschiedenen Stellen des Kopfschmucks sind noch drei Fische zu sehen. Die Figur trägt einen reichgestickten Halskragen und einen breiten Gürtel mit dem Kopf eines Tiers sowie Sandalen und Gamaschen. Die rechte Hand ist wie zum Beten oder zu bittender Abwehr mit auswärtsgekehrter Fläche ausgestreckt. Über den Köpfen dieser rätselhaften Personen sind drei geheimnisvolle Hieroglyphen.

Wenn sich der Leser vielleicht in seinen Erwartungen getäuscht sieht, wir waren es nicht. Was vor unseren Augen lag, war großartig, interessant und merkwürdig genug. Wir hatten vor uns die Überreste eines zivilisierten, kultivierten und ureigenen Volkes, das alle Stadien der Nationen durchlaufen, das sein goldenes Zeitalter erreicht hatte und untergehend in gänzliches Dunkel versank.

Inmitten der Verödung und Zertrümmerung schauten wir zurück in die Vergangenheit, schoben den düsteren Wald hinweg und dachten uns jedes Gebäude in seiner Vollkommenheit, mit seinen Terrassen und Pyramiden, seinem Skulptur- und Malereischmuck, in seiner ganzen Größe, Höhe und Imposantheit. Eine ungeheure bewohnte Fläche überblickend, riefen wir das fremde seltsame Volk ins Leben zurück, das melancholisch von den Wänden auf uns sah, malten uns diese Menschen in ihren phantastischen Kostümen und ihrem Federschmuck aus, wie sie die Terrassen des Palastes und die Stufen zu den Tempeln hinaufstiegen, und zauberten uns ein Schauspiel voll einziger und glänzender Schönheit und Herrlichkeit vor die Seele.

Nie hat etwas im Roman der Weltgeschichte einen gewaltigeren Eindruck auf mich gemacht als der Anblick dieser einst großen und reizenden, jetzt gestürzten, verödeten, tief im Waldesdunkel vergrabenen, selbst bis auf den Namen untergegangenen Stadt.

Wie bei den Ruinen Copáns werde ich auch bei den Monumenten von Palenque keine Mutmaßung über ihr Alter aussprechen. Ich will bloß bemerken, daß in einer Entfernung von zehn Leguas ein Ort Las Tres Cruces liegt. Der Sage nach soll Cortés an dieser Stelle drei Kreuze errichtet haben, als er auf seinem Eroberungszug von Mexiko nach Honduras beim See von Petén vorüberkam. Cortés muß damals zwanzig bis dreißig Meilen von dem Orte, der jetzt Palenque heißt, vorübergezogen sein. War es eine lebende Stadt, so mußte ihr Ruf zu seinem Ohr gedrungen sein, und er würde sich dann zu ihrer Unterjochung und Plünderung ihr zugewendet haben. Man scheint daher annehmen zu können, daß die Stadt bereits zu jener Zeit verödet und in Trümmern lag und daß selbst ihr Gedächtnis verlorengegangen war.

Heirat mit einer »Tochter des Landes«?

Abschied von den Ruinen — Ein Unfall — Ankunft in der Stadt — Unterhandlungen wegen Palenques Ankauf — Abreise von Palenque — Las Playas — Ein Kaufmännlein — Alligatoren

Unser Küchengerät, bestehend aus den drei Steinen, die Juan am Tage unseres Einzugs zusammengestellt hatte, aus irdenen Gefäßen und Kürbisflaschen nebst unseren Betten, ließen wir für kommende Besucher in den Ruinen zurück. Alles hatte durch die Feuchtigkeit gelitten, war rostig oder schimmlig und in einem Zustand der Auflösung. Nicht viel besser stand es um uns selbst. So nahmen wir in unseren feuchten Kleidern von den Ruinen Abschied. Wir waren glücklich, als wir sie erreichten, aber als wir von ihnen schieden, war unsere Freude übergroß und machte sich in poetischen Ungereimtheiten Luft.

Die Straße war schlimmer als je zuvor. Die Bäche waren zu Flüssen angeschwollen und die Ufer von tiefen, engen und schwierig zu passierenden Wildwasserschluchten zerschnitten. An einer von ihnen stieg ich ab, nachdem ich vergebens versucht hatte, mit meinem Macho überzusetzen. Herr Catherwood war so schwach, daß er auf seinem Maultier sitzen blieb. Schon hatte er den jenseitigen Rand erreicht, als die

Kraft seines Maultiers nachgab, es zurückfiel und mit Herrn Catherwood unter sich im Wasser überschlug. Pawling, der hinter ihm ritt, sprang sogleich ab und zog ihn unverletzt, aber sehr matt heraus. Da er in seinen nassen Kleidern reisen mußte, waren wir um ihn sehr besorgt. Endlich erreichten wir die Stadt, wo er, durch harte Arbeit erschöpft, vollkommen hin war und zum Bett und zur Arzneikiste seine Zuflucht nahm.

Wieder lag eine lange Reise vor uns. Unser nächster Marsch ging nach Yucatán. Bei Herrn Catherwoods Gesundheitszustand fürchtete ich jedoch, daß wir dazu nicht imstande sein würden. Zur Meeresküste aber mußten wir auf alle Fälle. Es gab zwei Routen: entweder über Tabasco oder über La Laguna nach Campeche. Hier aber trafen wir wieder mit dem Krieg zusammen, denn sowohl Tabasco als auch Campeche wurde von den Liberalen belagert. Die erste Route verlangte drei Tagereisen zu Lande, die letztere eine kurze Tagereise, und da Herr Catherwood nicht imstande war zu reiten, so entschlossen wir uns zu dieser.

Mittlerweile, während wir auf seine Genesung warteten, ließ ich mich, um nicht ganz unnütz heimzukehren, auf ein neues Geschäft ein, nämlich auf den Ankauf von Palenque. Nach einer Taxierung sollte der Verkauf erfolgen. Hierfür hatte der Bewerber einen Mann zu nennen, der Präfekt einen zweiten, und falls es sich als nötig erweisen sollte, sie beide einen dritten. Danach sollte das Gesuch nach Ciudad Real zur Genehmigung des Gobernadors und zur Ausfertigung eines Kaufvertrages eingesandt werden.

Das Areal, auf dem die Ruinen standen, bestand aus ungefähr 6000 Morgen guten Landes, das nach der gewöhnlichen Taxierung etwa 1500 Dollar kostete, ohne daß es, wie der Präfekt sagte, wegen der Ruinen einen Cent höher gewertet werden würde. Ich beschloß auf der Stelle, das Land zu kaufen. Es gab aber eine Schwierigkeit. Nach den mexikanischen Gesetzen kann nämlich kein Ausländer Ländereien kaufen, wenn er nicht mit einer *hija del pais*, einer Tochter des Landes, verheiratet ist.

Der Fall war kitzlig und verwickelt. Die Gesellschaft in Palenque war klein. Die älteste junge Dame zählte erst vierzehn Sommer, und die hübscheste Frau des Ortes, die unsere Zigarren machte und bereits viel zu unserem Behagen und Glück beigetragen hatte, war schon verheiratet. Das Haus mit den zwei Tafeln gehörte einer Witwe und einer unverheirateten Schwester, Damen von hübschem Äußeren und von Liebenswürdigkeit, beide in den Vierzigern. Mit einer dieser Damen nun kam das Haus und die zwei Steintafeln in meinen Besitz. Die Schwierigkeit war nur, daß es ihrer zwei und daß beide gleich interessant und gleich interessiert waren. Ich bin bei dieser Erwähnung der kleinen Umstände so genau, um zu zeigen, welche Hindernisse jeden unserer Schritte und Tritte in diesem Lande begleiteten. Es gab noch einen Ausweg, und dieser war, im Namen einer anderen Person zu kaufen; aber ich kannte niemand, dem ich vertrauen konnte. Da fiel mir schließlich Herr Russell, der amerikanische Konsul in La Laguna, ein, der mit einer Spanierin verheiratet war und große Besitzungen im Lande hatte, und ich kam mit dem Präfekten überein, den Kauf in dessen Namen vorzunehmen. Die beiden Tafeln, die ich zu kaufen versucht hatte, wurden zwar von ihren Besitzerinnen hoch gehalten, der Präfekt meinte aber, durch den Ankauf des Hauses würden sie zugleich mit erlangt werden können, und ich gab ihm daher die Vollmacht, es zu einem bestimmten Preis zu erwerben.

Am 4. Juni verließen wir Palenque. Sowie wir zur Stadt hinaus waren, kamen wir sogleich auf eine schöne, malerische, baumgeschmückte Ebene, die sich fünf bis sechs Tagereisen weit bis zum Golf von Mexiko ausdehnte. Schwärme von Schmetterlingen mit großen gelben Flügeln erfüllten die Luft. Gegen 5 Uhr erreichten wir den Pueblo Las Playas. Dieser Ort ist der Ausgangspunkt der Schiffahrt auf den Gewässern, die sich in den mexikanischen Golf ergießen. Die ganze große Ebene ist bis zur See von Buchten und Flüssen durchschnitten, von denen manche im Sommer trocken sind, beim Steigen der Gewässer aber ihre Ufer überfluten. Gegenwärtig stand die Ebene auf der einen Seite des Dorfes unter Wasser und sah wie ein großer See aus.

Der Flecken war ein Häuflein Hütten an den Ufern dieses Sees und bestand aus einer einzigen Gasse, so grasbewachsen und so still wie Palenque. Unser Führer brachte uns zum Kloster, dessen Kirchner er beauftragte, uns mit Abendessen zu versorgen. Das Klostergebäude war aus aufrechtstehenden Hölzern erbaut, hatte ein Strohdach, einen Lehmfußboden und war mit drei Rohrschilfbettstellen und einem Tisch versehen.

Hier sollten wir uns in einem Kanu einschiffen. Der Justicia des Ortes war ein stattlicher Mulatte, wohlgekleidet und sehr zuvorkommend, besaß ein eigenes Kanu und versprach uns für den anderen Morgen zwei *bogadores* oder Ruderer. Es währte nicht lange, so meldeten sich die Moskitos und ließen eine furchtbare Nacht befürchten. Um wenigstens einen Schein von Widerstand zu zeigen, errichteten wir ein gewaltiges

Feuer im Kloster. In der Nacht zog ein Gewitter mit heftigem Sturm heran, so daß wir genötigt waren, die Türen zuzumachen. Zwei ganze Stunden dauerte das Unwetter unter Sturm, Regen, furchtbarem Blitzen und Donnern. Ein Windstoß riß die Tür auf und verstreute das Feuer, so daß es nahe daran war, das Kloster niederzubrennen. Wir debattierten, ob der Rauch oder die Moskitos, Erstickung oder Marter, vorzuziehen seien. Wir zogen das erstere vor, hatten das letztere noch extra und verbrachten eine jämmerliche Nacht.

Am nächsten Morgen kam der Justicia und teilte uns mit, daß die *bogadores* nicht bereit wären und für diesen Tag nicht fort könnten. Der Preis, den er nannte, war beinahe zweimal so hoch, wie uns der Pfarrer gesagt hatte. Dazu kam noch die Zahlung für Possol, das sind kleine Kugeln, die aus zermalmtem Mais geformt werden, Tortillas, Honig und Fleisch. Ich protestierte, und er ging fort, um sich mit den Leuten zu beraten, kam aber mit der Nachricht zurück, daß sie nicht heruntergehen wollten, und so sah ich mich genötigt, darauf einzugehen. Ich muß indes hinzufügen, daß im ganzen Land hier im allgemeinen die Preise fest sind und man sich die Not der Reisenden hier weniger zunutze macht als in den meisten anderen Ländern. Wir waren jedoch des Wartens müde, denn außer dem Zeitverlust und den Moskitos kam noch hinzu, daß unsere Lebensmittel hier noch knapper als in Palenque waren.

Der Kirchner brachte uns etwas Mais, und seine Frau bereitete uns Tortillas. Der Hauptkaufmann des Ortes, der die großartigsten Geschäfte mit uns machte, war ein Knäblein von etwa zwölf Jahren, dessen gesamte Bekleidung aus einem Strohhut bestand.

Nachdem er uns einige Früchte gebracht hatte, sahen wir ihn wieder mit einer Schnur über seiner nackten Schulter kommen, womit er etwas auf dem Boden hinter sich herzog, was sich als ein großer Fisch erwies. Die Hauptnahrung des Ortes waren junge Alligatoren. Sie hatten eine Länge von ungefähr anderthalb Fuß und galten in der Blüte ihres Lebens für sehr zart. Im Augenblick, wo sie auf die Tafel kamen, boten sie keinen einladenden Anblick. Sie schmeckten jedoch besser als der Fisch und ergaben die bestmögliche Nahrung für unsere Kanureise, da sie getrocknet lange aufbewahrt werden konnten.

Mir stand noch ein Abschied bevor, einer, der mir schwer ankam. Ich mußte mich von meinem edlen Macho trennen. Er hatte mich über zweitausend Meilen auf seinem Rücken getragen und zwar auf den schlimmsten Straßen, die je ein Maultier bereiste. Er stand an der Klostertür angebunden, sah das Gepäck, ja selbst seinen eigenen Sattel forttragen und schien ein Vorgefühl zu haben, daß etwas Ungewöhnliches bevorstand. Ich schlang meinen Arm um seinen Hals. Seine Augen hatten einen melancholischen Ausdruck. Er vergaß in diesem Augenblick den schmerzenden Stachel meiner Sporen und ich die Erinnerung daran, daß er mich einst von seinem Rücken geworfen. Ich ließ ihn nebst zwei anderen an die Klostertür gebunden zurück, um zum Präfekten nach Palenque gebracht zu werden und dort von dem schwächenden Einfluß der Frühregen sich zu erholen und auf reicher Trift umherzustreifen, unberührt von Zügel oder Sporen.

Eine stürmische Flußfahrt

Einschiffung — *Eine überschwemmte Ebene* — *Der Río Chico* — *Der Usumacinta* — *Der Río Palizada* — *Yucatán* — *Einschiffung nach La Laguna* — *Schießen auf Alligatoren* — *Furchtbares Unwetter* — *Der See Términos* — *Ankunft in La Laguna*

Um 7 Uhr gingen wir ans Ufer hinunter, um uns einzuschiffen. Die Bootsleute, mit denen der Justicia sich beraten hatte und für die er mit solcher Zähigkeit gefochten hatte, waren — der ehrenwerte Herr selbst und noch ein anderer Mann, den er vermutlich als den wohlfeilsten, im Orte aufzutreibenden Gehilfen gemietet hatte. Das Kanu war etwa 40 Fuß lang und hatte am Stern einen *toldo*, ein Sonnenzelt, das mit Matten überdeckt war. Der See, auf dem wir fuhren, war weiter nichts als eine große überschwemmte Ebene mit einer Wassertiefe von drei bis vier Fuß. Der Justicia im Stern und der Gehilfe vor ihm trieben das Kanu mit an die Schultern gedrückten Bootshaken über die Wasserfläche.

Um 8 Uhr fuhren wir in eine enge schlammige Bucht ein, die nicht breiter als ein Kanal, aber sehr tief war und wo wir die Strömung gegen uns hatten. Der Bootshaken vermochte den Grund nicht mehr zu erreichen. Da er aber gabelförmig war, so stemmte ihn der Ruderer gegen die Äste der über das Ufer hängenden Bäume und stieß das Boot vorwärts, während der Justicia, dessen Stange einen Haken hatte, ihn an anderen Ästen anhakte und es zog. Auf diese Weise arbeiteten wir uns zwischen den bewaldeten Ufern langsam auf dem schmutzigen Wasser fort. Als wir um eine Krümmung bogen, erblickten wir plötzlich an den Ufern acht bis zehn Alligatoren, darunter einige von zwanzig Fuß Länge, kolossale Scheusale, die rechten Bewohner eines solchen Stroms und in Anbetracht der Gebrechlichkeit unseres kleinen Fahrzeugs keine sehr anziehende Nachbarschaft. Als wir nahten, tauchten sie schwerfällig unter, erhoben sich bisweilen in der Mitte des Stroms und verschwanden. Halb 1 Uhr kamen wir in den Río Chico, der zwischen 200 bis 500 Fuß breit, tief, schlammig und sehr schleichend war und bewaldete Ufer von undurchdringlicher Dichte hatte. Um 6 Uhr fuhren wir in den großen Usumacinta ein, der bei einer Breite von 500 bis 600 Ellen einer der bedeutendsten Ströme Zentralamerikas ist, in den Gebirgen von Petén entspringt und sich in den See Términos ergießt.

An diesem Punkt treffen die Grenzen der drei Provinzen Chiapas, Tabasco und Yucatán zusammen. Die Vereinigung der Gewässer des Usumacinta und des Río Chico bietet ein einzigartiges Schauspiel.

Jetzt, wo die Ruderstangen ruhen konnten und wir still auf dem Spiegel des herrlichen Usumacinta dahinschwebten, ward unsere Lage angenehm und reizend. Wir hatten erwartet, daß wir für die Nacht beilegen würden. Da aber der Abend so klar war, beschlossen wir weiterzufahren. Leider mußten wir den Usumacinta verlassen und bogen eine halbe Stunde nach Eintritt der Dunkelheit nordwärts in den Río Palizada ein. Die ganze große Ebene von Palenque bis zum Golf von

Mexiko ist von Buchten und kleinen Flüssen durchschnitten.

Bei Tagesanbruch ging es noch immer den Fluß hinab. Um 2 Uhr erreichten wir La Palizada, das sich am linken Ufer des Flusses auf einer üppigen, 15 bis 20 Fuß erhöhten Ebene erstreckte. Am Ufer lagen verschiedene Bongos, und uns gegenüber zog sich eine lange Straße mit großen, gut gebauten Häusern hin. Dies war unser erster Ort im Staate Yucatán.

Den nächsten Tag verbrachten wir in einem angenehmen Nichtstun und mit den Vorbereitungen zur Fortsetzung unserer Reise, und am nächstfolgenden Tag schifften wir uns an Bord eines Bongo nach La Laguna ein. Der Bongo hatte gegen fünfzehn Tonnen, war flachbodig, hatte zwei Masten und Segel und war mit Campecheholz beladen. Auf dem Deck waren Mangos, Pisangs und andere Früchte und Gemüse aufgestapelt und versperrten den Platz in einem solchen Grade, daß es nicht möglich war, sich zu bewegen. Der Stern hatte bewegliche Lukendeckel. Es wurden einige Schichten Campecheholz herausgenommen und die Lukendeckel über den dadurch leer gewordenen Raum gestürzt, um uns Schutz vor dem Regen zu geben, und in wenigen Minuten stießen wir vom Ufer ab.

Unsere Mitpassagiere waren zwei noch nicht zwanzigjährige Zentralamerikaner aus Petén. Da wir direkt aus Zentralamerika kamen, so nannten wir uns gegenseitig Landsleute. Wir sahen bald, daß unsere Bootsleute elende Kerle waren. Während sie weiter aufwärts *bogadores* oder Ruderer hießen, nannten sie sich hier, wo sie an Bord eines Bongo mit Segeln waren und der Seeküste zusteuerten, *marineros* oder Matrosen. Der Patron oder Kapitän war ein sanfter, gutmütiger und energieloser Mann, der alle seine Befehle an seine Marineros mit den gewinnenden Worten einleitete: *»Señores haganme el favor«*, »die Herren mögen mir den Gefallen tun.«

Der Fluß war sehr tief, die Ufer dicht bewaldet, und das Gezweig ragte weit über den Fluß. Alsbald kamen wir zu einem Teil des Flusses, wo die Alligatoren sich zu tummeln schienen. Einige lagen, Treibholzklötzen ähnlich, sich sonnend auf Schlammbänken, und überall sah man ihre Köpfe aus dem Wasser hervorgucken. In einem Kanu würde man sich unbehaglich gefühlt und sie gern ungestört gelassen haben. Da wir aber auf einem Bongo waren, so holten wir unsere Flinten hervor und feuerten erbarmungslos auf sie. Eines der Scheusale von 25 bis 30 Fuß Länge lag auf dem Ast eines gigantischen Baumes, zwar unten mit Wasser bedeckt, doch so, daß das ganze Tier sichtbar war. Ich zielte gerade unter die weiße Linie. Der Alligator fiel herab, und mit furchtbarem Ringen und Winden, das Wasser in einem blutigen Kreise rötend, kehrte er sich auf den Rücken und war tot. Ein Bootsmann und einer der jungen Männer aus Petén stiegen in ein Kanu, um ihn an Bord zu bringen. Das Kanu war ein kleines, schwankendes Ding, und sie waren noch keine fünfzig Ellen weit gefahren, als sich das Boot mit Wasser füllte, umschlug und die beiden Männer ins Wasser warf.

In diesem Augenblick waren vielleicht an die zwanzig Alligatoren zu sehen, teils an den Ufern, teils an verschiedenen Stellen des Flusses schwimmend. Wir konnten nichts für die beiden tun, wozu noch kam, daß der alte Bongo, der sich vorher kaum bewegt hatte, jetzt mit einem Male rasch vorwärts zu treiben schien, als wäre es so recht darauf abgesehen, sie ihrem Schicksal zu überlassen. Mit jedem Augenblick wurde die Entfernung zwischen uns und ihnen größer, und an Bord war alles in Verwirrung. Der Patron schrie in seiner Angst den Señores zu, und die Señores, jeden Nerv anspannend, kehrten den alten Bongo dem Ufer zu, verwickelten seine Masten in das Gezweig der Bäume und saßen nun fest.

Unterdessen waren unsere Freunde im Wasser nicht müßig. Der junge Mann aus Petén schwamm mit kräftigen Stößen zum Ufer, ergriff den Ast eines Baumes, zog sich gleich einem Affen an ihm in die Höhe und lief auf ihm ans Ufer. Der Marinero, der nun das Kanu für sich allein hatte, kehrte den Bauch nach oben, setzte sich rittlings darauf und ruderte mit den Händen auf uns zu. Beide kamen unversehrt an Bord, und der Vorfall ward, als die Angst vorüber war, als ein hübscher Spaß betrachtet.

Inzwischen hatten sich unsere Masten in den Zweigen der Bäume dergestalt verwickelt, daß wir, als wir sie aus dem Gewirr herauszogen, einiges von unserem erbärmlichen Takelwerk verloren. Endlich aber kamen wir doch wieder in die Mitte des Flusses.

Um 3 Uhr trat das regelmäßige Unwetter ein, das mit einem furchtbaren Sturm den Fluß hinauf anhob, der den Bongo umdrehte und seine breite Seite stromaufwärts trieb, und bevor wir noch das Ufer erreichen konnten, ergoß sich eine wahre Sintflut über uns. Endlich warfen wir den Anker aus, befestigten den Lukendeckel über uns und krochen in den uns angewiesenen Schlafraum. Das Plätzchen war so niedrig, daß wir nicht einmal aufrecht sitzen konnten. Ja, dieses gemietete und daher bezahlte kleine Räumchen hatten wir nicht einmal für uns allein, denn auch die beiden Peténser krochen mit uns darunter, und der Patron und die Señores folgten. Da wir sie doch unmöglich in den unbarmherzigen Regen hinausjagen konnten, lagen wir wie ein Klumpen Menschenfleisch beisammen. Es regnete in Strömen. Der Donner rollte gräßlich über unseren Köpfen, Blitze flammten durch die Spalten unseres finsteren Loches und blendeten uns die Augen, und in unserer Nähe hörten wir das furchtbare Gekrache eines stürzenden Baumes, den der Sturm umgeworfen oder, wie wir meinten, der Blitz getroffen habe.

Bei Tagesanbruch befanden wir uns noch immer im Fluß. Zu beiden Seiten erhoben sich die gigantischsten Bäume der Tropenwälder, deren nackte Wurzeln drei bis vier Fuß über dem Boden und knorrig, gekrümmt, untereinander verschlungen waren und grau und wie abgestorben aussahen. Um 10 Uhr kamen wir in den See Términos. Hier waren wir wieder im Salzwasser und fuhren mit vollen Segeln. Zu unserer Rechten war nichts als eine weite Wasserfläche zu sehen, während zur Linken Bäume mit nackten Wurzeln, die aus dem Wasser zu wachsen schienen, eine Grenze bildeten, und vor uns schimmerte kaum sichtbar wie eine langgestreckte Linie die Insel Carmen, auf der die Stadt Laguna, unser Bestimmungshafen, lag.

Sobald der Himmel klar war, waren wir wieder auf dem Deck und sahen eine schöne Jolle mit einem Führer und vier Mann am Ufer entlang gegen eine reißende Strömung ankämpfen. Wir riefen sie auf englisch an, und der Führer antwortete in der gleichen Sprache. Nach einer kurzen Beratung kamen sie zu uns herübergerudert und nahmen Herrn Catherwood und mich an Bord. Der Führer war der Maat eines französischen Schiffes. Sein Schiff sollte am nächsten Tag absegeln, und er war eben im Begriff, ein paar große Schildkröten, die am Strand lagen und auf ihn warteten, einzunehmen. Sobald wir angelegt hatten, stiegen wir auf die Schultern von zwei vierschrötigen französischen Matrosen und wurden am Strand abgesetzt. Vielleicht fühlten wir uns auf unserer ganzen Reise nicht so selig wie in diesem Augenblick, wo wir uns von dem Bongo erlöst sahen.

Die Stadt erstreckt sich längs des Seeufers. Wir sahen zahlreiche und reich ausgestattete Magazine, Kaffeehäuser und selbst Frisörläden und erreichten am äußersten Stadtrand das Haus des amerikanischen Konsuls. Don Carlos Russell oder Herr Charles Russell, aus Philadelphia gebürtig und mit einer spanischen Dame von großem Vermögen verheiratet, empfing uns wie ein Mann, der trotz langer Abwesenheit doch seine Heimat nicht vergessen hat. Nachdem unsere ersten Begrüßungen vorüber waren, setzten wir uns zum Diner nieder. Wir konnten es kaum glauben, daß wir dieselben armen Geschöpfe seien, die noch vor wenigen Stunden auf dem See herumgeschleudert wurden, in gleicher Angst vor dem Absinken wie vor einer weiteren Nacht an Bord des Bongo.

VIERUNDZWANZIGSTES KAPITEL

In Yucatán

*La Laguna — Reise nach Mérida — Sisal — Der Ort
Hunucmá — Ankunft in Mérida — Reise nach Uxmal —
Eine sonderbare Kutsche — Besuch der Ruinen — Herrn
Catherwoods Krankheit*

Die Insel Carmen ist etwa sieben Leguas lang und
trennt mit einer anderen Insel von etwa vier Leguas
Länge den See Términos vom mexikanischen Golf.
Gern hätten wir hier einige Zeit ausgeruht und die
Insel durchstreift, aber unsere Reise war noch nicht
beendet.

Am Sonnabend früh um 7 Uhr nahmen wir von
Herrn Russel Abschied und schifften uns an Bord der
Brigg *Gabrielacho* ein. Pawling gab uns noch ein Stück
das Geleit und fuhr dann an Bord des Pilotenbootes
zurück.

Der *Gabrielacho* war eine schöne Brigg von etwa 160
Tonnen. Sie gehörte zur Hälfte dem Kapitän und war
nett und geschmackvoll wie ein Haus eingerichtet. Wir
hatten zwölf Mitpassagiere in Form von enorm großen
Schildkröten. Am dritten Morgen sagte uns Kapitän
Fensley, daß wir Campeche während der Nacht passiert
hätten und bei anhaltendem Wind Sisal heute erreichen würden. Um 8 Uhr kam die langgestreckte Küste
in Sicht, und kurz vor dem Dunkelwerden warfen wir

auf der Höhe des Hafens, etwa zwei Meilen von der Küste, Anker. Es war bereits dunkel, als wir das Schiff verließen. Kapitän Fensley führte uns zum Hause eines Bekannten, wo wir den Kapitän einer spanischen Brigg trafen, die in acht Tagen nach Havanna segeln sollte.

Wir trafen unsere Vorbereitungen, um am nächsten Tag nach Mérida abreisen zu können. In Sisal gab es nichts, was uns zu fesseln vermochte. Und so brachen wir schon um 2 Uhr zur Hauptstadt auf.

Wir waren in einem Land, das sich von Zentralamerika in einem Maße unterschied, als ob es durch den Atlantik von ihm geschieden wäre. Hier traten wir unsere Reise in einer ganz neuen Art von Fuhrwerk an. Es führte den Namen *calesa*, Kalesche, war nach der Art eines altmodischen Cabriolets gebaut, aber sehr groß, schwerfällig, für schlechte Wege eingerichtet, ohne Federn und rotgrüngelb angemalt. Hinten wurden unsere Kuhhautkoffer aufgeschnallt und darüber ein Haufen Sacate für die Pferde festgebunden. Diese ganze Ladung nebst Herrn Catherwood und mir wurde von einem einzigen, von einem Manne gerittenen Pferd gezogen. Zwei andere, von jungen Burschen gerittene Pferde, folgten zum Wechseln. Anfangs kam es uns wie ein wahrer Hochgenuß vor, in einem Räderwagen dahinzurollen; aber bei der schlechten Straße und der Federlosigkeit der Kalesche begann schon nach einer kleinen Weile dieser Hochgenuß sehr zweifelhaft zu werden.

Nach der prachtvollen Natur Zentralamerikas schien uns das Land zunächst kahl und uninteressant. Um 1 Uhr erreichten wir die Stadt Hunucmá in anmutiger Lage, ganz in Bäumen vergraben. Hier erhielten wir drei frische Pferde, kamen durch zwei weitere Ort-

266

schaften und erblickten nach zwei Meilen die Türme von Mérida, in das wir um 6 Uhr unsere Einfahrt hielten. Die Häuser waren gut gebaut, und viele waren zwei Stock hoch. Die reinlichen Straßen, die vielen wohlgekleideten, munteren und fröhlichen Menschen und die phantastisch bemalten, mit Gardinen versehenen Calesas mit reizend gekleideten Damen ohne Hüte und das Haar mit Blumen geschmückt, gaben der Stadt ein Gepräge von Heiterkeit und Schönheit, das nach den finsteren Städten, durch die wir gekommen waren, bezaubernd und fast poetisch auf uns wirkte. Und als wir gar vor einem großen Hotel, das einer Doña Micaela gehörte, vorfuhren, war uns zumute, als wären wir durch einen Zufall in eine europäische Stadt verschlagen worden.

In Mérida erwartete mich ein Freund, der hier ansässig war und den ich vor meiner Einschiffung in New York in einem spanischen, vorzugsweise von spanischen Amerikanern besuchten Gasthaus kennengelernt hatte. Er war, wie ich erfuhr, Besitzer der Ruinen von Uxmal. Noch wußte ich nichts von seiner Stellung und seinem Rang, bemerkte aber gar bald, daß alle Welt in Mérida Don Simón Peón kannte. Bei diesem Herrn machten wir am Abend einen Besuch. Sein Haus war ein großes, aristokratisch aussehendes Gebäude aus grauem Stein und mit Balkons vor den Fenstern, das beinahe die Hälfte der einen Seite des Hauptplatzes einnahm. Leider war er gerade in Uxmal. Wir trafen indes Don Simóns Gattin, Vater, Mutter und Schwestern an, da es die gemeinsame Wohnung der Familie war, die auch noch verschiedene Haciendas besaß. Don Simón wurde zwar in einigen Tagen zurückerwartet, wir beschlossen indes, in der Hoffnung, ihn in Uxmal anzutreffen, auf der Stelle dorthin aufzubrechen. Seine Mutter Doña Joaquina versprach, alle zur Reise nötigen Vorbereitungen zu treffen und uns einen Diener mitzugeben.

Am nächsten Morgen ½ 7 Uhr brachen wir zu Pferde nach Uxmal auf, begleitet von einigen Indianern und einem Diener Señor Peóns. Unsere Sättel waren von einer neuen Art und legten denen, die nicht daran gewöhnt waren, eine schmerzliche Probe auf. Die Hitze war sehr grausam, und die Leguas waren sehr lang. Endlich erreichten wir eine Hacienda. Da wir als Freunde des Besitzers und von einem Diener der Familie begleitet ankamen, so stand alles zu unserer Verfügung. Weil uns wegen des vorausgegangenen anstrengenden Ritts vor einer Weiterreise graute, flüsterte der Diener dem Mayordomo zu, er möge »llamar un coche«, das heißt nach einer Kutsche rufen, wenn wir es wünschten. Nachdem wir uns kurz abgestimmt hatten, sagten wir: »Ja, gehen Sie und rufen Sie nach einer Kutsche.« Der Mayordomo stieg den Glockenturm der Kirche hinauf, wohin wir ihm folgten, und rief nach einer Kutsche, wobei uns seine Bewegung und Stimme unwillkürlich an einen die Gläubigen zum Gebet rufenden Muselmanen auf einem Minarett erinnerte. Einige Minuten lang war alles still. Dann erblickten wir einen Indianer, der durch den Wald zu der Hacienda gelaufen kam, bald zwei weitere, und binnen einer Viertelstunde waren ihrer zwanzig bis dreißig da. Dies waren die Pferde, während die Kutschen noch auf den Bäumen wuchsen.

Für jede Kutsche wurden sechs Indianer ausgewählt, die in wenigen Minuten mit der Machete aus Bäumchen ein Bündel Pfähle zuschnitten, die sie in den Korridor heraufbrachten, um sie zu Kutschen zu verarbeiten. Zuerst wurden zwei Pfähle, etwa so dick wie das Handgelenk eines Mannes, auf den Boden gelegt. Über sie wurden Querstöcke gelegt und mit ungesponnenem Hanf zusammengebunden. Zwischen den Pfählen wurden Hängematten aus Gras befestigt, Ruten als Kutschenhimmel über sie gespannt und diese mit leichten Matten überdeckt − und die Kutsche war fertig. Wir legten unsere Ponchos als Kopfkissen zurecht, krochen hinein und streckten uns nieder. Die Indianer zogen ihre kurzen, die Brust bedeckenden baumwollenen Hemden aus und knüpften sie als Hutbänder um ihre Hüte. Jede Kutsche wurde von vier Indianern in die Höhe gehoben und die Enden der Pfähle auf kleine, auf ihren Schultern ruhenden Kissen gelegt. Wir nahmen Abschied vom Mayordomo und seiner Frau, und fort ging im Trabe die Reise, während Indianer mit den Pferden folgten.

Bei der Erleichterung und behaglichen Ruhe, die wir genossen, vergaßen wir gänzlich unsere früheren Skrupel, aus Menschen Lasttiere zu machen, und wurden, da das Gewicht nicht groß war, durch kein Gefühl von Unwürdigkeit oder Erniedrigung beunruhigt. Auch gab es keine Berge, nur einige kleine Unebenheiten, so daß die Träger selten strauchelten. Auf diese Weise trugen sie uns gegen drei Meilen weit und setzten uns dann sanft auf den Boden nieder. Es waren, wie die Indianer in Mérida, schöne Leute, heiter gestimmt und selbst lustig bei ihrer Anstrengung. Sie hatten ihren Spaß daran, daß wir mit ihnen nicht sprechen konnten. Nachdem sie sich den Schweiß abgewischt und ausgeruht hatten, hoben sie uns wieder auf, und eingelullt durch die ruhige Bewegung und den einförmigen takt-

Ruinen von Uxmal

mäßigen Schall der Tritte der Indianer verfiel ich in
einen leichten Schlummer.

Am nächsten Tag um 2 Uhr erreichten wir endlich
Uxmal. Leider war Don Simón bereits nach Mérida
abgereist, und wir hatten ihn unterwegs verfehlt. Vor
Hitze erschöpft, begaben wir uns sogleich in unsere
Hängematten.

Am späten Nachmittag machten wir einen ersten
Gang zu den Ruinen. Der Weg führte durch ein prächtiges Gehölz, in dem unser indianischer Führer sich
verirrte, und Herr Catherwood, der sich nicht wohl
fühlte, kehrte zur Hacienda zurück. Wir schlugen
einen anderen Weg ein und kamen, plötzlich aus dem
Walde tretend, zu meinem Erstaunen sogleich auf ein
weites, vollständig freies Feld, das bedeckt war mit
Trümmerhaufen, gewaltigen Gebäuden auf Terrassen
und pyramidenförmigen Bauten, großartig, wohlerhalten und reich geschmückt, und in seinem malerischen
Effekt fast den Ruinen von Theben gleichend.

Der nächste Tag in den Ruinen war für Herrn
Catherwood und für mich anstrengend, aber höchst
interessant. Am Abend kehrten wir zu der Hacienda
zurück, um unsere Pläne zu einer gründlichen Erfor-

schung reiflich zu überdenken. Leider aber bekam während der Nacht Herr Catherwood einen heftigen Fieberanfall, der auch am Morgen noch anhielt und eine ernste Krankheit befürchten ließ. Am Nachmittag ging Herrn Catherwoods Fieber zurück, aber er war sehr bedrückt. Die Hacienda war in dieser Jahreszeit ungesund, und Herrn Catherwoods Konstitution war bereits ernstlich erschüttert. Ich war in der Tat sehr besorgt und hielt es für unumgänglich notwendig, die Hacienda und womöglich das Land überhaupt zu verlassen. Wir überlegten, daß, wenn wir den nächsten Morgen abreisten, wir die spanische Brigg noch zur rechten Zeit erreichen könnten, um uns nach Havanna einzuschiffen.

Nach einer Beratung von zehn Minuten kamen wir zu dem Entschluß, aufzubrechen und heimzureisen. Sofort teilten wir unsere Absicht dem Mayordomo mit, der auf den Glockenturm der Kirche stieg und eine Kutsche herbeirief, die am nächsten Morgen um 2 Uhr bereitstehen sollte.

Fast wie die Ruinen von Theben

*Die Ruinen von Uxmal — Das Haus des Zwerges — Das
Haus der Nonnen — Das Haus der Schildkröten — Das
Haus der Tauben — Das Wachhaus — Mangel an Was-
ser — Das Haus des Gouverneurs — Türeingänge und
Korridore*

Inzwischen kehrte ich zu einer weiteren Besichtigung
der Ruinen zurück. Das erste Bauwerk, das, sobald
man aus dem Wald tritt, das Auge fesselt, ist die *»Casa
del Enano«*, das Haus des Zwerges. Es war das erste
Gebäude, in das ich eintrat. Von seinem vorderen Eingang aus zählte ich sechzehn Erhöhungen mit zerfallenen Mauern und Steinhügeln und ungeheuren Pracht-
bauten, die von dieser Ferne aus gesehen von der Zeit
unberührt zu sein und der Zerstörung zu trotzen schienen. Ich stand im Eingangstor, als eben die Sonne
unterging und die Gebäude einen gewaltig breiten
Schatten warfen, der die Terrassen, auf denen sie standen, verdüsterte, und es bot sich mir ein Bild von solcher Fremdheit und Seltsamkeit, daß es als ein Werk
der Zauberei erscheinen konnte.

Die *»Casa del Enano«* ist an der Grundfläche 240
Fuß lang und 120 Fuß breit und ist auf allen Seiten bis
zur Spitze hinauf durch eine Mauer aus Quadersteinen
geschützt. Auf der Ostseite des Hochbaues ist eine
breite Flucht steinerner Stufen, jede Stufe 8 bis 9 Zoll

Das »Haus des Zwerges« in Uxmal

hoch und von solcher Steilheit, daß man beim Hinauf-
und Hinabgehen sehr behutsam sein muß. Wo die Stufen oben aufhören, kommt man auf eine steinerne
Plattform von 4 ½ Fuß Breite, die sich an der ganzen
Hinterseite des Gebäudes hinzieht. Das ganze Gebäude ist aus Stein. Die Innenwände sind glatt und poliert.
Außen sind bis zur Höhe der Tür schmucklose Qua-
dersteine; über dieser Linie aber läuft ein reiches Karnies oder erhabener Fries, und von da an bis zum
Gesims des Gebäudes sind alle Seiten des Gebäudes
mit reichen, sorgfältig und kunstvoll gearbeiteten
Skulpturornamenten bedeckt, die eine Art Arabeske
bilden.

Die Indianer betrachten diese Ruinen mit abergläu-
bischer Ehrfurcht. Sie mögen nicht bei Nacht zu ihnen
gehen und erzählen sich die alte Geschichte, daß ungeheure Schätze in ihnen verborgen seien. Jedes Gebäude
hat seinen ihm von den Indianern gegebenen Namen.

Die »*Casa de las Monjas*«, das Haus der Nonnen,

Das »Haus der Nonnen« in Uxmal

liegt auf einer künstlichen Erhöhung von etwa 15 Fuß.
Den Haupteingang bildet ein großes Portal, das in einen
schönen *patio* oder Hofraum führt, der zwar mit Gras
bewachsen, aber von Bäumen frei ist, und die ganze
innere Fassade ist noch reicher und kunstvoller verziert
und in noch vollkommenerem Zustand der Erhaltung
als die Außenseite. Im Hofraum wanden sich längs der
ganzen Fassade in entgegengesetzten Richtungen zwei
riesige Schlangen, deren Köpfe zerbrochen und abgefallen waren.

In einer Linie mit der Tür des Hauses der Nonnen
steht ein anderes Gebäude auf einem niedrigeren Un-
terbau, das *»Casa de Tortugas«*, Haus der Schildkröten,
heißt, so genannt wegen der Schildkröten, die über der
Eingangstür eingemeißelt sind.

Weiter nach rechts gelangt man über Ruinenhaufen
zu einem anderen Gebäude, das schon von weitem
durch seine in die Augen fallenden Ornamente unsere
Aufmerksamkeit erregte. Wir erreichten es, nachdem

wir zwei hohe Terrassen erstiegen hatten. Es ist die »*Casa de Palomos*«, das Haus der Tauben, und es sah auch wirklich aus der Ferne einer Reihe Taubenhäuser mehr ähnlich als irgend etwas anderem.

Auf einer hohen, zerfallenen, schwer zu erklimmenden Terrasse stand ein anderes Gebäude, das mehr zerstört war als die anderen, das aber, wie man aus seinen Überresten und aus seiner beherrschenden Lage schließen muß, eines der wichtigsten Gebäude der Stadt, vielleicht der Haupttempel, gewesen war. Die Indianer nannten es »*El cuartel*« oder die Hauptwache. Von ihm aus konnte man andere Ruinen übersehen, und das Ganze bot ein Bild von Pracht und Größe, das alle früheren Ansichten über die Urbewohner dieses Landes über den Haufen warf und Empfindungen und Gedanken hervorrief, die in diesem Grade durch nichts von allem, was wir bisher gesehen, erweckt worden waren.

Ein auffallender Umstand zeichnete diese Ruinen aus, nämlich der gänzliche Mangel an Wasser. Nie hatte man hier Wasser entdeckt; kein einziges fließendes Wasser, kein Quell, kein Brunnen war den Indianern bekannt. Das nächste Wasser fand sich auf der Hacienda Uxmal in einer Entfernung von anderthalb Meilen. Die Quellen, die dieses Lebenselement lieferten, waren verschwunden. Die Zisternen waren zerstört oder die fließenden Gewässer ausgetrocknet.

Die »*Casa del Gobernador*«, das Haus des Gouverneurs, ist seiner Stellung nach das bedeutendste, seiner Architektur und seinen Proportionen nach das prächtigste und von allen Bauresten in Uxmal das am besten erhaltene Bauwerk.

Die erste Terrasse ist 600 Fuß lang und 5 Fuß hoch. Sie ist von gehauenem Stein ummauert und hat oben eine Plattform von 20 Fuß Breite, von der sich eine zweite Terrasse von 15 Fuß Höhe erhebt. Auf der dritten Terrasse steht das schöne Gebäude der »*Casa del Gobernador*«, deren Fassade 320 Fuß mißt. Fernab gelegen von dem üppigen Waldeswuchs, in dem die Ruinen von Palenque ersticken, steht es noch aufrecht da, mit seinem ganzen Gemäuer und fast so vollkommen, als ob es von seinen Bewohnern gerade erst verlassen worden wäre. Das ganze Bauwerk ist aus Stein, von unten bis zum Karnies, das über den Giebeln der Portale verläuft, ohne Verzierungen, darüber aber mit derselben reichen, kunstvollen und seltsamen Skulptur bedeckt.

In der Mitte, der zur Terrasse hinaufführenden Stufenflucht gegenüber, sind drei Haupteingänge. Der mittlere ist 8 Fuß und 10 Zoll hoch, die anderen sind von gleicher Höhe, aber um 2 Fuß schmaler. Die Mitteltür führt in ein 60 Fuß langes und 27 Fuß tiefes Zimmer. In diesem Zimmer hatten wir beschlossen unsere Wohnung aufzuschlagen, unter einem Dach, das noch so fest wie damals war, als es seinen früheren Bewohnern Schutz gewährte. Wir waren nicht wie in Palenque im Walde begraben. Vor unserer Tür erhob sich das hohe Haus des Zwergs, und von jedem Teil der Terrasse aus blickten wir über ein Ruinenfeld.

Es war unser Plan, vom Haus des Gouverneurs wie von allen anderen Gebäuden vollständige Zeichnungen zu machen. Wegen unserer schleunigen Abreise mußten wir aber diesen Plan aufgeben.

Heimfahrt mit Hindernissen

Reise nach Mérida — Einschiffung nach Havanna — Erlebnisse auf der Überfahrt — Ein Haifischmahl — Wir wissen weder aus noch ein — Die Brigg Helena Maria unsere Erlöserin — Fahrt nach New York

Um 3 Uhr verließen wir bei Mondschein Uxmal und reisten auf dem schnellsten Wege nach Mérida, Herr Catherwood in einer Kutsche, ich zu Pferde. Nach drei Leguas erreichten wir den schönen, auch von Weißen und Mestizen bewohnten Ort Moona. In dem Flecken Abula, dessen öffentlicher Platz von einem Pfahlzaun eingeschlossen war, trafen wir einen alten Alkalden, der unseren Diener kannte und wußte, daß er zu der Familie Peón gehörte. Er versah uns mit Indianern als Reserve, damit die Kutsche noch schneller nach Mérida getragen werden könnte. Da es schon spät geworden war, beschloß ich, mit einem Diener nach Mérida vorauszureiten, um eine Calesa für den nächsten Tag besorgen zu können.

Gegen Abend setzte heftiger Regen ein. Mit dem Dunkelwerden wurde ich unruhig und machte mir Sorgen, daß ich Herrn Catherwood so allein zurückgelassen hatte. Daher schickte ich meinen Diener wegen der Kalesche voraus und stieg ab, um auf Herrn Catherwood zu warten. Zum Zurückreiten war ich zu müde. Ich streckte mich, den Zügel um das Handgelenk geschlungen, auf einem glatten Stein aus. Halb im Traume hin und her überlegend, ob das Pferd mich treten werde oder nicht, schlummerte ich ein. Durch einen Ruck, der mir beinahe den Arm abriß, wurde ich geweckt. Im Wald sah ich indianische Läufer mit Fichtenfackeln, um der Kutsche zu leuchten, herankommen, was einen so leichenzugähnlichen Anblick bot, daß mich fast Schauder ergriff.

Kurz nach ½ 2 Uhr erreichten wir Mérida. Zum Glück hatte bei der leichten Bewegung der Kutsche Herr Catherwood nur wenig gelitten. Ich war über alle Maßen müde, so daß ich, zumal ich ein gutes Bett hatte, schnell einschlief.

Am nächsten Morgen besuchten wir meinen Freund Don Simón, der gerade im Begriff war, nach Uxmal zurückzukehren, um sich mit uns dort zu treffen. Er versprach, bei unserer Wiederkehr mit uns zu den Ruinen zu gehen und uns bei einer vollständigen Durchforschung behilflich zu sein. Das spanische Schiff sollte am nächsten Tage absegeln. Gegen Abend, als nach einem heftigen Regen die finsteren Wolken fortzogen, verließen wir Mérida. Um 11 Uhr kamen wir in Hunucmá an und machten hier zur Fütterung unserer Pferde zwei Stunden auf dem öffentlichen Platz halt. Eine Stunde vor Tagesanbruch erreichten wir Sisal, schifften uns um 6 Uhr an Bord der spanischen Brigg *Alexander* nach Havanna ein und waren um 8 Uhr unterwegs. Es war der 24. Juni.

Nun, meinten wir, wäre all unsere Not überstanden. Der Morgen war schön und der Wind schwach. Wir frühstückten auf Deck unter einem Sonnenzelt, wobei der Fußboden uns als Tisch diente. Der Kapitän sagte uns, in einer Woche würden wir in Havanna sein.

Wir segelten an der Küste Yucatáns entlang in Richtung Kap Catoche. Nach wenigen Tagen wurden wir von einer Windstille befallen. Die Sonne schien sengend heiß, die Meeresfläche lag regungslos und glatt wie Glas da, und den ganzen Tag umschwamm die Brigg eine Schar Haifische. Der Kapitän sagte, wir wären *encantados*, das heißt behext, und es schien auch wirklich beinahe so. Um die Monotonie zu unterbrechen, warfen wir beständig die Angel nach Haien aus, die die Matrosen dann aufs Deck heraufzogen und, nachdem sie ihnen Herz und Eingeweide herausgeschnitten hatten, wieder über Bord warfen.

Schon waren wir zehn Tage auf See, und die Lebensmittel wurden immer knapper. Zum Mittagessen hatten wir zwei junge Haie. Wenn einem keine unangenehmen Gedanken dabei aufstiegen, waren sie nicht übel. Sie schmeckten ganz wie junge Alligatoren, und wie uns der Kapitän sagte, kamen sie in Campeche regelmäßig auf den Markt und wurden von allen Klassen gegessen.

Am Nachmittag versammelten sich die Haie in furchterregender Zahl um uns. Alles, was über Bord fiel, ward im Nu von ihnen weggeschnappt. Kaum hatte der Hut eines Passagiers, der ihm vom Kopf gefallen war, die Wasseroberfläche berührt, als ein gewaltiger Kerl sich nach ihm wandte, seinen häßlichen Rachen über dem Wasser aufsperrte und ihn verschlang; zum Glück steckte der Mann nicht unter dem Hut.

Vom 6. bis 12. Juli hielt das totenstille Wetter mit einer See wie Glas und sengender Hitze an. Die Lebensmittel wurden knapper und knapper, und wir machten uns Sorgen, daß das Wasser bald gänzlich ausgehen würde. Der Kapitän war ein edler Spanier, der die Passagiere damit tröstete, daß er allmorgendlich wiederholte, wir wären verzaubert, während er doch selbst seit mehreren Tagen unruhig und ängstlich geworden war. Er hatte keinen Chronometer an Bord. Er hätte, sagte er, seit 30 Jahren von Havanna nach verschiedenen Häfen des mexikanischen Golfs gefrachtet und niemals einen gebraucht.

Am 13. Juli ging alles an Bord zur Neige, und wir, mit Mannschaft und Passagieren unser zwanzig, zapften unser letztes Wasserfaß an.

Am 15. Juli morgens kam zu unserer großen Freude eine leichte Brise auf, und das Log gab drei Meilen in der Stunde an. Der Kapitän glaubte, daß wir uns mitten im Golfstrom befänden und an die zwei- bis dreihundert Meilen an Havanna vorbeigetrieben wären. Er rief Passagiere, Matrosen, Koch und Schiffsjungen ins Hinterschiff, breitete die Karte auf dem Deck aus und machte den Vorschlag, dem Strome zu folgen und wegen der Versorgung mit Lebensmitteln und Wasser nach New Providence zu segeln.

Mit sehr unbehaglichen Empfindungen setzten wir uns zu einem sehr dürftigen Mahle nieder. In der Meinung, daß wir uns wirklich im Golfstrom und in der Schiffsbahn befänden, schickte der Kapitän einen Mann hinauf, um sich nach einem Segel umzusehen, der denn auch sehr bald zu unserer großen Freude eine Brigg leewärts meldete.

Wir hißten unsere Flagge und segelten auf die Brigg zu. Als wir näher kamen, beantwortete sie unser Signal, und mit dem Fernglas erkannten wir das amerikanische Banner. In einer Stunde waren wir fast so nahe, daß wir uns begrüßen konnten. Da unser Kapitän nicht Englisch sprach, gab er mir das Sprachrohr. Weil wir aber aus den Bewegungen unseres Landsmannes schlossen, daß er die spanische Flagge nicht liebte und in meinem Anruf irgendeine technische Unregelmäßigkeit zu sehen schien, die uns verdächtig machen könnte, baten wir den Kapitän, die Jolle herabzulassen. Diese lag auf dem Deck, das Unterste nach oben mit von der Sonne aufgerissenen Nähten. Kaum war sie unten, so strömte das Wasser hinein, und ehe wir noch fünfzig Ellen weit gefahren waren, war sie schon halbvoll. Zwei der Leute mußten sich aus Leibeskräften anstrengen, um sie flott zu erhalten, während die anderen ruderten. Haifische spielten um uns herum, so daß wir wünschten, wieder an Bord der alten Brigg zu sein. Plötzlich schien ein aufkommender Wind das Schiff zu treffen und trieb es zwei bis drei Minuten vor uns her. Zu unserem Trost warf es Anker und nahm uns an Bord. Unsere spanischen Farben und die Ordnungswidrigkeit, daß wir ohne Anruf heranzukommen versuchten, hatten Verdacht erregt, und die Matrosen meinten, wir wären Seeräuber. Der Kapitän aber, ein langer, kaltblütiger Neuengländer, der mit beiden Händen in den Taschen auf dem Quarterdeck stand und den dem Sinken nahen Zustand unseres Bootes gewahrte, sagte: »Es sind keine Piraten.«

Die Brigg war die *Helena Maria* aus North Yarmouth. Ihr Kapitän Sweetzer kam von Tabasco und wollte nach New York. Meine erste Frage war, ob er uns an Bord nehmen könnte; die zweite, ob er Lebensmittel und Wasser für unsere Freunde hätte; die dritte, wo wir wären. Wir waren gegen 400 Meilen von dem von uns vermuteten Ort entfernt. Unser Kapitän hatte die Strömung zwischen Kap Catoche und Kap Antonio für den Golfstrom gehalten. Kurz, wir hatten uns vollständig verirrt, und ich weiß nicht, was aus uns geworden wäre, wären wir nicht diesem Schiff begegnet.

Der Kapitän war erst sieben Tage von Tabasco fort. Er hatte zwar keinen Überschuß an Lebensmitteln, zumal da er zwei neue Passagiere aufnehmen sollte. Er sandte indes an Bord, soviel er konnte, nebst einem Vorrat an Wasser. Wir kehrten zurück und sagten dem Kapitän zu seiner großen Überraschung und Erstaunen, daß wir nicht weiter als 200 Meilen von Sisal wären. Dann nahmen wir von allen Abschied. Wie lange sie sich noch umhergetrieben haben, weiß ich nicht. Wie ich aber hörte, so langten sie in Havanna in einem jammervollen Zustand an, nachdem sie den letzten Bissen an Bord aufgegessen hatten.

Unser neues Fahrzeug hatte eine volle Ladung Campecheholz, so daß das Deck bis zur Höhe des Quarterdecks beladen und so eng gestaut war, daß die Kajütentür herausgenommen worden war und man über ein Wasserfaß hinabsteigen mußte; trotzdem aber zeigte der Übergang von einem spanischen auf ein amerikanisches Schiff einen auffallenden Unterschied.

Am 31. Juli langten wir in der Nähe New Yorks an, nachdem wir vor zehn Monaten von hier abgefahren waren, neun Monate nicht die geringste Nachricht von unseren Freunden daheim erhalten und nach Abzug der auf See verbrachten Zeit sieben Monate und vierundzwanzig Tage auf die Verfolgung unseres Reisezwecks verwendet hatten. Und hier, an derselben Stelle, wo wir miteinander aufbrachen, sage ich dem Leser, mit dem ich wieder zusammenzureisen nur schwache Hoffnung habe, mein Lebewohl.

Nachwort

»Die amerikanische Archäologie hatte ihre Geburts-
stunde mit den Forschungsreisen von John Lloyd Stephens und Frederick Catherwood. Was diese beiden
Männer in den Jahren 1839–1843 in Mittelamerika
und Mexiko fanden, waren nicht nur 44 archäologische
Stätten, sondern eine vollständige Kultur, und zwar
eine, die vierhundert Jahre lang verschollen war.«

So schreibt Victor W. von Hagen in seinem Buch
Search for the Maya und vergleicht John L. Stephens,
der das Geheimnis der höchsten Kultur des alten Amerika lüftete, mit Heinrich Schliemann, der Troja suchte,
mit Paul Emile Botta, der Ninive fand, und mit Sir Ar-
thur Evans, der den Palast des Minos ausgrub.

John Lloyd Stephens wird am 25. November 1805 in
Shrewsbury, New Jersey, geboren. Fast am gleichen Tag
erreichen die von Präsident Jefferson ausgesandten
Forschungsreisenden William Clark und Meriwether
Lewis auf der ersten transkontinentalen Expedition im
Westen Nordamerikas die Gestade des Pazifiks. Pio-
niere und Siedler folgen ihnen und drängen nach

Westen. Als John 13 Monate alt ist, ziehen seine Eltern nach New York, einem kleinen, verträumten Nest mit winkligen Gassen und sauberen Häuschen im holländischen Stil. Im darauffolgenden Jahr macht Robert Fultons Dampfschiff *Clermont* seine erste Fahrt auf dem Hudson und ankert unweit von Stephens' Elternhaus in der Greenwich Street.

Nach dem Besuch der Joseph Nelsons Classical School, wo er im Lateinunterricht die erste Bekanntschaft mit der Antike macht, absolviert Stephens das New Yorker Columbia College und geht dann auf Wunsch seines Vaters nach Litchfield, Connecticut, um an der dortigen Law School Rechtswissenschaft zu studieren. Im September 1824 kehrt er als Graduierter der Rechte nach New York zurück und eröffnet eine Anwaltspraxis in der Wall Street.

Der junge Anwalt interessiert sich für Politik und begeistert sich wie viele junge Menschen für den urwüchsigen demokratischen Präsidentschaftskandidaten Andrew Jackson, den seine Anhänger *Old Hickory* oder auch »Indianertöter« nennen. Jackson, der später zweimal das Präsidentenamt bekleidet, gilt als ein »einfacher Mann des Volkes« und hat, da er die Creek-Indianer besiegt und die Seminolen unterwirft, so etwas wie einen »Blockhüttengeruch«. Als Wahlredner scheint sich Stephens etwas übernommen zu haben, denn eine Halsentzündung läßt ihn den Hausarzt aufsuchen, der ihm zu einer Genesungsreise nach Europa rät.

Der Reiseweg führt Stephens zunächst nach Rom. In Neapel besteigt er den Vesuv und in Sizilien den Ätna. Über Griechenland gelangt er nach Konstantinopel und von dort mit einem Getreideschiff nach Odessa.

Über holprige Straßen geht die Fahrt nach Norden, bis endlich die vergoldeten Kuppeln und Doppelkreuze der Moskauer Kirchen auftauchen. Er ist schockiert über Leibeigenschaft, Armut und Elend und angetan von dem guten Zustand der Straße von Moskau nach St. Petersburg, die er als eine der besten Europas rühmt. Über Warschau und Wien erreicht er Paris. Als er in Le Havre eintrifft, um sich nach Amerika einzuschiffen, erwartet ihn eine herbe Enttäuschung. Es ist nicht daran zu denken, eine Schiffskarte zu bekommen. Alle Schiffe sind ausgebucht, überfüllt, brechend voll von Emigranten. Man schreibt das Jahr 1835. In Europa brodelt es. Die Restauration unterdrückt alle liberalen Bestrebungen. Wer die Freiheit liebt, wandert aus in die Vereinigten Staaten von Amerika.

Nach Paris zurückgekehrt, stößt er an einem Bücherstand an der Seine auf ein Buch, das die Altertümer Ägyptens anschaulich beschreibt. Da an eine Überfahrt in die Vereinigten Staaten in absehbarer Zeit nicht zu denken ist, bricht er kurz entschlossen auf, um die Tempelruinen am Nil zu besichtigen. Als Araber verkleidet, dringt er durch die Wüste bis ins antike Petra in Arabien vor und gelangt mit einer Kamelkarawane zum Kloster der Heiligen Katharina auf der Halbinsel Sinai und schließlich nach Jerusalem.

Auf der Heimreise nach New York im Herbst 1836 hat Stephens in London am Leicester Square vor Burfords Panorama eine denkwürdige Begegnung: Er lernt den sechs Jahre älteren englischen Architekten und Zeichner Frederick Catherwood kennen. Die Freundschaft hält ein Leben lang und hat für die amerikanische Archäologie ungeahnte Folgen.

Der 1799 in London geborene Frederick Catherwood hatte Kunststudien an der Royal Academy betrieben und war dann nach Rom gegangen. In Athen hatte er die Belagerung durch die Türken erlebt und danach mehrere Jahre als archäologischer Zeichner der Hays-Expedition in Ägypten gearbeitet. Wie Stephens ist er begeistert von allem, was mit Archäologie zu tun hat, und deshalb ein idealer Partner des Amerikaners.

1836 kehrt Stephens in die Vereinigten Staaten zurück. New York zählt jetzt über 200 000 Einwohner. Täglich treffen Schiffe mit Emigranten ein. Die Stadt expandiert. Überall wird gebaut. Es ist ein Wahljahr, und Andrew Jacksons Vizepräsident Martin van Buren wird zum 8. Präsidenten der Vereinigten Staaten gewählt. Noch im gleichen Jahr läßt sich Frederick Catherwood mit seiner Familie in New York nieder, wo er, durch den Bauboom begünstigt, ein Architektenbüro eröffnet.

John L. Stephens arbeitet wieder als Anwalt und engagiert sich für die Demokratische Partei des neuen Präsidenten. Eines Tages führt ihn seine Anwaltstätigkeit in das Verlagshaus Harper. Hier erfährt er beiläufig, daß Reisebeschreibungen sehr gefragt sind. Sogleich macht er sich an die Arbeit und schreibt in unglaublich kurzer Zeit seine Reiseeindrücke im Nahen Orient nieder. 1837 erscheint das Buch unter dem Titel *Incidents of Travel in Egypt, Arabia Petrae and the Holy Land*. Die Resonanz ist bemerkenswert, und die 25 000 Dollar Tantieme sind eine beachtliche Summe für ein Buch. Sie machen Stephens nicht nur wirtschaftlich unabhängig, sondern schaffen auch die finanzielle Grundlage für seine Expedition ins Gebiet der Maya. Kein Geringerer als Edgar Allan Poe spricht sich in einer Rezension lobend über Stephens' erstes Buch aus.

Durch den Erfolg motiviert, veröffentlicht der junge Reiseschriftsteller bereits im nächsten Jahr ein weiteres Buch über seine Erlebnisse in Europa unter dem Titel *Incidents of Travel in Greece, Turkey, Russia and Poland.* Wieder folgt eine Auflage der anderen.

Frederick Catherwood hat inzwischen auf einem von dem reichen John Jacob Astor gemieteten Gartengrundstück sein eigenes »Panorama« errichtet. Zu einer Zeit, als die Photographie noch in ihren Kinderschuhen steckt und man von Kino oder gar Fernsehen nicht einmal zu träumen wagte, waren »Panoramen« sehr beliebt. Hier wurden Riesengemälde antiker Bauwerke und anderer Sehenswürdigkeiten einem breiten Publikum gezeigt, das viel zu arm war, um in ferne Länder reisen zu können.

Der New Yorker Buchhändler John R. Bartlett (1805–1886) nimmt für sich in Anspruch, Stephens auf die Überreste einer präkolumbischen Kultur in Mittelamerika aufmerksam gemacht zu haben. In der Tat hat er ihn mit der damals spärlichen Literatur über dieses Gebiet versorgt.

Gespannt macht sich Stephens an die Lektüre der wenig bekannten Werke von del Rio, Dupaix, Galindo und Waldeck. Was er hier zu lesen bekommt, grenzt ans Phantastische. Schreiben doch die Autoren allen Ernstes die seinerzeit bekannten Ruinen einer »vorsintflutlichen Rasse«, den Ägyptern, den Phöniziern, den Indern, den Chinesen, den »verlorenen Stämmen Israels« oder gar der Restbevölkerung des versunkenen »Atlantis« zu. Von den alten Indianerkulturen der Maya, Azteken und Tolteken ist da nicht die Rede. Die meisten Autoren bezeichnen die Indianer schlicht als »Wilde«. Erstmals erfährt Stephens von Ruinenstädten irgendwo im mittelamerikanischen Dschungel, die auf keiner Landkarte verzeichnet sind. Was fehlt, sind zuverlässige Berichte und Bilddokumente. Sie zu beschaffen, setzen sich Stephens und Catherwood zum Ziel.

Kurz vor der Abreise gelingt es Stephens, vom Präsidenten mit einer diplomatischen Mission betraut zu werden. John R. Bartlett berichtet darüber: »Mr. William Legget aus New York, unser Gesandter in Mittelamerika, starb, und Mr. Stephens, dessen politische Richtung die gleiche wie die von Mr. van Buren war, bewarb sich beim Präsidenten um den offenen Posten. Er wurde von einer großen Zahl hervorragender Männer in New York unterstützt, und da sein Name zu dieser Zeit wegen seiner interessanten Reisebücher über den Osten im Lande sehr bekannt war, wurde er auf den offenen Posten berufen. Wir führten einige Unterhaltungen über den geplanten Besuch Mittelamerikas, und Mr. Stephens entschloß sich, so bald als möglich nach der Vorlage seiner Beglaubigungsschreiben und der Erledigung der diplomatischen Aufgaben, mit denen er betraut war, die Erforschung Yucatáns und der Maya ins Werk zu setzen.«

Das Forschungsgebiet, gar nicht so weit von New York entfernt, lag kulturhistorisch in einer anderen Welt. Schon früh waren die spanischen Konquistadoren nach Mittelamerika gekommen und hatten die erbittert Widerstand leistenden Indianer besiegt. Ihnen folgten spanische Mönche, um das Christentum zu verbreiten, und spanische Granden, um durch den Anbau von Kakao und Indigo reich zu werden. Jahrhundertelang blieb Zentralamerika als Einflußgebiet des katholischen Spanien weitgehend von der Außenwelt isoliert.

Im Rahmen der antispanischen Unabhängigkeitsbewegung proklamierten die fünf zentralamerikanischen Provinzen Nicaragua, Honduras, Salvador, Costa Rica und Guatemala 1823 nach dem Vorbild der USA die »Vereinigten Provinzen von Mittelamerika«, mit einem Präsidenten an der Spitze und einem Wappen mit fünf Vulkanen. Trotz der revolutionären und sozialen Zielsetzungen und der Anerkennung durch die Vereinigten Staaten, England und Frankreich war dem jungen Staatenbund kein Glück beschieden. Revolutionen und Gegenrevolutionen lösten einander ab. Der mehrmalige Präsident Francisco Morazán versuchte mit liberalen Reformen dem Einhalt zu gebieten, vergebens. Historiker meinen, seine Reformen kamen zu schnell und unvorbereitet, und die Verbannung des Erzbischofs von Guatemala nach Havanna wäre ein Fehler gewesen. 1838 brach in Guatemala die Cholera aus und forderte Tausende von Toten. Bald hieß es, Morazáns Anhänger hätten die Brunnen vergiftet, um die Indianer auszurotten. Dies war die Stunde Rafael Carreras, des großen Gegenspielers Francisco Morazáns. Der klerikalkonservative Mestize hatte den Klerus und die Indiаner auf seiner Seite. Seine Anhänger zogen mit dem Schlachtruf »*Viva la religion*« in den Kampf. In diesen Hexenkessel sollten Stephens und Catherwood reisen.

Die politische Lage in Zentralamerika ist so unübersichtlich, daß die Regierung der Vereinigten Staaten nicht weiß, ob der zentralamerikanische Staatenbund noch besteht, wer sein Präsident und Außenminister ist und wo die Hauptstadt sich befindet. Das alles herauszufinden gehört zur diplomatischen Mission John L. Stephens'. Ferner soll er, falls der Staatenbund noch existiert, ein Handelsabkommen vorbereiten.

Catherwood, der schnell für die geplante Expedition begeistert werden kann, kauft große Mengen an Zeichenpapier, Sepiafarbe und Pinsel. Als letzte Reisevorbereitung läßt Stephens sich einen blauen Diplomatenfrack mit vergoldeten Knöpfen anfertigen. Am 3. Oktober 1839 schiffen sich die beiden Amateurforscher in New York auf der britischen Brigg *Mary Ann* ein.

Ihre Reise führt sie über Belize zu der entlegenen Ruinenstadt Copán. Erstmals stehen beide vor den Überresten einer untergegangenen indianischen Hochkultur. Mit seinen zahlreichen »Stelen« und »Altären« aus hellgrünem Trachytstein wirkt der Ort märchenhaft. Sie ahnen nicht, daß sie sich im »Athen der Maya« befinden, wie der bekannte Maya-Forscher J. E. Thompson Copán später einmal genannt hat.

Sie wissen nicht, daß die Bauten schon vor 1000 Jahren verlassen wurden und wer ihre Erbauer waren.

Ergriffen schreibt Stephens in sein Reisetagebuch: »Die Trümmerstadt lag vor uns gleich einer inmitten des Meeres zerschellten Barke. Ihre Masten sind verloren, ihr Name verschwunden, ihre Bemannung untergegangen, und keiner weiß zu sagen, woher sie kam, wem sie gehörte, wie lange sie auf ihrer Reise war, was der Anlaß ihres Unterganges war. Wer ihre verschwundene Mannschaft war, läßt sich nur durch eine vermeintliche Ähnlichkeit im Bau des Fahrzeugs erraten und vielleicht nie mit Gewißheit erkunden.«

Die beiden Forscher erkennen bald, daß sie die Überreste einer eigenständigen, einzigartigen Kultur vor sich haben. Gedankenvoll notiert Stephens: »Amerika, sagen die Historiker, sei von Wilden bevölkert gewesen, aber Wilde haben niemals diese Steine gemeißelt...« Wer aber waren die Schöpfer der vom Urwald überwucherten Tempel und Paläste, in denen nur noch Fledermäuse hausten?

Wir wissen heute, daß die Maya die höchste Kultur des alten Amerika erlangten. Wie alle Indianer stammen auch sie von den asiatischen Jägern ab, die vor mehr als 30 000 Jahren über den damals noch vorhandenen Landrücken an der heutigen Beringstraße den amerikanischen Erdteil betraten. Namhafte Maya-Forscher nehmen an, daß die Ur-Maya, von Norden kommend, sich für längere Zeit an der Golfküste niedergelassen hatten, bevor sie etwa um 2600 v. Chr. den hügligen, größtenteils mit Urwald bedeckten Petén im Norden Guatemalas erreichten.

Im allgemeinen wird die Geschichte der Maya in fünf große Epochen eingeteilt: Die prähistorische Epoche (ca. 1500–500 v. Chr.); die Übergangsepoche (ca. 500 v. Chr.–200 n. Chr.); die frühklassische Epoche (ca. 200–600 n. Chr.); die spätklassische Epoche (600 bis 900 n. Chr.) und die nachklassische Epoche (ab etwa 1000).

Während ihrer Blütezeit siedelten sie vor allem in den Tieflandregionen Mexikos und Guatemalas. Feuchtheißes Klima, geringe Humusanreicherung im Boden und eine fast undurchdringliche Vegetation scheinen keine guten Voraussetzungen für eine so ausgedehnte Siedlungtätigkeit gewesen zu sein, und es war lange ein großes Rätsel, wie dieses Kulturvolk unter solchen Bedingungen überleben konnte. Heute wissen wir, daß die Maya einen Brandrodungsfeldbau im Rahmen einer Landwechselwirtschaft betrieben, so daß der Boden durch den Wechsel der Feldfrüchte wie durch eine lang andauernde Brache geschont wurde und sich regenerieren konnte. Nicht zuletzt durch die angepaßte und ökologisch sinnvolle Nutzung des gesamten Naturraumes hat sich der ursprüngliche Zustand wieder vollkommen eingestellt.

Zu Beginn des 10. Jahrhunderts wurden die Kultzentren in den tropischen Regenwäldern des Petén jäh aufgegeben und dem vordringenden Urwald überlassen. Über das Warum schreibt der zeitgenössische Maya-Forscher Michael D. Coe: »Über den Niedergang der Klassischen Maya-Kultur wissen wir eigentlich nur, daß er stattgefunden hat, alles weitere ist reine Vermutung...« Der Hypothesen sind viele: Nahrungsmittelmangel, verheerende Epidemien, Bauernaufstände und feindliche Überfälle.

Die nachklassische Periode ist geprägt durch die Verlagerung der Zentren auf die Halbinsel Yucatán und durch das Eindringen fremder Einflüsse, besonders durch die mexikanischen Tolteken. Als die Spanier in der ersten Hälfte des 16. Jahrhunderts nach Mittelamerika vorstießen, fanden sie nur noch den schwachen Abglanz einer großen Kultur.

Der modernen Maya-Forschung verdanken wir trotz vieler ungelöster Probleme wesentliche Erkenntnisse über Sozialstruktur, Wirtschaft und Kultur der Maya.

Priester und Adlige, die häufig miteinander verwandt waren, bildeten die Oberschicht in den Stadtstaaten der Maya. Die Maya-Bauern waren der Oberschicht tributpflichtig. Auf der untersten sozialen Rangleiter standen die Sklaven, die sich zumeist aus Kriegsgefangenen rekrutierten. Die Gefangenen der Adligen wurden nicht selten den Göttern geopfert. Vor und während der Kultfeste hatten sich Priester und

Kultteilnehmer gekochter und gewürzter Nahrung sowie des Geschlechtsverkehrs zu enthalten.

Die Götterwelt der Maya ist noch nicht vollständig erforscht. Als oberste Gottheit wird jedoch Itzamná genannt, der als Schöpfergott den Menschen die Schrift und das Kalenderwesen gebracht hat. Ebenfalls zu den oft genannten und vielzitierten Gottheiten gehören der Regengott Chac, der Maisgott Yum Kaax, der Todesgott Ah Puch und die Mondgöttin Ixchel, die auch als Göttin der Webkunst, der Liebe und der Geburt auftritt.

Die Maya kannten weder Rad noch Pflug. Ihre wichtigste Kulturpflanze war der Mais. Daneben bauten sie im Brandrodungsfeldbau Bohnen, Kürbisse und Süßkartoffeln an. Kakaobohnen dienten als Zahlungsmittel.

Die Maya-Priester waren hervorragende Astronomen. Sie entwickelten ein Zahlensystem, das bereits mit der Zahl 0 arbeitete und auf der Zahl 20 basierte. Ihr Kalender war zu jener Zeit der genaueste der Welt. Ein Großteil ihrer Hieroglyphenschrift harrt noch der Deutung. Die Maya meißelten ihre Glyphenschrift und Daten in die Steinstelen, Altäre und Friese. Durch die »Goodman-Martinez-Thompson-Korrelation« können heute die Daten auf den Monumenten auf unser Kalendersystem übertragen werden. Neben den in den Stein gemeißelten Schriftzeichen verwendeten die Maya für ihre Aufzeichnungen auch Faltbücher, die als *Codices* bekannt geworden sind. Es handelt sich um etwa 20 cm breite und mehrere Meter lange Faltbücher aus dem Bast einer wilden Feigenart, die beiderseitig beschrieben sind. Nur drei in der nachklassischen Zeit entstandene Kopien sind uns, nach ihrem Aufbewahrungsort benannt, überliefert: der »Dresdener Codex«, der »Madrider Codex« und der »Pariser Codex«. Alle enthalten astronomische Angaben, Weis- und Wahrsagungen.

Das erste, was Stephens und Catherwood in die Augen fällt, sind die auf gestuften Pyramiden stehenden Tempel und die auf Terrassen errichteten Paläste mit ihren breiten, steilen Treppen sowie die mit Figuren und Schriftzeichen dekorierten aufrecht stehenden Steinsäulen. Sie bemerken, daß den Erbauern das »Tonnengewölbe« unbekannt war und durch die Verwendung des falschen Gewölbes die Räume wie Korridore lang und schmal waren und keine Fenster hatten. Verwundert fragen sie sich, wie die mächtigen Steinquader für die Pyramiden und die bis zu 4 Meter hohen und viele Tonnen schweren Steinmonolithen, deren Reliefs von geschickten Handwerkern mit Steinmeißeln in geduldiger Arbeit gemeißelt worden waren, durch den Urwald transportiert werden konnten. Stephens bewundert die künstlerischen Leistungen der Maya und liefert exakte Beschreibungen und genaue Maße der Bauwerke in Copán, Palenque und, so gut er konnte, auch von Uxmal, das vorzeitig zu verlassen und die Heimreise anzutreten ihn die Krankheit des Gefährten zwingt.

Nach einer gefahrvollen Seereise kaum in New York angekommen, bedrängen die Gebrüder Harper Stephens, sogleich mit der Reinschrift seiner Reiseaufzeichnungen zu beginnen. Als anerkannter Autor gelingt es ihm, bei seinen Verlegern ein zweibändiges Werk, ein größeres Format und vor allem einen erschwinglichen Preis durchzusetzen.

Durch die liebevolle Pflege seiner Frau wieder genesen, kann Frederick Catherwood die persönliche Leitung für die Illustrationen übernehmen. Er sucht sich die besten Graveure, die er auftreiben kann, und arbeitet mit ihnen in den nächsten Monaten an den für das Buch vorgesehenen Kupfertafeln.

Bereits im Mai 1841 übergibt Stephens das fertige Manuskript dem Verlag. Er hat schnell gearbeitet und dabei leicht und lebendig geschrieben. Das Buch erregt großes Aufsehen und wird zu einem Bestseller.

John L. Stephens und Frederick Catherwood hatten in der Tat echte Pionierarbeit geleistet, indem sie die verschollene Maya-Kultur erkundeten, deutend einordneten und einer breiten Öffentlichkeit bekanntmachten. Sie hatten das Geheimnis eines historischen Vakuums gelüftet und waren zu Wegbereitern für Generationen von Archäologen der wissenschaftlichen Maya-Forschung und für Millionen von Touristen, die jährlich Mittelamerika bereisen, geworden. Doch nicht nur die wissenschaftliche Leistung der beiden Forscher ist beachtlich, auch die erzählerische Qualität des Reiseberichtes ist bemerkenswert. Er ist voller Spannung und atmet zugleich einen Hauch von Frische und Unbekümmertheit. Neugier und Begeisterung des Autors springen auf den Leser über. Realistisch berichtet Stephens von den Festen der Indios, von Urwaldabenteuern, von großen und kleinen Strapazen und beschreibt die grandiose Berglandschaft Zentralamerikas mit ihren Vulkanen und Bergseen. Auch in kritischen Situationen verläßt ihn sein Humor nicht. Mit Recht schreibt C. W. Ceram in seinem 1949 erschienenen Klassiker *Götter, Gräber und Gelehrte:* »Stephens'

Bericht ist so glänzend geschrieben, daß er selbst jetzt noch mit Vergnügen gelesen werden kann.«

1854 erschien nach der 12. Auflage des Originals die deutsche Übersetzung von Eduard Hoepfner unter dem Titel *Reiseerlebnisse in Centralamerika, Chiapas und Yucatán.* Auf diese Übersetzung stützt sich das vorliegende Buch, wobei vom Herausgeber auch das Original herangezogen wurde. Wegen des großen Umfangs waren Kürzungen, die aber den Handlungsablauf und die Gesamtaussage nicht beeinträchtigen, unvermeidlich. Hin und wieder waren sprachliche Glättungen der alten Übersetzung nötig, ohne das alte Fluidum verlorengehen zu lassen. Ein Großteil der Illustrationen stammt von Frederick Catherwood.

1841 brachen Stephens und Catherwood in Begleitung des Ornithologen Dr. Cabot zu einer zweiten Reise nach Mittelamerika auf, die sie ausschließlich nach Yucatán führte. Auch die Veröffentlichung dieses Reiseberichtes unter dem Titel *Incidents of Travel in Yucatán* wurde ein Erfolg.

Stephens und Catherwood war kein langes Leben beschieden. Nach den Mittelamerikareisen arbeitete Catherwood wieder als Architekt und später als Eisenbahningenieur. Er mußte noch erleben, wie sein geliebtes New Yorker Panorama bis auf die Grundmauern niederbrannte. Nach einem Englandaufenthalt schiffte er sich im September 1854 in Liverpool auf der S. S. *Arctic* nach New York ein. An Bord befanden sich 385 Passagiere. Auf hoher See stieß das Schiff bei dichtem Nebel mit dem französischen Dampfer *Vesta* zusammen. Während die *Vesta* mit schwerer Schlagseite abdrehte, begann die *Arctic* langsam zu sinken. Kapitän und Mannschaft stürzten sich auf die wenigen Rettungsboote und überließen die Passagiere ihrem Schicksal. Nach einigen Stunden sank die *Arctic* gegen 17 Uhr mit fast allen Passagieren, darunter auch Frederick Catherwood.

Seine erheblichen Einnahmen als Autor investierte Stephens zu einem großen Teil in der *Ocean Steam Navigation Company*. Eine Reise im Auftrage der Schiffsgesellschaft führte ihn nach Bremen und von dort nach Potsdam, um dem von ihm verehrten Alexander v. Humboldt seine Aufwartung zu machen. Schon während seiner Mittelamerikareisen hatte sich Stephens für eine See- oder Landverbindung zwischen Atlantik und Pazifik interessiert. Nun wurde er zum Mitbegründer der *Panama Railroad Company*. Trotz schwerer Malariaanfälle arbeitete er tatkräftig vor Ort. Eines Tages fand man ihn bewußtlos unter einem Ceiba-Baum. Erst auf dem Schiff nach New York erlangte er das Bewußtsein zurück. Am 13. Oktober 1852 starb er im Haus seines Vaters am Leroy Place 13 an den Spätfolgen der Malaria. Am 9. Oktober 1947 wurde an Stephens' Grabgewölbe auf dem *Old Marble Cemetery* in New York eine Gedenktafel, geschmückt mit einer aus Frederick Catherwoods Zeichnungen nachgebildeten Mayaglyphe, enthüllt, die den folgenden Wortlaut hat: »Unter diesem Gewölbe liegen die Überreste von John Lloyd Stephens / 1805–1852 / Reisender und Schriftsteller / Pionier der Mayakultur in Mittelamerika. Planer und Erbauer der Panama-Eisenbahn.«

Begriffserklärungen

Aguacate — Avocado

Aguardiente — Branntwein, Schnaps

Alforjas — Reisesack, Mundvorrat

Alguacil — Polizeidiener, Gerichtsdiener

Alkalde — Gemeindevorsteher, Bürgermeister

Aloe — baumartiges, der Agave ähnliches Lilienge-
wächs

Arriero — Maultiertreiber, Lasttiertreiber

Barranco — Schlucht, Steilhang

Blunderbüchse — großkalibriges Gewehr, aus dem
mit Kugeln und Schrot geschossen werden konnte

Bongo — großes, dickbäuchiges Kanu; großes, flaches
Fährboot

Buckskinschuhe — Wildlederschuhe

Cachurecos — Bezeichnung für General Carreras
Anhänger

Cabildo — Gemeindehaus, Rathaus, diente in Zentralamerika auch als Herberge für Reisende

Camera lucida — Zeichenprisma

Corregidor — früher in Spanien und Portugal und

deren Kolonien oberster Verwaltungsbeamter;
Land-, Stadtrichter, Amtmann

Dulces — Süßigkeiten

Hacienda — Landgut in Mittel- und Südamerika

Machete — langes, stark gebogenes Buschmesser an
einem breiten Holzstiel

Manzana — Apfel

Mayordomo — Gutsverwalter

Milpa — Maisfeld

Mozo — Diener, Kellner; in Guatemala auch Landar-
beiter

Pisang — Banane

Quetzal — zu den Trogones gehörender Vogel Mittelamerikas

Rancho — kleines Bauerngut in Lateinamerika

Tortilla — Maisfladen

Maße und Gewichte

1 englischer Fuß — 30,48 cm
1 Elle — 91,44 cm
1 englische Landmeile — 1,609 km
1 englische Seemeile — 1,852 km
1 mexikanische Legua — 4,19 km
1 Arroba — früheres Handelsgewicht: 25 Libra =
11,5 kg (in Spanien, Portugal und Lateinamerika)

Bildnachweis

Die Illustrationen wurden folgenden Werken entnommen: John L. Stephens, *Reiseerlebnisse in Centralamerika, Chiapas und Yucatán*, Leipzig, 1884; John L. Stephens, *Incidents of Travel in Central America, Chiapas and Yucatán*, New York 1841; John L. Stephens, *Begebenheiten auf einer Reise in Yucatán*, Leipzig 1853; Carl Christian Sartorius, *Mexiko*, 1855 sowie aus dem Archiv Dr. Ernst Bartsch und dem Verlagsarchiv Edition Erdmann.

WIE DAS BILD DER »NEUEN WELT« ENTSTAND

Die Ankunft der Weißen Götter Herausgegeben von Uwe Schwarz und Eva Michels-Schwarz 340 Seiten mit 27 Abb. und 6 Karten Leinen mit Büttenumschlag ISBN 3 522 61200 0

Die Ankunft der Weißen Götter enthält eine Sammlung der wichtigsten Originalberichte, die die europäischen Entdecker und Konquistadoren vor rund 500 Jahren schrieben. Sie schildern den Eindruck, den die unbekannte Tier- und Pflanzenwelt auf sie gemacht hat, ebenso wie die Konfrontation mit der fremden Kultur und den Kontakt zu den Indianern. Aus diesen Dokumenten formte sich das Bild der „Neuen Welt", das viele Jahrhunderte den leidvollen Umgang mit den unterworfenen Menschen und Kulturen prägte.

EDITION ERDMANN

N

Flass Copan